D0918017

Il était une fois à Montréal

DU MÊME AUTEUR

Saga IL ÉTAIT UNE FOIS À MONTRÉAL

Tome I, *Notre union*, roman, Montréal, Hurtubise, 2015

Saga LA FORCE DE VIVRE

Tome I, *Les rêves d'Edmond et Émilie*, roman, Montréal, Hurtubise, 2009, format compact, 2012

Tome II, *Les combats de Nicolas et Bernadette*, roman, Montréal, Hurtubise, 2010, format compact, 2012

Tome III, *Le défi de Manuel*, roman, Montréal, Hurtubise, 2010, format compact, 2012

Tome IV, *Le courage d'Élisabeth*, roman, Montréal, Hurtubise, 2011, format compact, 2012

Saga CE PAYS DE RÊVE

Tome I, *Les surprises du destin*, roman, Montréal, Hurtubise, 2011

Tome II, *La déchirure*, roman, Montréal, Hurtubise, 2012

Tome III, *Le retour*, roman, Montréal, Hurtubise, 2012

Tome IV, *Le mouton noir*, roman, Montréal, Hurtubise, 2013

Saga LES GARDIENS DE LA LUMIÈRE

Tome I, *Maîtres chez soi*, roman, Montréal, Hurtubise, 2013

Tome II, *Entre des mains étrangères*, roman, Montréal, Hurtubise, 2014

Tome III, *Au fil des jours*, roman, Montréal, Hurtubise, 2014

Tome IV, *Le paradis sur terre*, Montréal, Hurtubise, 2015

Un p'tit gars d'autrefois – L'apprentissage, roman, Montréal, Hurtubise, 2011

Un p'tit gars d'autrefois – Le pensionnat, roman, Montréal, Hurtubise, 2012

MICHEL LANGLOIS

Il était une fois à Montréal

tome 2

Nos combats

Roman historique

Hurtubise

Catalogage avant publication de Bibliothèque et Archives nationales du Québec et Bibliothèque et Archives Canada

Langlois, Michel, 1938-

    Il était une fois à Montréal

    Sommaire: t. 1. Notre union – t. 2. Nos combats.

    ISBN 978-2-89723-640-3 (vol. 1)
    ISBN 978-2-89723-769-1 (vol. 2)

    I. Langlois, Michel, 1938- . Notre union. II. Langlois, Michel, 1938- . Nos combats. III. Titre.

PS8573.A581I4 2015   C843'.6   C2015-941129-7
PS9573.A581I4 2015

Les Éditions Hurtubise bénéficient du soutien financier du gouvernement du Québec par l'entremise du programme de crédit d'impôt pour l'édition de livres et de la Société de développement des entreprises culturelles du Québec (SODEC). L'éditeur remercie également le Conseil des arts du Canada de l'aide accordée à son programme de publication.

Financé par le gouvernement du Canada
Funded by the Government of Canada | Canadä

Graphisme de la couverture: René St-Amand
Illustration de la couverture: Jean-Luc Trudel
Maquette intérieure et mise en pages: Andréa Joseph [pagexpress@videotron.ca]

Copyright © 2016 Éditions Hurtubise inc.

ISBN 978-2-89723-769-1 (version imprimée)
ISBN 978-2-89723-770-7 (version numérique PDF)
ISBN 978-2-89723-771-4 (version numérique ePub)

Dépôt légal: 1er trimestre 2016
Bibliothèque et Archives nationales du Québec
Bibliothèque et Archives Canada

Diffusion-distribution au Canada:
Distribution HMH
1815, avenue De Lorimier
Montréal (Québec) H2K 3W6
www.distributionhmh.com

Diffusion-distribution en Europe:
Librairie du Québec/DNM
30, rue Gay-Lussac
75005 Paris FRANCE
www.librairieduquebec.fr

DANGER
LE
PHOTOCOPILLAGE
TUE LE LIVRE

La *Loi sur le droit d'auteur* interdit la reproduction des œuvres sans autorisation des titulaires de droits. Or, la photocopie non autorisée – le « photocopillage » – s'est généralisée, provoquant une baisse des achats de livres, au point que la possibilité même pour les auteurs de créer des œuvres nouvelles et de les faire éditer par des professionnels est menacée. Nous rappelons donc que toute reproduction, partielle ou totale, par quelque procédé que ce soit, du présent ouvrage est interdite sans l'autorisation écrite de l'Éditeur.

Imprimé au Canada
www.editionshurtubise.com

*La tolérance, c'est, au fond, l'humilité, l'idée
que les autres nous valent; c'est aussi la justice,
l'idée qu'ils ont des droits qu'il ne nous est pas
permis de violer. Mais l'intolérance, c'est l'orgueil;
c'est l'idée que nous valons mieux que les autres;
c'est l'égoïsme ou l'idée que nous ne leur devons
rien; c'est l'injustice ou l'idée que nous ne sommes
pas tenus de respecter leurs droits
de créatures de Dieu.*

Louis-Antoine Dessaules

Personnages principaux

Anastasie: sourde-muette, élève d'Henriette Vachon.

Antoinette: domestique chez Eustache de Chantal.

Ariane: cuisinière chez Eustache de Chantal.

Armande: sœur d'Anastasie, aide d'Henriette Vachon.

Aubert, Réginald: professeur au collège fondé par Henriette Vachon et Valois Ducharme.

Carrier, Isabelle: amie d'Henriette Vachon et voyante.

De Chantal, Eustache: protecteur et ami de Valois Ducharme et d'Henriette Vachon.

Desruisseaux, Adalbert: ami de Valois Ducharme et d'Henriette Vachon.

Ducharme, Mélanie: fille de Valois Ducharme et d'Henriette Vachon.

Ducharme, Valois: époux d'Henriette Vachon.

Duclos, Robert: ami de Valois Ducharme.

Dumoulin: notaire de Sainte-Angèle.

Dupuis: avocat de Valois Ducharme et d'Adalbert Desruisseaux.

Françoise: sourde-muette, élève d'Henriette Vachon.

Horace: cultivateur. Il vend un terrain à Adalbert Desruisseaux et à Valois Ducharme.

Irma: compagne d'Adalbert Desruisseaux.

Lalonde, Eulalie: cousine d'Henriette Vachon et épouse d'Hubert Lapointe.

Lapointe, Hubert: époux d'Eulalie Lalonde.

Lepetit, Claude-Henri: gestionnaire de la fortune d'Eustache de Chantal.

Lespérance, Angélique: sourde-muette, fille adoptive de Valois Ducharme et d'Henriette Vachon.

Lespérance, Rosemonde: propriétaire de l'appartement habité par Valois Ducharme et Henriette Vachon.

Marie de Bonsecours, mère: religieuse en charge de l'Institut des sourdes-muettes.

Marise: sourde-muette, élève d'Henriette Vachon.

Masson, Alfred: prêtre de l'évêché de Montréal.

Norbert: palefrenier chez Eustache de Chantal.

O'Connor, Maureen: institutrice à l'école de Valois Ducharme et d'Henriette Vachon.

Odette: sourde-muette, élève d'Henriette Vachon.

Perron, Élisabeth: ancienne femme de ménage d'Adalbert Desruisseaux.

Vachon, Henriette: épouse de Valois Ducharme.

Personnages historiques

Bazinet, Antoine : Il travaille comme photographe à Montréal de 1863 à 1870. Son studio était situé à l'angle des rues Saint-Vincent et Notre-Dame. On lui doit d'excellentes photographies, entre autres celles de l'accident ferroviaire du pont Saint-Hilaire, le 29 juin 1864, de l'église Saint-Paul et de l'ancien couvent des récollets en 1865.

Bourget, Ignace (1799-1885) : Fils de Pierre Bourget, cultivateur, et de Thérèse Paradis, il naît à Saint-Joseph-de-Lauzon le 30 octobre 1799. En 1811, il entre au Petit Séminaire de Québec où il fait ses études classiques, puis au Séminaire de Nicolet où il étudie la théologie. En 1821, il est nommé secrétaire de monseigneur Lartigue, évêque auxiliaire de Montréal. Ignace Bourget est ordonné prêtre à l'Hôtel-Dieu de Montréal le 30 novembre 1822. Il est chargé de la surveillance de la construction de la maison épiscopale et de l'église Saint-Jacques de Montréal, dont il est nommé chapelain en 1825. Devenu un disciple de monseigneur Lartigue, Ignace Bourget défend les positions de ce dernier face aux sulpiciens et à l'autorité civile. En 1837, il est nommé coadjuteur de l'évêque de Montréal avec droit de succession. Il appuie sans condition les prises de position de monseigneur Lartigue contre le libéralisme. En 1840, il succède à celui-ci comme évêque de Montréal et met tout en œuvre pour que l'Église catholique ait la main haute sur l'instruction dans la province de Québec. À cette fin, Ignace Bourget fait venir de France des communautés religieuses et en crée au besoin au pays. Il voue une admiration sans bornes au pape et ne manque pas d'expédier à Rome cinq cents jeunes zouaves à la défense du pontife. Son plus grand rêve est d'élever à Montréal une cathédrale aussi prestigieuse que celle de Saint-Pierre de Rome. D'ailleurs, il n'hésite pas à saigner les gens de son diocèse pour y parvenir. On le voit partout et il s'impose jusqu'à gagner la confiance de la majorité des gens dont certains voient en lui un saint. Il entreprend une lutte à finir contre les sulpiciens et le Séminaire de Québec. Il tient tête aux membres de l'Institut canadien et aux libres penseurs, et n'hésite pas à se rendre régulièrement à Rome pour faire approuver ses vues. Ignace Bourget rêve aussi de créer une université à Montréal. Son échec sur ce projet le contraint à donner sa démission. Il meurt à Sault-au-Récollet, le 8 juin 1885.

Buies, Arthur (1840-1901): Fils de William Buies, banquier, et de Marie-Antoinette-Léocadie d'Estimauville, il naît à Montréal en 1840. Il étudie successivement au Séminaire de Québec et au Collège de Sainte-Anne-de-la-Pocatière dont il est exclu pour indiscipline. En 1856, il va rejoindre son père, remarié, en Guyane. Il se rend à Dublin, puis à Paris pour poursuivre ses études. Il se joint ensuite à une expédition des Chemises rouges de Giuseppe Garibaldi en Sicile. Il revient au pays en 1862 et devient un membre actif de l'Institut canadien. Partisan de la séparation de l'Église et de l'État, il est un des ennemis les plus farouches de monseigneur Bourget et s'oppose également à la Confédération canadienne. Il crée son journal *La Lanterne canadienne* en 1868, puis il quitte Montréal pour Québec où il écrit des chroniques. Il sombre un moment dans l'alcoolisme, puis s'intéresse à la colonisation auprès du curé Labelle. Il meurt à Québec le 26 janvier 1901.

Dessaules, Louis-Antoine (1818-1895): Fils de Jean Dessaules et de Marie-Rosalie Papineau, il naît à Saint-Hyacinthe le 31 janvier 1818. Il étudie au Collège de Saint-Hyacinthe, puis au Petit Séminaire de Montréal et termine ses études de philosophie à Saint-Hyacinthe en 1834. Il étudie en droit à Montréal et demeure chez son oncle Louis-Joseph Papineau. Louis-Antoine Dessaules se réfugie aux États-Unis au moment de la rébellion de 1837-1838. Il se rend à Paris en 1839 y rejoindre son oncle en exil. Dès lors, il va combattre l'intrusion de l'Église dans les affaires temporelles. Il est seigneur de Saint-Hyacinthe où on le retrouve dans les années 1840. Il collabore au journal *L'Avenir*. Louis-Antoine Dessaules est élu maire de Saint-Hyacinthe en 1849 et le restera jusqu'en 1857. Devenu membre de l'Institut canadien en 1855, il combat avec vigueur le clergé et en particulier son ennemi juré: l'évêque de Montréal, monseigneur Bourget. Il est partisan de l'annexion du Canada aux États-Unis. Il est aussi un des principaux rédacteurs du journal *Le Pays*, puis son rédacteur en chef en 1861. Louis-Antoine Dessaules donne plusieurs conférences à l'Institut canadien et publie son *Petit Bréviaire des vices de notre clergé*. Il est élu membre du Conseil législatif de la province. Son plaidoyer en faveur de la tolérance est l'un de ses écrits les plus remarquables. Toutefois, ses affaires en tant que seigneur de Saint-Hyacinthe vont de plus en plus mal. Le jour même de l'entrée en vigueur de la Confédération, le 1er juillet 1867, sa seigneurie est vendue aux enchères. Endetté jusqu'au cou, il fuit aux États-Unis en 1875, puis s'exile à Paris où il meurt le 4 août 1895.

Doutre, Joseph (1825-1886) : Fils de François Doutre et d'Élisabeth Dandurand, dit Marcheterre, il naît à Beauharnois le 11 mars 1825. Son enfance se déroule en ces lieux. Il entre au Petit Séminaire de Montréal en septembre 1836 et y fait ses études classiques. En 1843, il fait des études de droit qui lui permettent d'être admis au Barreau le 30 avril 1847. Il se lance très tôt dans le journalisme, puis il publie un roman intitulé *Les Fiancés de 1812*. Dès l'âge de dix-neuf ans, il entreprend sa lutte contre les préjugés, l'ignorance et l'inertie des Canadiens français attribués en grande partie à l'enseignement donné par les religieux. *Les Mélanges religieux* qualifient son roman *Les Fiancés de 1812* « d'œuvre assez immorale pour que les pères en défendissent la lecture à leurs enfants et que la femme qui en commençait la lecture ne pût s'empêcher de rougir et de rejeter loin d'elle une pareille production ». On ne s'étonne donc pas qu'il devienne en peu de temps le plus grand adversaire de l'Église catholique, et notamment durant la deuxième moitié du XIXe siècle. En 1847, il est membre de l'Institut canadien et un des premiers collaborateurs du journal *L'Avenir*. Lors d'une conférence à l'Institut en 1850, il démontre ce que devrait être le but d'une vraie éducation moderne. En 1852, il devient président de l'Institut canadien pour une durée d'un an. Il prône la séparation de l'Église et de l'État. Doutre est aussi membre du Conseil du Barreau et plaide des causes importantes, dont celle concernant Joseph Guibord. Il se rend à Rome pour se porter à la défense de l'Institut canadien décrié par l'évêque Bourget. Il ne pardonnera jamais au clergé le mal qu'il lui avait fait. Marié à Angéline Varin le 28 septembre 1858 et devenu veuf l'année suivante, il épouse Harriet Greene. De leur union naissent trois garçons et trois filles. Il meurt à Montréal le 3 février 1886 et est inhumé au cimetière protestant du Mont-Royal.

Guibord, Joseph (1809-1869): Fils de Paul Guibord dit Archambault et de Marie-Anne Celeurier dit Roch, il naît à Sainte-Anne-de-Varennes le 31 mars 1809. Il travaille comme typographe à Montréal et, le 2 juin 1828, il épouse Henriette Brown. Excellent typographe, on lui confie des tâches importantes comme celle de la publication d'un catéchisme en langue indienne. Membre actif de l'Institut canadien, il est excommunié lors de la condamnation de l'Institut par monseigneur Ignace Bourget. Il meurt dans cet état le 18 novembre 1869. On lui refuse l'inhumation en terre catholique, ce qui donne lieu à un long procès qui ne voit son aboutissement qu'en 1874.

Autres personnages mentionnés:

Alexandre VI, pape, né Rodriguo Lancol y Borgia (1431-1503): Neveu et fils adoptif du pape Calixte III, il est nommé archevêque de Valence par son oncle en 1456 et fait cardinal l'année suivante. Il est ordonné prêtre douze ans plus tard. En 1470, il fait la connaissance de Vannozza Cattanei, qui lui donne quatre enfants, et, en 1489, de Giulia Farnèse, âgée de quinze ans, dont il aura deux enfants. Il est élu pape en 1492 sous le nom d'Alexandre VI. Il meurt le 18 août 1503, sans doute empoisonné. On ne put le mettre dans le cercueil qu'on lui destinait tellement son corps était enflé. Il fut temporairement roulé dans un tapis pendant que ses appartements étaient livrés au pillage.

Barnabo, Alessandro (1801-1874): Né à Foligno le 2 mars 1801, il devient cardinal le 16 juin 1856 et exerce diverses fonctions au sein de la Curie romaine. En tant que préfet de la Congrégation de la propagation de la foi, il est directement mêlé au bras de fer entre monseigneur Bourget et l'Institut canadien. Il meurt à Rome le 28 février 1874.

Beaudry, Joseph-Fortunat: Abbé du Séminaire de Québec. Mentionné par Dessaules dans son *Petit Bréviaire des vices de notre clergé*.

Bourgeau, Victor (1809-1888): Il naît à Lavaltrie le 28 septembre 1809. Autodidacte, il arrive à Montréal vers 1830. Après avoir réalisé les plans de l'église Saint-Pierre-Apôtre en 1852, il est choisi par monseigneur Bourget pour dessiner ceux de la cathédrale Saint-Jacques, puis ceux de Marie-Reine-du-Monde. Il meurt à Montréal le 1er mars 1888.

Cartier, George-Étienne (1814-1873): Fils de Jacques Cartier et de Marguerite Paradis, il naît à Saint-Antoine-sur-Richelieu le 6 septembre 1814. Il étudie au Collège de Montréal, puis s'initie au droit et est reçu au Barreau le 9 novembre 1835. On le classe parmi les patriotes. Il est contraint de fuir aux États-Unis. De retour à Montréal, il exerce comme avocat. Il se lance en politique et est un des pères de la Confédération. Il meurt à Londres le 20 mai 1873.

Chiniquy, Charles (1809-1899) : Fils de Charles Chiniquy et de Marie-Reine Perreault, il naît à Kamouraska le 30 juillet 1809. Il fait ses études primaires à Saint-Thomas de Montmagny, puis, à compter de 1822, il étudie au Séminaire de Nicolet. Il est ordonné prêtre par monseigneur Signay en 1832. Il fonde en 1840 une société de tempérance et obtient d'immenses succès dans ses prédications pour une tempérance totale. Compromis avec les femmes, il doit quitter le diocèse de Montréal. Il s'exile à Sainte-Anne dans l'Illinois. Il meurt à Montréal le 16 janvier 1899.

Crispin, Marie : Maîtresse d'Antoine Desportes, époux de Catherine Prévost-Desforges, elle est reconnue coupable du meurtre de cette dernière et est pendue à la prison de Saint-Jérôme le 25 juin 1858.

Darcy-McGee, Thomas (1815-1868) : Il naît à Carlingford en Irlande le 13 avril 1815. En 1843, il émigre aux États-Unis et travaille comme journaliste avant de regagner l'Irlande où il commence sa vie politique. Il retourne aux États-Unis, puis s'installe au Canada. Il est élu en 1858 à l'Assemblée législative où il travaille pour l'indépendance du Canada vis-à-vis de l'Angleterre. Il est aussi un des pères de la Confédération. Il est assassiné à Ottawa le 7 avril 1868.

Desforges, Antoine : Meurtrier de Catherine Prévost, il est pendu à la prison de Saint-Jérôme le 25 juin 1858.

Dorion, Jean-Baptiste-Éric (1826-1866) : Fils de Pierre-Antoine Dorion et de Geneviève Bureau, il naît à Sainte-Anne-de-la-Pérade le 1er novembre 1826. On lui accolera bien vite le surnom d'«enfant terrible», qui lui restera jusqu'à la fin de ses jours. Il devient commis marchand en 1842 à Trois-Rivières. Très tôt, il exerce sa plume comme journaliste, avant de lancer le journal *L'Avenir* le 16 juillet 1847, dans lequel il rallie la cause libérale de Papineau. Son franc-parler lui vaut la réprobation ecclésiastique et il est tout de suite pris à partie par monseigneur Ignace Bourget. Dorion, en soutenant que les dîmes devraient être abolies, se met à dos tout le clergé. En 1852, il se voit contraint de cesser la publication de son journal, condamné par l'évêque. Il quitte alors Montréal pour s'établir à Durham, près de Drummondville, et y fonde le village de L'Avenir. En 1862, il crée le journal *Le Défricheur*. Il meurt d'une crise cardiaque à L'Avenir, à l'âge de quarante ans, le 1er novembre 1866.

Dorion, Wilfrid (1827-1878) : Il fait une allocution lors de l'enterrement de Joseph Guibord.

Edouard VII, prince de Galles (1841-1910) : Fils de la reine Victoria et du prince Albert de Saxe-Cobourg-Gotha, il naît le 9 novembre 1841. Il entreprend le premier voyage d'un héritier de la couronne britannique en Amérique du Nord. Il se rend à Montréal représenter sa mère afin de présider à l'inauguration du pont Victoria, puis à Ottawa où il pose la première pierre du parlement canadien. Il se rend par la suite à la Maison-Blanche où il passe trois jours avec le président Buchanan. Il épouse la princesse Alexandra du Danemark le 10 mars 1863. Il devient roi en 1901. Il meurt le 6 mai 1910.

Émery-Coderre, Joseph (1813-1888): Fils de Marc Coderre et de Marie-Angélique Desgranges, il naît à Saint-Denis-sur-Richelieu le 23 novembre 1813. Négociant à Montréal et membre des Fils de la liberté, il est écroué à Montréal le 6 novembre 1838. Libéré, il devient rédacteur du journal *L'Aurore des Canadas*. Il étudie la médecine et obtient son droit de pratique le 13 août 1844. Il enseigne la médecine à compter de 1847. En 1853, il est président de l'Institut canadien de Montréal. Il meurt à Montréal le 9 septembre 1888.

Fréchette, Louis (1839-1908): Fils de Louis Fréchette et de Marguerite Martineau, il naît à Pointe-Lévy, le 16 novembre 1839. Il étudie au Petit Séminaire de Québec, au Collège Sainte-Anne-de-la-Pocatière et au séminaire de Nicolet. Il travaille comme journaliste, puis fait de la politique et pratique comme avocat avant de devenir un des principaux écrivains de son époque. Il s'établit à Montréal où il épouse Emma Beaudry le 10 juillet 1876. Il meurt à Montréal le 31 mai 1908.

Garibaldi, Giuseppe (1807-1882): Il naît à Nice le 4 juillet 1804. Il est essentiellement connu comme le héros de l'indépendance des peuples. Il combat au Brésil, en Uruguay et un peu partout en Amérique du Sud. Il constitue sa propre armée, les Chemises rouges, et marche sur Rome en 1849. Chassé d'Italie par Napoléon III, il s'exile à Londres avant de se rendre aux États-Unis et même en Chine. Il rêve d'arracher Rome des mains de l'Église pour en faire la capitale de l'Italie. Il est élu député de Rome en 1874. Il meurt à Caprera en Italie le 2 juin 1882.

Laflamme, Rodolphe (1827-1893): Fils de Toussaint Lebœuf dit Laflamme et de Marguerite-Suzanne Thibodeau, il naît à Montréal le 15 mai 1827. Il étudie au Séminaire de Montréal de 1835 à 1845. Il est admis au Barreau le 6 octobre 1849. Lié de près à l'Institut canadien, dont il est membre, il est l'avocat de la défense dans le conflit qui oppose la fabrique de Notre-Dame de Montréal et la veuve de Joseph Guibord. Il décède à Montréal le 7 décembre 1893.

Martineau, Flavien, abbé (1830-1887): Il naît en Vendée le 17 juin 1830. Il commence des études au presbytère de Chauché, les poursuit au Petit Séminaire de Chavagnes, puis au Grand Séminaire de Luçon. Il entre chez les sulpiciens, est ordonné prêtre, enseigne et occupe un poste de curé avant de s'établir à Montréal en 1865. Il prend la cure de Notre-Dame de Montréal et décède en 1887.

Michaud, Joseph (1822-1902): Fils de Joseph Michaud et de Charlotte Michaud, il naît à Kamouraska le 1er avril 1822. À 16 ans, il étudie au Collège de Sainte-Anne-de-la-Pocatière. En 1848, il entre chez les clercs de Saint-Viateur à Joliette. Il enseigne les sciences à Chambly, puis devient directeur du Collège Bourget de Rigaud. Il dessine différents plans d'églises et ceux de la cathédrale de Victoria. Ordonné prêtre en 1860, il participe à l'élaboration des plans de la cathédrale Saint-Jacques de Montréal. C'est à titre officiel d'aumônier des zouaves pontificaux qu'il se rend à Rome en 1868. Mais en réalité, il est chargé par monseigneur Bourget de dessiner les plans de la future cathédrale de Montréal, Marie-Reine-du-Monde, en calquant ceux de la basilique Saint-Pierre-de-Rome. Il meurt à Joliette le 13 décembre 1902.

Mondelet, Charles-Elzéard (1801-1876): Fils de Jean-Marie Mondelet et de Charlotte Boucher de Grosbois, il naît à Saint-Marc, comté de Verchères, le 28 décembre 1801. Il étudie au Collège de Nicolet et au Petit Séminaire de Montréal. Il est reçu au Barreau le 30 décembre 1822. Il exerce d'abord à Trois-Rivières, puis à Montréal. En 1869, il préside la cause entre la paroisse Notre-Dame et Joseph Guibord. Il meurt à Montréal le 31 décembre 1876.

Moreau, Édouard (1834-): Fils de Benjamin Moreau et d'Angélique Lareau, il naît à Repentigny le 18 août 1834. Il est ordonné prêtre le 19 mars 1859. Il est le chapelain de la cathédrale de Montréal et obtient le titre de chanoine. Il est l'aumônier militaire des zouaves canadiens à Rome en 1868.

Pie IX, pape, né Giovani Maria Mastai Ferretti (1792-1878): Il naît à Senigallia (Italie) le 13 mai 1792. Il étudie la philosophie et la théologie à Rome, puis est ordonné prêtre en 1819. En 1823, il se rend au Chili et, en 1827, il devient archevêque de Spolète. Cardinal en 1840, il est élu pape le 16 juin 1846. En 1848, il doit fuir son palais du Quirinal devant les assauts des troupes de Garibaldi. Rome tombe aux mains de Garibaldi en 1870. Il entre en lutte contre les politiques anti-catholiques et prône la primauté de l'Église sur l'État. Il rejette toutes les idées modernes et condamne le rationalisme, la liberté d'opinion, la liberté de culte et la séparation de l'Église et de l'État, mais approuve l'esclavage. Il proclame l'infaillibilité pontificale et le dogme de l'Immaculée Conception. Il meurt au Vatican le 7 février 1878.

Tacchella, Angelo : Conférencier de passage à l'Institut canadien, il y fit le point durant une conférence sur la cause et les effets de la guerre d'Italie.

Taschereau, Elzéard-Alexandre (1820-1898) : Fils de Jean-Thomas Taschereau et de Marie Panet, il naît à Sainte-Marie-de-Beauce le 17 février 1810. Il étudie au Petit Séminaire de Québec. Après un séjour en Europe en 1836, il entre au Grand Séminaire de Québec en septembre 1837 et est ordonné prêtre le 10 septembre 1842. Il enseigne la théologie au Grand Séminaire et à l'université. Il devient archevêque de Québec le 24 décembre 1870, puis cardinal en 1886. Il meurt à Québec le 12 avril 1898.

PREMIÈRE PARTIE

CATASTROPHES

(1860-1866)

Chapitre 1

Une disparition subite

L'automne s'annonçait beau. Je profitais de mes dimanches après-midi pour me balader en compagnie d'Henriette. Le maître d'écriture Eustache de Chantal ne sortait en semaine que pour s'occuper de ses affaires. La vie dans sa demeure était réglée comme une horloge. Norbert se chargeait de toutes les courses au marché. Consciencieux, il rapportait chaque jour ce que lui commandait Ariane pour nos repas. Le maître vaquait à ses occupations et assistait en soirée à des pièces de théâtre ou à des spectacles de variétés, parfois à des conférences. En tout temps, il voyait de près à faire fructifier ses biens. Sa maison était impeccablement entretenue de même que son jardin, tâche qui, en plus de ses devoirs de palefrenier, incombait à Norbert. Le maître profitait de ses fins de semaine, le samedi surtout, pour rencontrer l'une ou l'autre de ses connaissances dans un restaurant où il succombait volontiers à son péché mignon, la gourmandise. Il s'empiffrait littéralement et revenait toujours quelque peu éméché, mais heureux. Il répétait souvent : « Nous n'avons qu'une vie, il faut s'assurer de ne pas la gaspiller. »

Un dimanche, comme Antoinette ne le voyait pas au dîner, elle s'inquiéta et se rendit à sa chambre s'enquérir de ce qui l'y retenait. Frappant au chambranle et n'obtenant pas de réponse, elle entrebâilla la porte tout en chuchotant :

— Maître, le dîner est servi.

N'entendant rien, elle pénétra dans la pièce dont les rideaux étaient encore fermés. Le maître n'avait pas quitté son lit. En s'approchant, elle eut un petit cri d'effroi. Puis un hurlement fit converger toute la maisonnée vers la chambre. Eustache de Chantal était mort durant son sommeil. Il avait encore aux lèvres un rictus que lui avait sans doute arraché un dernier rêve. La villa de Chantal fut plongée du coup dans une tristesse profonde dont elle mit des semaines à se remettre.

C'était un homme très ordonné. Dès la constatation de son décès, certifié par le docteur, apparut le notaire de Richepin lequel, testament en main, réunit tous les occupants de la maison afin de nous informer des dernières volontés du maître. Il avait formulé le vœu que ses funérailles se tiennent dans l'intimité et qu'on n'y voie surtout pas une seule soutane. Il serait enterré au cimetière de la Côte-des-Neiges. Il spécifiait que nul membre du clergé ne pourrait s'opposer à son inhumation, car il avait délibérément acheté un lot dans la partie du cimetière réservée aux non-catholiques. Il tenait à ce que la veillée au corps, de même que la brève cérémonie précédant l'enterrement se déroulent sous son toit. Tous ceux de ses amis qui avaient encore de l'estime pour lui seraient les bienvenus. Il avait rédigé à leur intention un petit texte et chargé son exécuteur testamentaire, maître Richepin, d'en remettre un exemplaire à chacun. Il invitait tous ceux qui l'aimaient à ne pas pleurer sur sa dépouille, mais à s'attrister du fait que lui, un si grand amant de la vie ne pourrait plus en profiter. Quant à la répartition de ses biens, une rencontre particulière de ses héritiers était prévue à la villa de Chantal le lendemain de son enterrement. Le notaire dévoilerait alors la totalité de son testament.

Ses dernières volontés furent exécutées à la lettre. Contre toute attente, nous n'étions qu'une poignée à suivre son cercueil jusqu'au cimetière. Montréal perdait en lui un bon vivant dont la principale préoccupation avait toujours été, comme il l'avait lui-même écrit, de « faire jaillir la lumière ».

Je n'avais pas une âme de combattant, reconnaissait-il. *Par contre, je n'ai jamais accepté d'être écrasé par quiconque et je me suis bien gardé d'agir de la sorte envers les autres. Les hommes ne sont pas nés pour être dominés, mais pour être aimés. Ceux qui me connaissent savent bien que j'ai toujours eu en horreur tout ce qui est défense, restriction, empêchement de vivre. L'existence est trop brève pour que nous passions à côté sous prétexte d'une vie meilleure dans un monde hypothétique après la mort. Voilà pourquoi j'ai toujours tiré de la vie tout ce qu'elle avait de mieux à m'offrir, et ainsi je suis mort heureux. Je formule le même souhait pour vous tous.*

Le lendemain de l'enterrement, le notaire Richepin rassembla à la villa tous les héritiers de cet homme immensément riche qui ne laissait pas de descendant. Henriette et moi fûmes très surpris d'être convoqués. Notre étonnement grandit encore quand nous nous rendîmes compte qu'en plus de nous n'étaient regroupés autour du notaire que les domestiques. Le notaire nous fit asseoir et nous pria d'être très attentifs à la lecture qu'il s'apprêtait à nous faire. « Si vous désirez poser des questions, prévint-il, faites-le au fur et à mesure du dévoilement des clauses de ce testament. » Puis, sans autre préambule, il lut :

J'ai fait constituer par mon ami et gestionnaire Claude-Henri Lepetit pour chacune de mes servantes et pour mon serviteur une rente annuelle à vie, ce qui leur permettra de vivre décemment. Je les incite toutefois, si tel est leur désir, à faire profiter un autre maître de leur précieux travail. Il ne manquera pas, j'en suis persuadé, de l'apprécier au même titre que je l'ai fait.

La vie a généreusement mis sur mon chemin Valois Ducharme, que je considère comme mon fils et successeur. Aussi je lui lègue la villa de Chantal, sachant qu'il saura continuer à la faire prospérer dans la tradition déjà établie. Pour qu'il y parvienne, j'ai constitué un fonds particulier pourvu des sommes nécessaires à l'entretien et au bon fonctionnement de la villa pour les trente prochaines années. Mon gestionnaire est mandaté pour verser chaque année à Valois Ducharme le montant prévu à ces fins. De plus, je lui lègue une somme considérable qu'il devra employer, ce que je n'ai pas eu le courage de faire n'ayant pas le tempérament nécessaire, à la promotion du savoir et de la liberté de presse.

Quant à sa digne épouse, Henriette Vachon, que j'aimais comme la fille que j'aurais tant désiré avoir, j'ai tenu à ajouter à sa rente de servante un autre montant destiné à mettre en œuvre son projet de se hausser dans la société jusqu'à une profession supérieure, afin d'aider les femmes à atteindre le même niveau que les hommes en tous les domaines. Puisse cette somme, je le souhaite de tout mon cœur, lui permettre de réaliser son rêve.

J'ai aussi déposé dans un compte particulier tout ce qui suffira à ma grande amie Eugénie Deblois pour vivre décemment. Je demande à mes héritiers de continuer à la traiter avec égard comme ils l'ont toujours fait de mon vivant. Elle pourra, si c'est son souhait, conserver à vie sa place à la villa.

Quant au reste de mes biens, je les lègue à la faculté des sciences de l'Université Laval pour qu'ils soient alloués à la recherche. Je souhaite aussi qu'une fondation portant mon nom récompense chaque année les étudiants dont les recherches font progresser les *sciences, afin que les Canadiens français puissent eux aussi se tailler leur place au soleil.*

Puisse la vie vous être aussi bonne qu'elle le fut pour moi!

Je ne pouvais pas croire ce qui m'arrivait, aussi endossai-je volontiers la mission que m'avait confiée Eustache de Chantal, et cela d'autant plus facilement que les domestiques acceptèrent de garder leur travail à la villa. Leur maître avait changé. Il était plus jeune, certes, mais les domestiques savaient qu'il se montrerait aussi équitable. La vie à la villa allait se poursuivre comme avant, même si j'ignorais ce que nous réservait l'avenir.

Je dus donc relever immédiatement un défi, celui de m'habituer au nouveau système monétaire, puisque le Canada venait de délaisser la livre anglaise pour lui substituer le dollar. Je ne me compliquai pas la vie. Une livre sterling équivalait à quatre dollars. Je ne mis guère de temps à apporter les ajustements nécessaires. J'étais bien conscient que j'allais en avoir grandement besoin dans mon nouveau rôle de propriétaire.

Le jour du service, je fus troublé de ne pas y voir Claude-Henri Lepetit, le gestionnaire des biens du maître d'écriture. Je me rendis à son bureau le lendemain. Une secrétaire fort désolée m'apprit que monsieur Lepetit était en voyage depuis deux semaines.

Puis la routine reprit son cours, à la différence qu'au repas du soir, il y avait un grand vide à table. Eustache de Chantal et sa bonne humeur nous manquaient à tous.

Chapitre 2

Que sera demain?

Il y a dans nos vies des moments décisifs, des périodes où nous n'avons pas d'autre choix que de nous arrêter pour faire le point. Quand je réfléchissais à ce que nous avions vécu depuis notre mariage, Henriette et moi, je constatais à quel point nous avions évolué, ce que nous devions pour beaucoup à notre ami Eustache qui venait de nous quitter. Pour ma part, non seulement il m'avait ouvert les yeux sur la possibilité de vivre autrement, mais il me donnait généreusement les moyens d'y parvenir. Et à mon grand plaisir, Henriette partageait désormais mes convictions.

Henriette et moi partions de loin. Nous avions toujours suivi scrupuleusement les prescriptions de la foi catholique. Pendant longtemps, jamais nous n'aurions osé mettre en doute ne fût-ce qu'une partie de ce qui nous avait été enseigné par nos parents depuis l'enfance. Nous y adhérions sans nous poser de questions. Notre rencontre avec Eustache avait changé beaucoup de choses. Il me semblait l'entendre encore s'exprimer ainsi sur la foi: «Les croyances religieuses sont taillées dans la pierre, montées en monument et figées pour l'éternité. Aucune de ces idées ne peut évoluer et ceux qui y adhèrent cessent aussitôt de réfléchir. Ils n'ont plus besoin de le faire puisqu'ils sont certains de posséder la vérité. C'est tellement vrai que notre bon pape songe de plus en plus à proclamer comme dogme qu'il ne peut pas se tromper en matière de foi et de morale. Tout cela n'est-il pas un peu prétentieux de sa part ? »

Auprès d'Eustache, nous avions appris que tout n'est pas péché et qu'il est même permis de se faire plaisir sans pour autant risquer de brûler en enfer. Tout cela m'avait incité à regarder d'un autre œil les interventions de notre évêque et du clergé dans nos vies, et ce que je voyais était loin de m'enchanter. Ils se sentaient investis de pouvoirs divins et s'octroyaient un droit de vie et de mort sur tous ceux qui n'adhéraient pas à leur croyance. De plus, les expériences vécues par Henriette dans son désir de venir en aide aux pauvres et aux jeunes femmes enceintes avaient quelque peu levé le voile sur l'envers de la médaille. Tout n'était pas beau chez les catholiques, et la charité chrétienne y était particulièrement malmenée. Quant à moi, ce que Dessaules m'avait appris à propos de l'Inquisition, ajouté au débat sur la théorie de Darwin, m'avait profondément bouleversé. Je prenais conscience du visage moins édifiant de l'Église. Il y avait là de quoi ébranler la foi de n'importe qui.

Je savais qu'Henriette et moi étions à un tournant décisif de notre vie. Par le plus grand des hasards, celui d'avoir trouvé un porte-monnaie, nous avions été conduits dans un monde jusqu'alors inaccessible à nos yeux. J'étais devenu immensément riche. Je possédais l'une des plus belles villas de Montréal, ce que je n'aurais jamais imaginé, même dans mes rêves les plus fous, et je disposais du capital nécessaire pour la mettre en valeur.

À l'avenir, nous n'aurions plus auprès de nous ce cher Eustache pour transformer en rire les situations les plus délicates et dédramatiser en quelques mots ce qui nous paraissait une montagne. Grâce à son don de tout remettre en perspective, rien ne le troublait. Avec lui, ce qui nous avait été dépeint comme dangereux paraissait soudainement bien anodin. Eustache nous avait démontré que nous pouvions nous faire notre propre idée sur beaucoup de sujets que nos contemporains jugeaient comme définitivement clos.

Son influence positive avait touché Henriette, qui se persuadait de plus en plus que les femmes pouvaient exercer des professions jusqu'alors réservées aux hommes et finir par occuper des postes importants dans la société. Elle était désormais décidée à devenir une des premières femmes à détenir un diplôme universitaire. Si nous avions le malheur d'aborder ce sujet délicat, la plupart des hommes haussaient les épaules et la jugeaient prétentieuse. Osait-elle demander pourquoi, on lui répondait poliment: «Les femmes sont des êtres fragiles. Elles n'ont évidemment pas les mêmes capacités que les hommes. D'ailleurs, notre foi exige d'elles qu'elles consacrent d'abord et avant tout leur vie à leur famille et à l'éducation de leurs enfants. La place de la femme est à la maison.»

Ces réponses toutes faites dictées par l'Église reléguaient les femmes au rôle secondaire de servantes. Je mesurais alors à quel point Henriette et moi ne voguions plus sur le même bateau que bien des gens. Plus le temps avançait, moins nous partagions les idées et les préoccupations de la majorité. Ainsi, je n'osais pratiquement plus aborder avec mon ami Robert les questions touchant l'Église. Je me rendais compte chaque fois qu'il ne voyait pas du tout les choses de la même façon que moi.

Quant à Henriette, ses idées s'avéraient beaucoup trop avant-gardistes. La plupart des femmes s'en tenaient à ce que recommandait le clergé. Elles se contentaient de leurs tâches de mère de famille, sans autre ambition que d'élever le mieux possible leurs enfants et de servir leur mari, attendant de mourir pour être heureuses au ciel. J'avais remarqué à quel point la plupart d'entre elles semblaient accablées. Résignées, elles ne souriaient pratiquement jamais, tandis qu'Henriette trouvait toujours le moyen de rire ou de désamorcer les situations les plus pénibles. Vraiment, maintenant que nous n'avions plus de soucis monétaires, il nous faudrait penser à nous entourer de gens plus ouverts aux idées nouvelles. Ils étaient nombreux parmi les membres de l'Institut. Je songeais d'ailleurs à prier Henriette de s'y intéresser davantage, assuré qu'elle, si sociable, finirait par s'y faire de bonnes amies.

Chapitre 3

Des désaccords

Depuis que j'avais mis le nez dans le bouquin de Darwin, j'avais idée de parler de sa théorie à mes étudiants. Je commis une grave erreur. J'eus le malheur de m'en ouvrir à mon ami Robert qui tout de suite m'admonesta.

— Toi et tes idées pas comme les autres! Qu'as-tu besoin d'informer tes élèves de cette théorie plus ou moins farfelue?

— Il faut être de son temps, Robert, et justement la théorie de l'évolution est de notre temps. Pourquoi mes élèves devraient-ils l'ignorer?

— Parce qu'ils sont catholiques et que l'Église par notre Saint-Père le pape n'admet pas l'évolution. Cette théorie va à l'encontre de l'idée de création de l'univers par Dieu. Par conséquent, elle ne peut être qu'erronée. Les textes de la Bible, directement inspirés par Dieu, nous enseignent que l'univers est l'œuvre de notre Créateur. Il faut vraiment être insensé pour prétendre le contraire.

Il avait dit tout ça d'un même souffle et d'une voix colérique. Une fois de plus, je préférai ne pas discuter. L'opinion de mon ami sur ce sujet était trop tranchée, inutile d'échanger avec lui sur ce point. Je changeai de sujet, en lui disant que j'avais réellement hâte de voir revenir le gestionnaire de la fortune d'Eustache de Chantal.

— Comment ça ? Il n'est pas au pays ?

— Hélas ! Il a choisi de prendre des vacances à un mauvais moment. Il ne pouvait pas se douter, le pauvre, qu'Eustache allait nous quitter si brusquement. Nous ne savons vraiment pas ce qui nous attend.

— En effet, approuva Robert. La vie nous réserve parfois de bien mauvaises surprises, comme celle qu'elle a destinée à ton ami. Raison de plus pour nous bien conduire.

— Eustache était vraiment un homme extraordinaire. Bon vivant, il prenait tout ce que l'existence pouvait lui offrir. Je trouve qu'en cela, il démontrait une bonne philosophie de la vie.

Robert me dévisagea d'un drôle d'air.

— Je ne voudrais pas t'offusquer, prévint-il, mais permets-moi de te dire que je n'avais guère d'admiration pour cet homme. La vie ne doit pas être une fête perpétuelle.

— Pourquoi donc ?

— Parce que ce n'est pas ce que Dieu attend de nous.

— Explique-toi !

— Notre passage sur terre ne doit nous servir qu'à gagner notre ciel.

Une fois de plus, je venais d'aborder un sujet brûlant. Je ne me privai pas cependant de vanter les mérites d'Eustache.

— Tu connaissais mal Eustache, comme moi d'ailleurs, car depuis son décès j'ai appris qu'il était d'une générosité sans bornes pour les pauvres de notre ville. Très riche, il employait une partie de sa fortune à aider les plus démunis. On m'a assuré qu'il se rendait souvent dans les quartiers populaires pour donner à tous ceux qui tendaient la main. J'ai été peiné de ne pas voir plus de monde à son service. Quelqu'un m'a expliqué que les pauvres n'ont pas osé venir parce qu'ils craignaient d'y être mal reçus. Eustache ne vivait pas dans le même monde qu'eux. Une barrière se dresse entre les bien nantis et ceux qui ne le sont pas. Eustache avait beau être généreux, ça n'a pas suffi pour que ces gens viennent lui rendre un dernier hommage.

Robert lança d'un ton ironique :

— Es-tu bien certain qu'il ne fréquentait pas ces bas quartiers pour d'autres raisons ?

Son allusion me piqua au vif. Je repris d'un ton indigné :

— Pourquoi t'efforces-tu toujours de le rabaisser ? Quelles preuves détiens-tu pour porter un tel jugement ? Ce n'est pas parce que quelqu'un se promène parmi les pauvres qu'il est pour autant un dévoyé. Eustache avait sans doute ses défauts. Il possédait aussi d'excellentes qualités, ça, je peux te le certifier. De plus, il avait amplement les moyens de se payer tout ce qu'il voulait, femmes incluses.

À mon grand étonnement, plutôt que de tenter de justifier ses dires, Robert s'en prit à moi.

— Si, comme tu le dis, il était si généreux, toi qui hérites d'une bonne partie de sa fortune, sauras-tu en faire autant ?

— Évidemment ! Toutefois, il m'a prié de m'en servir surtout pour favoriser les progrès de la science.

J'allais ajouter « sur ce point il était en désaccord avec le pape », mais je m'en abstins. Je ne voulais pas jeter de l'huile sur le feu. Robert revint à la charge.

— Maintenant que tu es riche, que comptes-tu faire de ta fortune ?

— Je vais d'abord commencer par apprendre combien j'ai d'argent, après je verrai.

— J'espère que tu auras une pensée pour tes amis.

— Sans doute. Il faut me donner le temps de m'ajuster à tout ça.

Je sentais une certaine envie dans les propos de mon ami. Je pris tout à coup conscience que le fait d'avoir de l'argent allait considérablement changer ma vie, ne serait-ce que mes relations avec ceux que je connaissais. Je n'aimais pas la tournure plutôt agressive que prenait notre échange. Je voulus détendre l'atmosphère en revenant à des propos plus terre à terre.

— Il y a longtemps, commençai-je, que nous n'avons pas eu le plaisir de vous accueillir à la maison, Hélène et toi. Que dirais-tu d'un bon souper à la villa samedi prochain?

Il ne se montra pas très ouvert à ma proposition.

— Samedi? Je crois que nous avons déjà un autre engagement. J'en parlerai à Hélène. Nous verrons bien.

Puis, sans autre transition, il ajouta:

— Pour en revenir à ce dont nous parlions un peu plus tôt, as-tu toujours l'intention de vanter les mérites de Darwin à tes étudiants?

Je compris qu'il passait à l'attaque. Je ne me défilai pas et répondis:

— Pourquoi pas?

Changeant brusquement de ton, il lança d'une voix courroucée:

— Je t'ai fait part de ma désapprobation sur ce point. Il ne faudrait pas que tu me contraignes à accomplir mon devoir.

— Que racontes-tu là?

— Tu as bien entendu. *À bon entendeur, salut!*

Il me quitta sur ces mots alors que la cloche nous appelait en classe. Je me demandai ce qu'il avait laissé sous-entendu et, par prudence, je résolus de ne pas aborder la question de Darwin avec mes étudiants. Pourtant, comme la chose se produit très souvent, la classe était à peine commencée qu'un des élèves me posa la question :

— Monsieur, avez-vous entendu parler d'un certain Darwin ?

Je fus bien contraint de répondre.

— Oui. Bien sûr !

— Dans ce cas, auriez-vous l'obligeance de nous exposer cette théorie nouvelle et de nous dire ce que vous en pensez ? Descendons-nous vraiment du singe ?

La question de leur compagnon fit s'esclaffer la classe entière. Ne pouvant plus me défiler, je répondis :

— Dites-moi d'abord ce que vous en savez.

Je me rendis vite compte que pour mes étudiants, tout cela n'était que des mots et demeurait très vague.

— Qui vous en a informé ?

— Monsieur Duclos.

Ainsi, Robert lui-même leur avait parlé de Darwin dans des termes si vagues que je me demandai pourquoi il l'avait fait. Moi qui adorais expliquer les choses avec le plus de nuances et de précisions possible, je décidai de leur exposer en long et en large cette théorie qui me fascinait tant.

Le lendemain, à mon arrivée au collège, le directeur me convoqua à son bureau. Je me demandai pourquoi, mais je n'eus guère le temps d'y penser longtemps. Il m'annonça que j'étais congédié. J'en fus sidéré.

— Dans un premier temps, nous avons appris que vous êtes un tenant de la théorie de l'évolution et que vous vous êtes même permis de l'exposer à vos étudiants. De plus, chose encore plus grave, vous faites partie de l'Institut canadien. Pour ces deux raisons, nous ne saurions vous garder plus longtemps dans nos murs. Un collège catholique n'a que faire de libres penseurs.

En route vers la maison, repensant à tout ce qui venait de se passer, je ne fus pas long à me convaincre que je devais mon congédiement à Robert, le seul véritable ami que je croyais avoir au travail. Quand j'annonçai la mauvaise nouvelle à Henriette, elle ne se montra pas trop désolée. Son côté pratique prévalut.

— Sans doute est-ce mieux ainsi ! Tu auras plus de temps pour administrer notre fortune.

Chapitre 4

L'incendie

L'automne commençait à gruger des morceaux d'été. Les arbres prenaient des couleurs, le vent se faisait plus incisif. La journée avait été splendide, une de celles dont on rêve avant les grands froids. On pouvait encore dîner dehors. Nous l'avions fait avec plaisir. Nous nous étions même permis de flâner tranquillement en profitant de la bonne chaleur de midi. Puis, je rappelai à Henriette :

— Tu n'as pas oublié que nous assistons ce soir, au Théâtre Royal, à la soirée-bénéfice consacrée au bien-être des pauvres.

— Qu'y a-t-il au programme ?

— Un drame à grand spectacle intitulé *Malédiction*. Il paraît que c'est très bon. À l'entracte, on nous promet la chansonnette comique *Le Marchand d'images*, interprétée par monsieur Trottier, et en deuxième partie la comédie *Le Duel de mon oncle*. Nous devrions passer une belle soirée pour seulement deux écus, ou si tu aimes mieux un dollar. J'ai réservé des sièges dans la première loge, ainsi nous serons proches de l'action.

— Puisque nous serons absents ce soir, pourquoi ne pas donner congé à Antoinette et Ariane ?

— Et Norbert ?

— Il viendra nous reconduire et nous chercher. Entre-temps, il pourra passer voir ses amis.

J'approuvai. Je tenais à ce que nos domestiques puissent parfois prendre du bon temps eux aussi.

— Antoinette et Ariane méritent bien ce congé et notre bon Norbert ne demande pas mieux que de voir ses amis de temps à autre. À propos, que dirais-tu de m'accompagner cet après-midi chez monsieur Lepetit, notre gestionnaire ? Je ferai le point avec lui sur la villa et nos rentes, de même que sur la situation des domestiques. Maintenant que je dispose de plus de temps, je veux suivre ça de plus près.

Norbert attela le cheval et nous conduisit chez monsieur Lepetit. Sa secrétaire nous informa qu'il était toujours en vacances et qu'il ne serait de retour que la semaine suivante. Je ne m'en montrai pas trop contrarié et nous profitâmes de ce contretemps pour nous balader dans Montréal, une ville passablement animée.

Nous empruntâmes Saint-Urbain en direction sud. Cette rue de terre battue, longée de trottoirs de bois, était bordée de solides maisons à deux étages. Elle était ombragée par une magnifique rangée de peupliers de Lombardie. Au bout, la façade de Notre-Dame et ses deux clochers attiraient notre regard comme des aimants. Rue Notre-Dame, nous tombâmes en pâmoison devant une vaste demeure en pierre aux larges cheminées et aux multiples lucarnes, propriété de James McGill et voisine du château Ramezay. Vraiment, il y avait de belles propriétés à Montréal. Entre cette maison et celle de monsieur Malard s'élevait la colonne Nelson et, par-dessus les toits, se profilait le dôme du marché Bonsecours. Je demandai à Norbert de nous y conduire.

J'étais enthousiaste. Sans doute parce que j'avais enfin le temps d'admirer la cité, tout ce que j'y voyais m'enchantait.

Avant, en raison de mon travail, je n'avais pas le temps de me rendre dans la vieille ville. Je confiai à Henriette :

— Montréal devient une vraie belle cité, ne trouves-tu pas ? Chaque fois que nous avons l'occasion de nous y promener, nous découvrons de nouvelles maisons apparues comme des champignons.

— Des champignons de grande valeur, nota-t-elle doucement.

Norbert manœuvrait bien et nous atteignîmes bientôt la rue de la Commune et le marché. Nous nous y délassâmes, visitant les endroits qui avaient vu naître nos premières amours. Norbert nous conduisit ensuite à la Place d'Armes, à proximité du Théâtre Royal. Je lui donnai congé, le priant de venir nous chercher vers les neuf heures trente à la fin de la représentation. Nous soupâmes dans un petit restaurant tout près avant de nous rendre en hâte au Théâtre Royal où nous prîmes place dans la première loge. Depuis que, grâce à Eustache, Henriette avait assisté à une représentation théâtrale, elle se faisait une joie de chaque pièce qu'elle pouvait voir. Je n'eus pas la malencontreuse idée de lui rappeler que notre évêque considérait cela comme un péché grave. Cela aurait tué tout son plaisir. Elle se plut beaucoup à suivre la pièce *Malédiction*, jouée par des acteurs expérimentés sachant si bien capter son attention qu'elle se figurait elle-même victime d'un pareil drame. Quand, à l'intermède, les placiers augmentèrent l'éclairage de la salle, elle poussa un soupir, comme si on venait de la tirer d'un rêve. Cette représentation me laissant plutôt froid, je lui demandai :

— Tu as aimé ?

— Ah oui ! Il ne faudrait pas que pareil malheur nous arrive.

— Allons, chérie, ce n'est qu'une pièce de théâtre.

Nous nous étions levés afin de nous dégourdir un peu. Puis, comme mentionné dans le programme, monsieur Trottier apparut à l'avant-scène, prêt à pousser sa chansonnette. Les gens se rassirent et peu à peu le murmure des conversations fit place à un silence ponctué de quintes de toux. Le chanteur allait entonner sa chanson quand, sorti de derrière les rideaux, un homme se présenta pour transmettre le message suivant :

— Monsieur et madame Valois Ducharme sont priés de se rendre d'urgence dans le hall.

Je bondis, entraînant Henriette dans mon sillage.

— Que peut-il bien se passer ? lançai-je d'une voix anxieuse.

Norbert nous attendait déjà dans le hall en compagnie de deux hommes. L'un d'eux, de belle prestance, se présenta comme le propriétaire du théâtre et nous apprit :

— Madame et monsieur, soyez courageux. J'ai une mauvaise nouvelle à vous annoncer.

Henriette pâlit et chancela. Je la soutins fermement. L'homme poursuivit :

— Comme votre valet vient de me l'apprendre, votre villa est la proie des flammes.

Henriette se mit à trembler si fort que je la fis asseoir sur un des divans du hall. Moi-même, j'avais de la difficulté à soutenir le choc causé par cette terrible nouvelle. J'étais bouleversé. Je repris toutefois assez vite mes esprits et dès qu'Henriette fut en mesure de me suivre, Norbert nous conduisit à la villa. Quand nous y arrivâmes, la maison n'était plus qu'une ruine fumante. Çà et là, quelques flammes léchaient encore de rares morceaux de bois non consumés. Tout au long du trajet, en proie à l'inquiétude, nous n'avions pas échangé un mot. Norbert avait respecté notre silence. Puis, soudain, mon cœur ne fit qu'un tour et je m'écriai :

— Antoinette et Ariane ?

— Elles sont en sécurité, me rassura-t-il. Vous leur aviez donné congé comme à moi. Elles n'étaient pas dans la maison.

— Et Eugénie ?

Norbert ne répondit pas tout de suite. Il secoua la tête en murmurant :

— J'ai bien peur, hélas ! qu'elle y soit restée.

— La pauvre ! Ce n'est pas vrai, geignit Henriette en éclatant en sanglots.

Je fis de mon mieux pour la calmer. Nous ne pouvions que déplorer la situation. Je pensai au drame *Malédiction* auquel nous venions d'assister. La malédiction nous était tombée dessus comme la foudre. Je cherchai de mon mieux des mots d'apaisement qui allégeraient le drame.

— Eugénie était peut-être sortie, fis-je, sans trop y croire. Quant à la villa, l'argent des assurances nous permettra de la faire rebâtir.

Le chef des pompiers vint nous trouver sur l'entrefaite.

— Nous n'avons pas pu faire mieux, s'excusa-t-il. À notre arrivée, les flammes étaient déjà incontrôlables. Tout a flambé comme une botte de foin sec.

Il me prit à part.

— Votre serviteur nous a appris qu'il se peut qu'une femme soit restée à l'intérieur. Nous ferons les recherches nécessaires pour retrouver sa dépouille demain matin. Je dois vous informer qu'à première vue, et nous pourrons sans doute le confirmer demain, le feu a été mis volontairement. Avez-vous idée de la personne qui pourrait avoir agi ainsi ?

Je haussai les épaules.

— J'ai beau réfléchir, je ne vois pas du tout qui pourrait nous en vouloir à ce point.

— On m'a appris que vous avez récemment hérité de cette villa. À qui appartenait-elle ?

— À monsieur Eustache de Chantal.

— Avait-il des dettes importantes ou encore des ennemis connus ?

— Pas à ce que je sache. Mais son notaire, monsieur Richepin, et surtout son gestionnaire, monsieur Lepetit, pourront mieux vous répondre que moi. Cependant, monsieur Lepetit est actuellement en voyage hors du pays. Il doit revenir dans quelques jours.

— Fort bien. Je vous tiendrai informé au fur et à mesure des développements de notre enquête. Savez-vous où passer la nuit ?

— Ils coucheront chez moi, fit une voix dernière nous, que je reconnus comme celle de mon ami Adalbert. Norbert que voici est venu m'apprendre ce grand malheur, expliqua-t-il. Comme il n'y a rien d'autre à faire, le mieux est que vous veniez à la maison vous remettre de toutes ces émotions.

Je m'inquiétai :

— Antoinette et Ariane ?

— Elles sont chez la sœur d'Antoinette, nous apprit Norbert.

Sans plus attendre, nous le suivîmes jusqu'à la voiture. Adalbert y monta avec nous. Quelques minutes plus tard, nous arrivâmes chez notre ami. Il nous servit un grand verre de rhum. Henriette gagna aussitôt la chambre d'amis et se mit au lit. Norbert allait partir quand je lui demandai :

— Où comptes-tu coucher cette nuit ?

— Dans ma voiture.

— Allons ! intervint Adalbert. La maison est grande. Ce ne sont pas les chambres qui manquent. Il y en aura une pour toi.

Je m'attardai encore à échanger à voix basse avec Adalbert, puis j'entrepris de me soûler. Ce fut pour moi la seule façon de dormir un peu.

Le lendemain, Norbert alla chercher Eulalie, la cousine d'Henriette, qui nous offrit gentiment son aide. Je la remerciai chaleureusement.

— Ma chère Eulalie, c'est extrêmement généreux de ta part, mais avec tes enfants et dans l'appartement que tu occupes, nous serions vite deux de trop. Adalbert nous a déjà offert l'hospitalité dans sa grande maison. Sois certaine que quand le pire sera passé, nous serons heureux de te rendre visite et de gâter un peu notre filleule.

Ainsi se déroulèrent les premières heures qui suivirent cette grande épreuve. Je ne cessai de me tourmenter. Qui pouvait avoir allumé l'incendie et pourquoi ? Je songeai au mari d'Eugénie. Il se pouvait également qu'un ennemi d'Eustache ait eu cette malencontreuse idée ou encore que cela fût relié à un tout autre motif. Je ne savais vraiment pas quoi penser. Sans doute nous faudrait-il beaucoup de temps pour faire la lumière là-dessus.

Chapitre 5

Mauvaises surprises

Une fois dessoûlé, je décidai de me rendre en vitesse à la villa. Le plus pressant était de connaître le sort d'Eugénie. Henriette voulut m'accompagner. Appuyé par Adalbert, je lui conseillai :

— Tu devrais aller à ton bénévolat comme d'habitude. Je crains qu'une journée comme celle-ci ne te cause trop d'émotions. Il faut te changer les idées. Ainsi tu n'auras pas toujours en tête le malheur qui nous frappe.

Henriette suivit mon conseil. En compagnie d'Adalbert, je me rendis à pied à la villa. Maintenant qu'il faisait jour, tout paraissait plus déprimant encore que la veille. Des pompiers fouillaient prudemment les décombres. Nous ne pouvions qu'assister, impuissants, à leurs recherches. Vers dix heures, un des sapeurs vint prévenir son chef qu'ils avaient découvert un corps calciné. Il ne pouvait s'agir que d'Eugénie. Elle qui ne quittait pratiquement jamais ses appartements y avait trouvé la mort. Cet incendie devenait doublement criminel. On ne tarda pas à en informer la police, ce qui attira sur place quelques journalistes en quête de nouvelles et une foule de curieux.

Accompagné d'Adalbert, je me dirigeai sans plus tarder au bureau d'assurances le plus près, me disant qu'Eustache

45

avait dû parer à toute éventualité. L'homme à qui je m'adressai me déclara :

— Le nom pourtant particulier de ce monsieur de Chantal m'est inconnu. Laissez-moi tout de même vérifier, il peut avoir fait affaire avec nous.

Après avoir longuement consulté ses papiers, l'homme affirma :

— Messieurs, je suis formel, ce n'est pas nous qui avons assuré cette villa contre les incendies. L'était-elle ?

Je répondis :

— J'en suis persuadé ! Monsieur de Chantal était un homme avisé. Surtout après les déflagrations de 1852. Il avait certainement assuré sa maison.

— Hélas ! vous devrez chercher ailleurs. Il y a plusieurs compagnies d'assurances du genre. Si j'étais vous, je me rendrais d'abord à l'hôtel de ville pour consulter les plans d'assurance-incendie. On sera sans doute en mesure, grâce à ces plans, de vous préciser où les maisons de ce secteur étaient assurées.

Je suivis sa suggestion et bientôt j'eus devant les yeux le plan que la Ville avait fait dresser de toutes les maisons de la rue. La villa y figurait. On en lisait les dimensions et la description détaillées, vaste demeure en brique à deux étages au toit de tôle. Je m'informai où je devrais m'adresser afin de toucher la prime d'assurance.

— Rendez-vous au bureau de la Compagnie d'assurance contre le feu de Montréal. C'est sans doute là que vous avez le plus de chances d'obtenir une réponse.

Adalbert m'y accompagna. J'étais anxieux de connaître les détails de l'assurance. L'homme à qui je m'adressai à ce sujet se montra très aimable et vraiment désolé du malheur qui me frappait.

— Suivez-moi, m'invita-t-il. Nous allons voir ce que nous pouvons faire pour vous.

Je lui précisai que je n'étais propriétaire de la villa que depuis quelques semaines.

— Vous l'avez achetée ?

— J'en ai hérité.

— De qui ?

— De monsieur Eustache de Chantal.

— Voyons…

Il feuilleta un registre dans lequel il finit par trouver trace de l'assurance. Plus il lisait, plus son visage s'assombrissait.

— Quelque chose ne va pas ? s'enquit Adalbert.

— C'est que, d'après ce que je lis, lorsque la villa de Chantal vous a été léguée, un certain monsieur Lepetit, gestionnaire pour monsieur Eustache de Chantal, est passé par nos bureaux en compagnie du notaire Richepin. Ils venaient certifier, papiers à l'appui, que la villa vous avait été léguée, ce qui constituait la première démarche à accomplir. Il est revenu le lendemain et, ce qui est tout à fait légal lors d'un legs ou d'une vente, a remis la police d'assurance de la maison à notre secrétaire en demandant qu'elle soit annulée, ce qui a été fait.

— En conséquence ?

— Hélas ! votre maison n'était plus assurée ! Malheureusement vous ne toucherez pas un sou.

Je sentis mes jambes se dérober sous moi et fus contraint de m'asseoir sur la première chaise en vue. Je restai là un long moment sans rien dire. La tête me tournait. Puis, me levant brusquement et en furie, je criai :

— Attendez que ce Lepetit revienne de vacances ! Il va passer un mauvais quart d'heure !

Ces paroles ne changeaient rien à la situation. Nous nous retrouvions carrément à la rue. Adalbert eut beau tenter de me calmer, il n'y avait rien à faire, je fulminais. Mon ami persista.

— Eustache était très riche. Tu pourras faire reconstruire la villa grâce à la fortune qu'il t'a léguée.

Cet argument finit par m'apaiser. Pour lors, j'avais besoin d'argent. Je filai directement à la Banque de Montréal où Eustache détenait un compte. En route, je confiai à Adalbert que je m'en voulais de ne pas m'être occupé de plus près de toutes ces questions d'argent pour lesquelles je faisais entièrement confiance au gestionnaire. J'avais d'ailleurs signé une procuration à cet effet, juste après le décès d'Eustache. Je m'en souvenais fort bien. La secrétaire de monsieur Lepetit était venue me voir après l'enterrement en me demandant de signer ce papier afin qu'il puisse continuer à gérer efficacement la succession. Adalbert m'en fit aussitôt reproche :

— Tu n'aurais jamais dû signer cette procuration. Connais-tu bien ce Lepetit ?

— Non. Je sais seulement qu'il était l'homme de confiance d'Eustache depuis nombre d'années.

— Sans doute. Es-tu bien au courant de la façon dont il administrait les biens de ton protecteur ?

— Je n'en ai aucune idée.

Nous arrivions à la banque. Je me présentai à un caissier et lui fis part de ce qui m'amenait. Ce dernier prit un moment pour retracer le compte, avant de laisser tomber :

— Monsieur, je préfère que vous rencontriez le gérant.

— Quelque chose ne va pas ?

— Monsieur Gobeil va démêler tout ça.

Prévenu par le caissier, le gérant, dont la chevelure blanche était remarquable, se tenait dignement derrière son bureau tout en se frottant nerveusement les mains. Il nous accueillit d'un air soucieux.

— Savez-vous, messieurs, que le compte du regretté monsieur de Chantal a été fermé ? Lequel de vous deux est monsieur Ducharme ?

Je me fis connaître.

— Eh bien, sachez, monsieur, que le gestionnaire du regretté monsieur de Chantal, avec lequel nous faisions affaire depuis des années, nous est arrivé il y a environ trois semaines, muni de tous les papiers nécessaires, dont une procuration signée de votre main. Il nous a signifié que vous aviez donné ordre de fermer ce compte à notre banque pour en ouvrir un ailleurs. Étonné de cette décision de votre part, j'ai désiré communiquer avec vous. Toutefois, monsieur Lepetit, dont je n'avais pas le droit de douter de la parole, m'a assuré que vous étiez pour un temps hors du pays et qu'il ne faisait que suivre vos ordres.

— C'est lui qui était censé être hors du pays !

— Eh bien, le compte a été fermé ici, continua le gérant, et monsieur Lepetit est parti avec tout l'argent qu'il contenait pour le placer dans une autre institution bancaire.

— Laquelle ?

— Il n'a malheureusement pas voulu nous le révéler.

À ces mots, je devins très anxieux. Je confiai à mon ami Adalbert :

— Je dois découvrir aujourd'hui même de quelle banque il s'agit.

De la Banque de Montréal, nous nous rendîmes à celle de Jacques-Cartier, récemment ouverte rue Saint-Jacques. Il n'y avait pas de compte au nom d'Eustache de Chantal ni à celui de Valois Ducharme. Où Claude-Henri Lepetit avait-il pu déposer la fortune d'Eustache ?

— Peut-être à la Banque d'épargne, suggéra Adalbert.

— Elle a été fondée par monseigneur Bourget, fis-je remarquer. Eustache n'aurait jamais voulu y ouvrir un compte.

Par acquit de conscience, nous nous y rendîmes quand même pour obtenir la même réponse.

Adalbert formula tout haut ce dont je devenais de plus en plus convaincu.

— Je ne serais pas surpris que ce Lepetit prolonge indéfiniment ses vacances.

— Avec mon argent, conclus-je.

— Il ne reviendra pas au pays.

J'étais sidéré. Adalbert proposa :

— Tentons au moins de savoir sur quel navire il a embarqué.

Nous avions beaucoup marché depuis le matin. Nous nous rendîmes malgré tout au port. On nous y apprit que Claude-Henri Lepetit s'était embarqué à bord du *Nova Scotian* en partance pour Liverpool, quinze jours plus tôt.

— Avait-il acheté un billet aller et retour ? m'empressai-je de demander.

— Aller seulement.

Sans plus tarder, nous allâmes directement à la police. Dès le lendemain, les journaux parlaient d'une possibilité de fraude majeure qui impliquait un citoyen bien connu de Montréal.

Nous revînmes chez Adalbert en passant par la villa. L'enquête menée par le chef des pompiers et par la police attribuait sans doute possible l'incendie à un acte criminel. Le feu y avait été intentionnellement mis à trois endroits. Le vent aidant, il s'était rapidement propagé à l'édifice entier. La police tentait par tous les moyens de retracer l'incendiaire. Comme la villa était isolée, personne n'avait été témoin du crime.

La journée avait été passablement pénible. Obligé d'informer Henriette de tous ces retournements, je me morfondais, m'attendant à ce qu'elle s'effondre. Elle eut plutôt la réflexion suivante :

— Nous sommes comme les oiseaux. Dieu les nourrit, il devrait bien le faire pour nous aussi.

— Pourvu que nous nous aidions nous-mêmes, ajoutai-je. Je ne crois pas que Dieu intervienne pour que tout nous tombe tout cuit dans le bec. D'ailleurs, les hommes comme les oiseaux n'attendent pas après le bon Dieu pour se nourrir, puisqu'ils passent leurs journées à travailler. Nous voilà comme Job sur son tas de fumier.

Chapitre 6

L'enquête

L'enquête sur le présumé incendiaire de la villa ne progressait guère. Pendant ce temps, les funérailles de la pauvre Eugénie eurent lieu. De nouveau, nous n'étions qu'une douzaine à peine à suivre le corbillard transportant les restes de la défunte.

La police fouillait le passé récent de Claude-Henri Lepetit. Les enquêteurs visitèrent son bureau et sa demeure sans y dénicher rien de concluant. Ils interrogèrent sa secrétaire. Celle-ci n'avait rien vu venir et jamais elle n'aurait cru se retrouver sans emploi du jour au lendemain. Cet homme avait parfaitement bien préparé son coup. Où pouvait-il être maintenant ? Comme le disait avec raison le chef Bonenfant : « Autant chercher une aiguille dans une botte de foin. » De Liverpool, il pouvait avoir pris mille directions avant de gagner quelque part le refuge qu'il s'était fait aménager depuis longtemps. Il ne fallait guère espérer des développements de ce côté. À moins d'un miracle, la cause était perdue. Je pestais :

— Ce criminel vit quelque part confortablement à nos dépens et nous voilà tous dans la rue.

La situation d'Antoinette, d'Ariane et de Norbert, qui était parti je ne sais où, me chagrinait beaucoup, car ils ne toucheraient pas la rente promise. Les journaux relatèrent l'affaire en détail. Quelques bonnes âmes offrirent leur aide. Par contre, de bons catholiques bien en vue laissèrent entendre que nous méritions ce qui nous était arrivé. Un incroyant, et qui plus est un membre de l'Institut canadien, ne pouvait qu'attirer le courroux de Dieu sur lui et les siens.

Moi qui aimais aller au fond des choses, je décidai d'analyser les moindres faits qui, ces derniers temps, avaient perturbé la vie à la villa. Il y avait eu le vol dans la chambre d'Eugénie. La raison de cette intrusion était-elle uniquement le vol? Cet homme n'était-il pas venu avec l'idée d'inspecter les lieux afin de déterminer comment allumer un incendie dévastateur, ou avait-il la mission d'y chercher quelque chose? Pourquoi dans les appartements d'Eugénie? Je me tapai le front. Je m'étais tout simplement fourvoyé. C'étaient les appartements d'Eustache qui étaient visés. Pourtant, si ceux-ci avaient été fouillés, il s'en serait plaint. Où avait-il soupé ce jour-là?

Adalbert, me voyant me morfondre jour et nuit sur cette question, me conseilla de laisser tomber.

— Tu vas finir par te rendre malade, et tout ça pour rien. Eustache n'est plus là pour répondre à tes questions.

Je répliquai:

— J'en aurai le cœur net le jour où j'aurai relié toutes les pièces de ce cauchemar. Il est évident, et j'en ai fait part à la police, que Lepetit avait un complice auquel il a donné le mandat d'incendier la villa. Pour quelle raison? Ça reste à déterminer. Il devait avoir un motif qui l'a poussé à agir de la sorte, mais lequel?

Adalbert renchérit:

— Occupe ton esprit à autre chose et tu ne t'en porteras que mieux! J'ai d'ailleurs une proposition à te faire.

À l'Institut, on cherche quelqu'un pour s'occuper du prêt de volumes, en remplacement du préposé malade. Le salaire est mince, mais ça te changera les idées.

Il finit par me convaincre. En sa compagnie, je me rendis à l'Institut et je fus chargé du remplacement. Sauf que ce travail était loin de m'occuper à plein temps et mes pensées me ramenaient sans cesse à ma préoccupation première.

— Pour quel motif Lepetit a-t-il fait incendier la villa ?

J'en arrivai à une conclusion. Sans doute était-ce par esprit de vengeance. Il me vint alors à l'idée de remonter plus loin en arrière, du vivant même d'Eustache. Désireux de m'entretenir avec un des directeurs de la Banque de Montréal, je m'y dirigeai directement en quittant l'Institut. J'y fus reçu par monsieur Molson à qui j'expliquai les motifs de ma démarche. Ce dernier m'apprit :

— J'ai eu plus d'une fois affaire avec monsieur de Chantal. Vous savez sans doute qu'il s'apprêtait à congédier son gestionnaire. Il m'avait demandé si je pouvais lui fournir le nom de quelqu'un de fiable pour le remplacer.

Voilà donc quel était ce fameux motif tant recherché, je venais de le trouver. Non seulement Lepetit avait profité de la mort d'Eustache pour s'emparer de sa fortune, mais, par pure vengeance, il avait fait incendier la villa. Quand j'en fis part à Henriette, elle soupira :

— Tu as enfin réponse à tes interrogations. Il est temps maintenant que tu passes à autre chose. Songe à notre avenir. Nous ne pourrons pas vivre encore bien longtemps aux crochets d'Adalbert.

Quelque chose me tracassait encore. L'idée m'avait effleuré l'esprit, et voilà que tout ce que j'avais découvert venait en quelque sorte le confirmer. Je m'en ouvris à Adalbert.

— Je suis persuadé qu'Eustache de Chantal n'est pas mort de mort naturelle.

— Pourquoi crois-tu ça ?

— La disparition de Lepetit, l'incendie de la villa. Je mettrais ma main au feu qu'il a été empoisonné. S'il y avait eu une autopsie, on aurait sans doute pu le prouver.

Adalbert posa ses mains sur mes épaules et me secoua vivement.

— Pourquoi te tourmentes-tu avec ça ? Tu ne le sauras jamais.

— Qui sait ? Je vais au moins tâcher d'apprendre où Eustache avait soupé le soir précédant sa mort. Il s'est éteint dans son sommeil et le médecin a conclu à une mort naturelle. Or, j'en doute très fort.

— Ça t'avancera à quoi de le savoir ?

— Je pourrai dormir en paix. J'aurai tout mis en œuvre pour connaître la vérité.

— Et dans ta vie de tous les jours, ça changera quoi ? Lepetit a disparu ! Il est grand temps, Valois, que tu retombes sur tes pieds.

— Tu en as assez de nous ?

— Pauvre ami. Ça n'a rien à voir. Tu peux vivre chez moi le temps que tu voudras. J'ai pour mon dire que la meilleure façon de tuer quelqu'un est de l'empêcher de travailler. Tu te ronges les sangs depuis des jours. Il me semble que tu devrais plutôt te préoccuper de ton avenir et de celui d'Henriette.

Je promis d'y voir et de conserver mon emploi à l'Institut. Je connus le repos le jour où j'appris que son dernier souper, Eustache l'avait pris en compagnie de nul autre que Claude-Henri Lepetit.

Chapitre 7

À l'Institut

Adalbert nous avait généreusement accueillis chez lui depuis l'incendie et, comme il en avait les moyens, il alla jusqu'à louer un appartement qu'il mit à notre disposition. Depuis que je travaillais à l'Institut, je prenais davantage conscience de toutes les attaques auxquelles monseigneur Bourget se livrait. Le membre le plus actif de l'Institut n'était autre que Louis-Antoine Dessaules. Il se démenait pour démontrer la mauvaise foi de l'évêque et défendait l'Institut avec vigueur. J'avais de l'admiration pour cet homme au franc-parler et à l'esprit ouvert. Il n'hésitait pas à s'opposer aux multiples tentatives de l'évêque d'asseoir la domination de l'Église sur chacune des sphères de la vie sociale.

— Ne me demande surtout pas de vanter cet homme, je devrais dire cet ultramontain pour qui tous les aspects de la vie devraient être soumis à l'autorité du pape. Tu sais qu'il songe à contraindre les futurs députés à répudier les idées libérales, sinon ils subiront les foudres du clergé. Il est bien évident que pour lui, l'Église est supérieure à l'État. Pour ma part, je ne suis pas homme à me laisser imposer quoi que ce soit, même par un évêque et encore moins par un petit curé de ville ou de campagne. J'en connais trop sur notre pauvre clergé pour l'admirer. Remarque, je ne généralise pas. Il y a bien sûr parmi nos prêtres des saints hommes, seulement, que veux-tu, l'obligation qu'ils ont de se plier aux directives de l'évêque m'incite à me tenir loin d'eux. Ces gens ne pensent pas par eux-mêmes. Ils ne font que répéter comme des perroquets ce dont on leur remplit le crâne.

Pour la forme, je m'opposai, afin de bien comprendre le fond son opinion.

— Sauf votre respect, je trouve que vous n'y allez pas de main morte. Vous êtes un anticlérical et ça paraît.

— Qui ne le serait pas avec l'évêque que nous avons ? Crois-tu qu'il met des gants de velours pour nous brandir la liste des livres à proscrire en nous menaçant d'excommunication ? Sais-tu que tu manipules tous les jours des tisons ardents ? Beaucoup des livres que tu prêtes sont à ses yeux les instruments qui nous mèneront droit en enfer.

— L'enfer, m'écriai-je, je n'y crois pas. C'est carrément une invention des hommes primitifs.

Monsieur Dessaules me regarda avec un grand intérêt.

— Serais-tu de ceux qui ont compris que depuis toujours on se sert de ce mot pour faire peur et dominer ? Je n'accepterai jamais de vivre sous la menace. Tu sais qu'on emploie le mot "enfer" pour désigner l'endroit où on range les livres que Rome a mis à l'Index. Nous avons offert à l'évêque de créer un enfer dans la bibliothèque de l'Institut. De la sorte, nous n'aurions prêté ces livres qu'à nos membres qui ne sont pas catholiques.

— Et aux catholiques ?

— S'ils avaient voulu les emprunter, ils auraient dû d'abord expliquer à l'évêque pourquoi ils désiraient les lire. Il leur aurait fallu obtenir sa permission qui, sois-en certain, ne serait jamais venue.

Tout en écoutant attentivement monsieur Dessaules, je continuais de ranger des livres sur les étagères.

— D'après vos propos, demandais-je, je présume que monseigneur Bourget a refusé votre proposition.

— Il ne l'a pas refusée. Il a conservé la liste que je lui ai remise en promettant d'y indiquer par un crochet les livres à l'Index. Je me méfie, car derrière tout ce qu'il fait se cache toujours un autre motif que celui qu'il évoque. Il se servira de cette liste pour faire condamner l'Institut, tu verras. Tu te souviens qu'il a conseillé aux paroissiens de Saint-Jacques de ne pas rebâtir la cathédrale parce que ça leur imposerait de trop grands sacrifices. Quel était le vrai motif derrière celui-là? Son emplacement actuel n'est pas assez grand. Il rêve d'une cathédrale beaucoup plus vaste, construite sur le modèle de la basilique Saint-Pierre de Rome. Il faut se méfier de cet homme à double visage. La vérité ne sort jamais de sa bouche. Il est la duperie même. Mais trêve de grands discours. Commences-tu à bien connaître les importants volumes que possède notre Institut?

— Quelque peu. Je serais toutefois bien mal placé pour prêter ou ne pas prêter un volume à l'Index. Encore faudrait-il que je sache s'il l'est ou non.

— L'inventaire des volumes de la bibliothèque reste à compléter. Voici ce que je te conseille: dresse une liste complète de tous les livres de la bibliothèque et nous pourrons alors imprimer un nouvel *Annuaire*. Cependant, je te préviens, en raison de ton travail, tu ne peux plus recevoir les sacrements.

Tout en disant cela, il se dirigea d'un pas rapide vers l'espace qui lui servait de bureau et en revint avec un registre dont il feuilleta rapidement les pages.

— Voilà. Je consigne dans ce registre toutes les interventions de Bourget contre l'Institut. Je veux que tu entendes ceci. Ce sont ses paroles lors du concile de Québec en 1854.

Il se redressa avant de proclamer :

Lorsqu'il est constant qu'il y a dans un institut littéraire des livres contre la foi et les mœurs ; qu'il s'y donne des lectures contre la religion ; qu'il s'y lit des journaux immoraux et irréligieux, on ne peut admettre aux sacrements ceux qui en font partie, à moins qu'il n'y ait sujet d'espérer que, vu la fermeté dans les bons principes, ils pourront contribuer à les réformer. Même traitement pour les membres honoraires. Même chose pour ceux qui iraient y lire de mauvais livres et y entendre des lectures qui attaquent la religion et la morale[1].

— Et pour ton édification, voici ce qu'il a écrit plus récemment dans une de ses lettres pastorales.

Dessaules plongea de nouveau les yeux dans le registre.

Si vous faites partie de quelque institut littéraire, gardez-vous strictement obligés de ne pas permettre qu'il s'y introduise des livres contraires à la foi et aux mœurs. Que si déjà des mauvais ouvrages se trouvent dans la bibliothèque de cet institut, vous devez en conscience faire tous vos efforts pour les faire disparaître […]. S'il vous était impossible, par ces moyens ou autres, de faire purger de telles bibliothèques de tous les livres impies ou obscènes qui s'y trouveraient, il ne vous resterait plus d'autre parti à prendre que de vous retirer en protestant énergiquement et publiquement que vous ne faites plus partie d'une telle institution […].

— Mais, poursuivit monsieur Dessaules, sa haine contre notre Institut est si grande qu'il n'a pas pu s'empêcher

---

1. Les paroles de monseigneur Bourget sont authentiques et relevées en toutes lettres de ses directives aux curés et de ses lettres pastorales ; de même que les citations des journaux.

d'ajouter : *Que si quelqu'un lit ou garde des livres hérétiques,*
ou les écrits d'un Auteur quelconque, condamnés ou défendus, à
cause de quelque hérésie, ou même pour soupçon de quelque faux
dogme, il encourra aussitôt la sentence d'excommunication.
Voilà ! J'espère que tu es bien conscient de ce qui te pend
au bout du nez en étant membre actif de notre Institut et
surtout en t'occupant de la distribution des livres.

— Je le suis, confirmai-je. C'est pour l'heure la seule
façon que j'ai de gagner ma vie et j'ai bien l'intention de
continuer à le faire.

Je me mis sans plus tarder au relevé des quelque cinq à
six mille volumes de l'Institut.

Peu après eut lieu une réunion spéciale des membres de
l'Institut. Une motion exigeant le retrait de la bibliothèque
de tous les livres dangereux fut présentée. Je fus heureux
qu'elle soit battue à cent dix voix contre quatre-vingt-huit.
Mon enchantement ne dura guère, car le nombre de membres
de l'Institut diminua de cent trente-huit. La menace de
l'évêque avait atteint son but. Monsieur Dessaules ne manqua pas de me dire :

— Nos peureux ont déserté.

Il tira du porte-document qui ne le quittait jamais, un
bout de papier, et ajouta, en lisant les termes mêmes
employés par l'évêque :

— Tu sais que Sa Grandeur a donné ordre *à tous les*
confesseurs du diocèse de considérer les membres de l'Institut
canadien comme s'étant délibérément placés sous le coup des
censures ecclésiastiques et de refuser l'absolution et le secours de la
Religion, même à l'article de la mort, à tous ceux des membres
de l'Institut qui n'auraient pas préalablement signé leur

résignation. Derrière tout ça, sais-tu, cher Valois, ce qui se cache ?

— Non pas.

— Cher ami, je te le répète. Derrière le prétexte des livres à l'Index employé par Bourget se cache un autre objectif, le vrai. Il vise par tous les moyens à faire fermer l'Institut. Il craint que nous devenions si puissants que nous dirigions l'instruction supérieure à Montréal. Il se bat vainement depuis des années contre l'Université Laval de Québec pour faire ouvrir une université catholique à Montréal, dirigée par le clergé. Il nous considère comme une menace et veut notre disparition. Je ne serais pas surpris qu'il y parvienne. Le but ultime derrière tout ça n'est autre que de s'octroyer le monopole de l'enseignement dans le diocèse et dans toute la province. Ce n'est pas pour rien qu'il nous a inondés de communautés religieuses. Depuis qu'il est en poste, il a créé pas moins de quatre communautés de sœurs et a fait venir de France, en plus des Jésuites qui sont rejetés partout, pas moins de sept communautés de prêtres, de frères et de sœurs s'ajoutant aux trois qui existaient déjà chez nous.

Je me fis l'avocat du diable.

— Nous devons admettre que les membres de ces communautés font beaucoup de bien à nos gens.

— Et aussi beaucoup de tort. Il n'y a plus de place nulle part pour nos instituteurs et nos institutrices laïques. N'en es-tu pas toi-même un bon exemple ?

J'acquiesçai. M'encourageant à poursuivre mon bon travail en vue de confectionner au plus tôt le nouvel *Annuaire*, monsieur Dessaules me quitta en me saluant chaleureusement.

— Tu feras là, assura-t-il, une œuvre très importante. Nos membres doivent être informés de tous les livres que nous possédons. Je songe même à indiquer dans l'*Annuaire* ceux qui sont à l'Index. Tu verras qu'ils deviendront vite les plus empruntés.

Chapitre 8

L'inauguration du pont Victoria

Les travaux de construction du premier pont entre la Rive-Sud et Montréal étaient maintenant terminés. On avait enfin mené à bien ce projet gigantesque dont tout le monde se montrait fier. À voir certains célébrer, on aurait pu croire qu'ils en étaient eux-mêmes les constructeurs. D'ailleurs, toute la crème de Montréal se précipita à l'inauguration du pont, présidée par le jeune prince de Galles, âgé de dix-neuf ans, le fils de la reine Victoria.

Comme Adalbert tenait à assister, ne serait-ce que de loin, à cet événement, je m'y rendis avec lui. Nous tentâmes bien de nous approcher du lieu des célébrations, mais il y avait tellement de monde que pour voir quelque chose, nous en fûmes réduits à nous étirer le cou et à nous tenir sur la pointe des pieds, sans trop de succès.

Adalbert me rappela :

— Tu sais que nos dirigeants profitent également de cet événement pour souligner les cent ans de la conquête anglaise du Canada. Eh oui, il y a cent ans nous avions encore notre destin en main ! Aujourd'hui nous sommes dirigés par des Anglais et le fils de notre souveraine a droit à tous les honneurs. Et tout ça parce qu'il a tiré le bon numéro. Il n'a pourtant rien fait à ce que je sache pour mériter tant d'égards.

— À travers lui, nous honorons la reine.

— Je le sais bien. Le monde est ainsi fait que certains passent leur vie dans l'abondance et d'autres dans la pauvreté. Il y a de gros avantages à naître dans le bon milieu…

— … et dans la bonne famille et dans le bon pays.

— Imagine que ce jeune homme de dix-neuf ans ait eu le malheur de naître dans un taudis des Indes. Que serait-il aujourd'hui ? En voilà un mystère de la vie. Certains naissent beaux, d'autres laids. Pourquoi ? Veux-tu bien me le dire ? Qu'a fait une jeune femme pour être belle en naissant ? Rien du tout. Elle a tout simplement eu de la chance. Tandis que l'autre qui naît difforme… Voilà pourquoi j'affirme que la vie est bien mal faite.

Ces paroles me laissèrent un instant songeur, puis Adalbert qui ne gardait jamais le silence longtemps enchaîna :

— Nos amis britanniques ont mis le paquet pour le bal de ce soir. Tu sais que le comité organisateur des célébrations a fait construire un palais de cristal capable d'accueillir pas moins de dix mille invités. J'ai vu cette splendeur en passant rue Sainte-Catherine entre Peel et Drummond. Une pièce y est réservée au prince.

— J'ai peine à croire qu'on puisse dépenser autant d'argent pour cet événement.

— Tu ne t'es certainement pas arrêté à lire le menu du banquet de ce soir offert aux six mille invités ?

— Six mille invités ? Tu me fais marcher !

— Non. Tu as bien entendu. Ils seront six mille.

— Qui mangeront comme des porcs.

Adalbert poursuivit :

— Tiens-toi bien : entre autres plats, ils vont déguster du jambon orné à la royale, des poulets de printemps à la romaine, des quartiers d'agneau et au dessert de la charlotte russe à la vanille, des meringues à la crème Chantilly, du gâteau à la milanaise et bien d'autres mets dont j'ai oublié le nom.

— Alors que certains n'auront rien à se mettre sous la dent, soupirai-je. Dans quel monde vivons-nous ? Il peut bien y avoir des révolutions. Trouves-tu ça normal ?

— Pardonne-moi de te le dire, mais si nous étions à leur place, nous en ferions sans doute autant.

— Peut-être, approuvai-je, parce que comme eux nous n'aurions rien connu d'autre. Un homme né dans un milieu pauvre qui s'élève dans la société jusqu'à devenir très riche doit sûrement se montrer plus généreux envers les démunis.

— Permets-moi d'en douter. J'ai l'impression du contraire.

Nous en étions là dans nos échanges quand de la foule s'échappèrent des cris et des vivats. On entendit une fanfare jouer le *God Save the Queen*. Le tout fut suivi de nombreux applaudissements.

— Le cordon ombilical vient d'être coupé, plaisanta Adalbert en riant.

Aussitôt le ciel fut éclairé par des pièces pyrotechniques de toutes formes et couleurs. Les gens manifestaient leur admiration par des cris, des rires, des « oh ! » et des « ah ! ». Quand la dernière pièce eut éclaté, les spectateurs commencèrent à se disperser devant les premières voitures menant les invités à leur festin.

— J'ai de l'admiration pour les constructeurs de ce pont, me confia Adalbert. Ils y ont mis cinq années. Te souviens-tu comment nous étions sceptiques quand il en a été question ? Jamais on ne réussirait à édifier un tel ouvrage, et pourtant…

Voilà une belle illustration de ce que les hommes peuvent faire quand ils s'y mettent vraiment.

Il terminait à peine sa phrase qu'il me donna du coude dans les côtes.

— Allons, m'incita-t-il, pourquoi n'essaierions-nous pas de nous faufiler parmi les invités ?

— Voyons ! Nous n'avons pas d'invitation !

— Je te parie qu'en raison de l'affluence, il y a moyen de déjouer la surveillance. Ensuite, à nous l'agneau, la charlotte russe, les meringues et le bon vin !

Je n'étais pas homme à me faire tirer l'oreille. Nous nous dirigeâmes donc avec les invités jusqu'à l'entrée de la salle de festin. Là, nous nous mîmes un peu à l'écart pour observer de quelle façon les invités pouvaient pénétrer en ces lieux. J'avais raison. Il fallait montrer un carton d'invitation dont le dessin ne trompait pas. Pourtant, alors qu'un homme se présentait sans invitation, il y eut soudain un attroupement. Adalbert m'attrapa par la manche.

— C'est le moment ou jamais, s'écria-t-il.

Jouant les indignés, nous fonçâmes au milieu des gens qui se bousculaient près de l'entrée pendant que les gardes tentaient de calmer le récalcitrant. Profitant du désordre, en deux temps trois mouvements nous pénétrâmes à l'intérieur sans que personne ne nous intercepte. Quand nous fûmes certains d'avoir réussi notre coup, Adalbert se tourna vers moi, triomphant, et s'exclama :

— L'avenir est aux bons joueurs !

Comme nous ignorions que les places aux tables étaient attribuées selon un chiffre inscrit sur les invitations, nous eûmes tout de suite un préposé sur le dos quand nous voulûmes tout bonnement nous installer à une table. Il nous demanda aimablement :

— Veuillez, messieurs, me faire voir vos invitations, je me ferai un plaisir de vous conduire à vos places.

Adalbert fit mine de fouiller dans ses poches et de chercher vainement son carton.

— Puisque monsieur ne trouve pas, déduisit le placier en s'adressant à moi, vous aurez bien la vôtre. Je présume que vous deviez vous asseoir côte à côte, nous pourrons de la sorte vous indiquer votre table.

Déjà autour de nous des invités, guidés par une équipe de placiers, prenaient place à leurs tables respectives. N'ayant pas de carton, je ne pus jouer longtemps la comédie. Je laissai tout simplement entendre :

— Je me souviens, mon ami les avait à l'entrée. Il aura égaré les deux.

Le placier n'étant pas dupe, il s'adressa à un gardien et nos fûmes reconduits fermement vers la sortie. Adalbert protesta pour la forme.

— Ne faites pas de scandale, messieurs, sinon nous prendrons des moyens moins discrets et plus efficaces pour vous extirper de cet endroit où vous vous êtes invités vous-mêmes.

— Je vous jure que nous avons égaré nos cartons d'invitation, protesta Adalbert. Ils seront tombés près de l'entrée alors que je les glissais dans ma poche. Vous verrez, il y aura certainement deux places de libres, les nôtres.

Sans cesser de nous pousser vers la sortie, le policier déclara :

— Nous sommes conscients, messieurs, que des intrus se sont faufilés à l'intérieur sans que nous puissions les en empêcher. Je suis très satisfait de me débarrasser de deux d'entre eux.

Adalbert s'arrêta net.

— Quel est votre nom, s'il vous plaît ?

— Ça ne vous regarde pas.

— Oh oui, parce que je porterai plainte à qui de droit !

— Portez plainte si ça vous chante. Ne comptez pas sur moi pour vous satisfaire.

Nous étions parvenus à la sortie. Deux autres gardiens se joignirent au premier. Nous n'eûmes pas d'autre choix que de partir. Nous entendîmes nettement celui qui nous avait conduits jusque-là glapir :

— Dehors, les chiens pas de médaille !

Adalbert était furieux. Je le calmai.

— Avoue que nous avons un peu couru après. La manœuvre s'avérait trop belle, ajoutai-je. Adieu agneau, charlotte russe, meringues et bon vin ! Nous devrons nous contenter d'un verre de piquette.

Joignant le geste à la parole, je poussai mon ami vers l'entrée d'un débit de boissons. Quelques minutes plus tard, le plus sérieusement du monde, nous levions notre verre à la déchéance de la reine et de son fils.

Chapitre 9

Henriette consulte
une voyante

Désireuse d'en connaître plus sur notre avenir, et surtout de savoir si un jour elle aurait un enfant, Henriette céda à la mode du temps et décida de consulter une voyante. Nombre d'entre elles exerçaient à Montréal et il s'agissait de dénicher la plus crédible. Outre leurs prétendus dons divinatoires, elles fournissaient à la demande des onguents et des pommades de tous genres, des eaux médicinales, des poudres tout usage. Il suffisait d'évoquer le moindre mal pour qu'elles proposent un remède miracle qu'elles avaient là, justement, sur une tablette.

Une de ces dames ou demoiselles se plaignait-elle de perdre ses cheveux, tout de suite on lui suggérait des recettes et des produits infaillibles. Les cheveux repoussaient à l'aide de graisse de castor. Il semblait même que la graisse d'ours lui était supérieure. L'urine de chien et l'onguent de cheval, de même que le venin de serpent pouvaient également accomplir des miracles. Par contre, il fallait, selon ces prophétesses, se méfier des remèdes similaires proposés dans les journaux, comme l'onguent du docteur De la Granja. Comme il l'annonçait dans *La Minerve*, cette Crème Andalouse faisait pousser les cheveux et les rendait abondants et lustrés.

En l'employant régulièrement les têtes les plus dégarnies se couvraient d'une chevelure luxuriante en moins de trois mois.

Que dire également de la crème de beauté Vénus de ce même médecin, qui rendait la peau douce, blanche et veloutée, et faisait disparaître les rides de la figure, du cou et des mains. Employée conjointement avec les pilules de santé, elle ramenait la fraîcheur de la jeunesse. Vraiment, les voyantes avaient une vive concurrence. En plus de celle des médecins, elles subissaient celle des saints et des saintes. Pour la perte des cheveux, Eustache aurait certainement conseillé d'invoquer sainte Barbe! Quant à moi, je ne m'opposai pas à la démarche d'Henriette.

Mon épouse avançait en âge et espérait vivement entendre une voyante lui prédire qu'elle deviendrait enceinte très bientôt. Elle risquait fort de se voir proposer la magie blanche afin de forcer le destin. Il est vrai que si l'Église offrait des scapulaires contenant parfois des ossements de saints ou de saintes, Henriette était devenue beaucoup plus méfiante depuis qu'elle avait appris que circulaient des scapulaires censés contenir des ossements de saint François d'Assise. Le pape n'avait-il pas fait sceller tout ce qui restait du squelette de ce saint dans un cercueil d'argent? Elle avait enfin perdu toute confiance dans les scapulaires en apprenant qu'une dame, en défaisant avec précaution en vue de recoudre celui remis à son fils, au lieu de l'ossement d'un saint, y avait découvert un macaroni. Malgré que son curé, sous peine de péché mortel, lui ait défendu d'en parler, la dame n'avait pu s'abstenir de révéler son secret à ses amies. Aussi, Henriette s'était promis que si cette devineresse lui offrait une amulette quelconque, elle la refuserait.

De nombreux talismans circulaient sur le marché. En plus des miroirs magiques et des figurines de femmes enceintes, on pouvait compter sur des formules magiques à réciter en temps et lieu pour devenir d'un coup féconde comme une lapine.

J'eus beaucoup de plaisir à écouter Henriette me raconter sa visite chez la voyante. Quel ne fut pas son étonnement quand, entrant chez la dénommée Célestine, elle reconnut Isabelle Carrier, notre ancienne voisine de la rue Sainte-Élisabeth! Les deux femmes s'étaient perdues de vue depuis l'incendie de 1852. Henriette n'en croyait pas ses yeux! L'autre fit d'abord mine de ne pas la reconnaître, puis, quand elle se rendit compte qu'Henriette l'avait bel et bien identifiée, elle admit:

— Maintenant je me souviens. Tu étais venue me voir pour emprunter *La Minerve*. Il faut te dire qu'il s'en est passé des choses dans ma vie depuis cette époque. Le feu nous a chassés de Montréal, mon mari et moi. Nous nous sommes établis à Saint-Hyacinthe. Mon mari est mort deux ans à peine après notre arrivée là-bas. Il ne m'a pratiquement rien laissé. J'en ai arraché pour vivre jusqu'au jour où je me suis découvert par hasard des dons de voyance.

— Par hasard, vraiment?

— En effet. J'étais en compagnie d'une amie quand elle m'a raconté un rêve qu'elle ne pouvait pas s'expliquer. Elle s'était vue tombant du haut d'une falaise et s'était réveillée en sueur juste comme elle allait rouler dans la rivière tout en bas. J'ai eu comme une vision et je l'ai prévenue: "Méfie-toi. C'est un avertissement. Éloigne-toi de toute rivière bordée par des falaises." Elle s'est moquée de moi, ne prenant pas au sérieux ma mise en garde. Deux semaines plus tard, son rêve s'est réalisé à la lettre. Elle s'apprêtait à traverser un pont en voiture, quand son cheval a pris le mors aux dents. Elle a été éjectée de la voiture et est tombée dans la rivière. Comme elle avait parlé à toutes ses amies de ma prédiction, tout de suite elles ont fait la queue devant mon appartement pour que je leur prédise leur avenir. Je l'ai fait en exigeant un paiement. Je vis de cela depuis.

— Je suppose que tu es revenue à Montréal pour avoir plus de clientes.

— Tu as entièrement raison.

— En venant te voir, je n'avais qu'une question en tête. J'espérais que tu me dises si j'aurai un enfant un jour.

— Il n'y a rien de plus facile, ma chère. Laisse-moi me concentrer et tu auras bien vite ta réponse.

— Je dois t'apprendre que j'ai déjà été enceinte, mais que j'ai perdu l'enfant que je portais. J'ai bien failli mourir tout comme lui.

— Tu as bien fait de m'en informer, car parfois le passé vient hanter l'avenir.

Son amie ferma les yeux et demeura longtemps sans bouger. Henriette se tut, attendant la suite avec intérêt. Isabelle ne semblait vraiment plus la même quand elle se leva. Elle regardait droit devant elle comme si elle était hypnotisée et hors du monde réel. Au bout de deux minutes, en transe, elle s'écria :

— Tu auras bientôt une fille qui sera appelée à de grandes choses.

Sa prédiction énoncée, elle revint assez rapidement à la réalité et demanda à Henriette :

— Est-ce que ce que je t'ai révélé fait ton bonheur ?

— Tu ne peux pas savoir comme j'en suis heureuse.

Elle voulut payer. Isabelle repoussa sa main.

— Tu es une bonne amie. Le hasard t'a conduite chez moi. J'écoute le langage de la vie. Elle a quelque chose à nous dire. Aujourd'hui, elle nous a fait un signe, nous devons absolument nous revoir bientôt.

— Avec plaisir, acquiesça Henriette. Toutefois, nous vivons présentement une période difficile. Nous allons vraisemblablement être contraints de quitter Montréal. Je te promets cependant de ne pas partir sans te prévenir et je ferai tout mon possible pour revenir sans tarder.

— Dans ce cas, j'attendrai ta visite avec plaisir. Nous aurons tant de choses à nous raconter.

Je fus enchanté par la prédiction de son amie.

— Une fois de plus, commentai-je, la vie fait parfois de grands détours pour nous parler. Il faudrait que nous soyons davantage attentifs à ce qu'elle tente de nous révéler.

Les jours passèrent. Henriette se promettait de revoir Isabelle, mais elle n'en eut pas le temps.

Chapitre 10

Un tour de ville

Nous n'étions pas à l'aise de vivre aux crochets d'Adalbert. Nous avions passé l'hiver dans l'appartement qu'il avait loué pour nous et nous nous sentions redevables à son égard.

— C'est un bon ami, confiai-je à Henriette, mais aussi généreux soit-il, si nous voulons garder son amitié, nous devons cesser de vivre à ses dépens. Dès que j'aurai terminé l'inventaire des volumes de l'Institut, nous irons vivre ailleurs.

— Pourquoi pas à Sainte-Angèle ? proposa-t-elle. L'argent accumulé depuis quatre ans par la location de ma maison devrait nous permettre de nous louer un appartement quelque part et de voir venir. Toi comme moi, nous saurons bien dénicher du travail là-bas.

Je trouvai l'idée excellente.

— Je reprendrai le métier de mon père, fis-je. Les antiquités, ça rapporte de quoi vivre. Seulement, j'ai l'impression qu'une fois là-bas, je vais m'ennuyer de Montréal.

— Nous y viendrons pour vendre tes antiquités.

— Je ne veux pas quitter Montréal sans l'admirer une dernière fois. Que dirais-tu si nous allions faire un tour de p'tit char ?

— Tu n'y penses pas ! Ça va nous coûter dix cents en tout.

— Dix cents, ce n'est rien.

— Au contraire, tu ne gagnes que sept piastres par semaine !

— Nous aurons moins de dépenses à Sainte-Angèle. Nous pouvons nous permettre au moins ça avant de partir.

Le service de tramway hippomobile fonctionnait depuis six mois. Nous pouvions par ce moyen de transport parcourir une grande partie de la ville. Nous nous rendîmes à pied à la Place d'Armes pour monter à bord d'un de ces chars. De la sorte, nous étions assurés de faire un tour complet. Quelle ne fut pas notre surprise d'y rencontrer, déjà bien installé sur une banquette, nul autre que Joseph Guibord.

— Cher ami, lui dis-je, nous ne t'avons pas vu à l'Institut depuis des mois. Sa condamnation t'en a chassé ?

— Pas du tout. Mon travail m'en tient éloigné. Nous sommes inondés de toutes sortes de demandes. Que devenez-vous tous les deux ?

— Les malheurs qui nous sont tombés dessus dernièrement nous contraignent à quitter Montréal.

— Quels malheurs, je vous prie ?

— D'abord l'incendie de la villa.

Il se tapa le front en s'exclamant :

— Ma foi, j'avais oublié que vous y viviez. Tu as parlé de "nos malheurs". Quelle autre catastrophe vous a frappés ?

— Le vol de notre héritage.

— Le vol de votre héritage ? Comment se fait-il qu'on ne m'ait pas informé de tout cela ?

— Si tu étais venu à l'Institut, je t'en aurais parlé. Sinon, Adalbert, notre ami commun, t'en aurait certainement glissé un mot.

— Sans doute ! Je suis désolé. Je ne m'explique pas comment je n'ai pas fait le lien entre l'incendie de la villa et toi. Je dois commencer à me faire vieux.

— Comme je disais, ces malheurs nous obligent à partir de Montréal. Nous nous exilons pour un temps à Sainte-Angèle.

— Vous m'en voyez navré. Quand les choses commencent à mal tourner, on dirait que toutes les calamités qui nous guettent nous tombent dessus en même temps.

Pendant que nous causions, les chevaux se mirent en marche, faisant rouler le tramway sur ses rails. Il quitta la Place d'Armes en direction de la rue Saint-Jacques, puis se dirigea vers l'ouest.

Joseph s'était tu. Dès que j'en eus la chance, j'intervins :

— Tu nous parlais de calamités…

— Eh oui ! Nous sommes menacés de nous confédérer. Une confédération constitue à mon avis la pire idée qui puisse passer par la tête de nos dirigeants. Nous ne pouvons qu'être perdants.

— Pourquoi donc ?

— Tu as vu ce que nous a apporté l'union du Haut et du Bas-Canada ? Nous avons assumé la moitié de la dette du Haut-Canada. En plus, on nous a imposé l'anglais comme unique langue de la législature et du gouvernement. Nous sommes dirigés par des Anglais. Avec une confédération, ce sera pire encore, le reste du Canada, majoritaire, prendra en main la destinée de notre pauvre province. Nous ne nous appartiendrons plus, jusqu'au jour où nous serons devenus anglais à notre tour.

Pour dévier le tour de la conversation, comme nous passions devant un édifice en construction, je demandai :

— Quel est ce nouveau bâtiment ?

— Je l'ignore, fit Joseph, en haussant les épaules. Sans doute la demeure d'un riche bourgeois ou encore une extension d'une des banques de la rue. Elles n'en finissent plus de s'agrandir.

Le tramway progressait lentement rue Saint-Jacques en direction du square Victoria. Henriette ne parlait pas, tout occupée à ne rien perdre de ce qui se déroulait sous ses yeux. Le printemps nous faisait cadeau d'une de ses plus belles journées. Nous étions heureux, cependant nous ne pouvions nous empêcher de penser à ce qui nous attendait à Sainte-Angèle. Nous nous demandions sérieusement ce que nous allions devenir. Le tramway tourna dans la rue McGill en direction de la rue Notre-Dame.

J'aimais Montréal. Malheureusement, je n'arpentais pas la ville assez souvent. Je m'émerveillais comme toujours de tout ce que j'y voyais. J'en fis part à Joseph qui regardait tout ça d'un œil plus critique. Il nous quitta rue Notre-Dame, non sans nous avoir fait promettre de donner de nos nouvelles. Notre randonnée montréalaise se poursuivit. Nous nous remplîmes les yeux de ce que nous n'aurions plus l'occasion de voir de sitôt. Dès notre retour à la Place d'Armes, j'entraînai Henriette vers le marché Bonsecours. Chaque fois que nous en avions la chance, nous nous replongions de la sorte dans notre passé. Cette fois, conscients de ce que nous allions quitter, nous fîmes lentement le tour du marché, nous rappelant à chaque détour la naissance de notre amour.

— Ça va me manquer, déplorai-je.

— À moi aussi, s'attrista Henriette. Que nous soyons ici ou là-bas, l'essentiel n'est-il pas que nous y soyons toujours ensemble?

Je la serrai contre moi et susurrai:

— Quand je t'ai mariée, je savais que j'épousais une femme d'une grande sagesse.

Henriette croyait que je la taquinais. Elle s'apprêtait à m'en faire reproche, mais elle lut dans mes yeux le sérieux de mes propos et ça me fit chaud au cœur. Je lui confiai que grâce à cette visite, j'aurais moins de peine de m'éloigner de Montréal. Une page de notre vie se tournait. De quoi seraient remplies celles qui s'en venaient?

Chapitre 11

L'exil

Deux semaines s'étaient écoulées depuis notre tour de ville en tramway. Henriette avait fait ses adieux à sa cousine Eulalie, lui promettant de venir la voir chaque fois qu'elle reviendrait à Montréal. Quant à moi, j'avais annoncé à Adalbert notre décision d'aller vivre à Sainte-Angèle.

— Je savais qu'un jour vous décideriez de tenter autre chose. J'espère seulement n'y être pour rien. Si vous avez pris cette décision parce que vous vous sentez à ma charge, vous vous méprenez. La vie a voulu que je touche un bon héritage. Vous n'étiez aucunement pour moi un fardeau.

Je m'en défendis :

— Nous sommes à un tournant de notre vie. Henriette possède une maison à Sainte-Angèle. Les revenus de location accumulés devraient nous permettre de vivre à l'aise là-bas. J'espère y renouer avec le métier de mon père.

Quelques jours plus tard, nous nous rendîmes à la gare avec nos minces bagages. Le train nous transporterait de Montréal par le pont Victoria jusqu'à Longueuil. De là, nous filerions par Saint-Hyacinthe jusqu'à Richmond. Je me demandais bien pourquoi nous devions aller aussi loin au sud avant de remonter ensuite dans la direction de Québec. À bord du train, je questionnai un des employés.

— Il s'agit là, répondit-il, d'une histoire bien curieuse ! Quand il fut question de relier par train la côte américaine à Montréal, des hommes d'affaires pensèrent construire une ligne de chemin de fer entre Portland et Montréal. Sauf que ceux de Boston voulurent également en réaliser une. Comment déterminer laquelle serait la plus rentable ? Savez-vous comment on s'y est pris ?

J'avouai que non. L'homme expliqua :

— Une course de traîneaux un peu spéciale fut organisée. Quand le courrier provenant d'Angleterre arriva par bateau à Portland, la moitié fut chargée sur un traîneau en route pour Richmond. Et lorsque le même navire toucha le port de Boston, on mit le reste du courrier sur un autre traîneau en partance pour Richmond. Le traîneau en provenance de Portland arriva à Richmond douze heures avant celui de Boston. Voilà, mon cher monsieur, pourquoi le train passe par Richmond.

J'avais ma réponse. Puisqu'il n'y avait pas encore de voie ferrée partant de Montréal et longeant le fleuve, il fallait s'imposer ce détour et, de Richmond, monter dans un train pour Québec. Nous nous arrêtâmes à Arthabaska afin d'y passer la nuit. Le lendemain, une voiture nous conduisit jusqu'à Sainte-Angèle. Mon idée de voyager par train nous avait beaucoup compliqué la vie. Plus sage, Henriette avait suggéré de prendre un bateau et de filer jusqu'à Trois-Rivières par le fleuve, comme elle l'avait fait à la mort de son père. J'étais néanmoins désireux de tenter l'expérience par le train, voilà pourquoi je tins mon bout. Nous fûmes satisfaits d'avoir expérimenté la chose, même si, quand nous mîmes enfin les pieds à Sainte-Angèle, Henriette poussa un long soupir.

Le village n'avait guère changé. Elle s'y sentait à l'aise comme si elle ne l'avait jamais quitté. Sans perdre de temps, nous allâmes dès notre arrivée chez le notaire Dumoulin afin de toucher l'argent des loyers accumulé depuis quatre ans.

— Vous deviez venir chaque année, lui reprocha-t-il en lui remettant son dû.

— Je sais, s'excusa Henriette. Il ne faut pas m'en vouloir. Ce genre de déplacement coûte une fortune.

Le notaire nous apprit ensuite que nous pourrions louer un appartement à Sainte-Angèle même.

— Il y en a rarement de libres, mais c'est votre jour de chance, puisque l'appartement d'Alfred Dubois, décédé depuis peu, est disponible.

Cet appartement était situé rue Principale, à deux pas de l'église. Il couvrait la moitié d'une maison de bois dont la propriétaire occupait l'autre moitié. Nous demandâmes à le visiter. Après s'être assurée de notre capacité de payer, la propriétaire nous en fit faire le tour. C'était loin de se comparer à la villa de Chantal. À défaut de mieux, nous nous en contentâmes.

— À cinq piastres par mois, proposa la propriétaire, une certaine madame Lespérance, ça vous conviendrait?

Je fis celui qui se montrait hésitant. Elle baissa à quatre dollars cinquante, puis à quatre. J'acceptai. Henriette ne louait-elle pas sa maison cinq dollars par mois? Nous étions gagnants. Les vieux meubles nous convenaient aussi. En peu de temps, nous y étions installés en utilisant tout le contenu de nos valises. Henriette mit tout à sa main et ne tarda pas à égayer l'appartement avec un peu de couleur dans la cuisine, sa cuisine, car elle se proposait d'y passer beaucoup de temps. Elle comptait mettre en œuvre toutes les connais-sances acquises ces dernières années auprès d'Ariane d'abord, puis de la cuisinière d'Adalbert.

Nous voyant si loin de nos anciens domestiques, je me demandais ce qu'ils pouvaient être devenus. Je mesurais ainsi à quel point notre situation s'était vite dégradée. Pourtant je ne me plaignais pas, nous avions encore l'essentiel : nous nous aimions, nous étions vivants et en bonne santé.

Je me promenai dans le village, en quête de vieilleries. Je vis à me procurer un cheval et une charrette. L'argent du loyer d'Henriette le permettait. Je marchandai longtemps avant de jeter mon dévolu sur un cheval noir, nommé Aurélien, un animal doux, habitué à travailler fort et dont je pris un soin jaloux. En très peu de temps, j'accumulai nombre d'antiquités aussitôt entreposées dans le hangar derrière la maison, hangar que j'utilisais avec l'autorisation de madame Lespérance. Celle-ci, dès notre première rencontre, nous avait pris en amitié. Henriette y contribua largement, usant de son charme pour l'amadouer.

— Il vaut mieux la mettre dans notre manche. Ça me semble une bonne personne. Comme elle est seule, si nous devenons ses amis, elle saura sans doute nous rendre de précieux services.

Je ne pouvais qu'approuver.

— Tu as certainement raison. Elle connaît tout le monde. Ses conseils nous seront précieux.

Par elle, j'appris l'existence des héritiers de Jonas Hamel du côté de Saint-Grégoire. Ils se départiraient probablement d'une foule de vieilleries conservées dans leur grange. Je m'y rendis et fus heureux de revenir avec plusieurs objets encore en bon état, dont quelques outils anciens, rabots et varlopes, de même qu'un violon à retaper. Surtout, je mis la main sur de nombreux livres que je payai une bagatelle. Le bonhomme Jonas savait lire et possédait quantité d'ouvrages.

Ses enfants, analphabètes, avaient empilé les livres pêle-mêle dans des caisses de bois. Je passai plusieurs jours à tout reclasser. J'en fis le tri, me proposant de les écouler en ville à petit prix, certain de trouver des acheteurs, car plusieurs racontaient la vie des saints ou touchaient à la religion. J'en mis tout de même quatre de côté, que je n'avais pas vu à l'Institut, me demandant où le vieux avait pu se procurer ces romans d'Honoré de Balzac.

Pendant que j'écumais les environs en quête de tout ce qui s'appelait antiquités et dont les gens consentaient à se départir pour quelques sous, Henriette fit meilleure connaissance avec la propriétaire de notre appartement.

Chapitre 12

La veuve Lespérance

Henriette devint très vite la confidente de madame Lespérance. Cette femme seule avait grand besoin de parler. Quant à moi, j'écoutais d'une oreille plutôt distraite tout ce qu'elle me rapportait de ses visites à la vieille, dont la conversation tournait toujours un peu autour de la pluie et du beau temps, jusqu'au jour où Henriette me rapporta la conversation suivante :

— Vous êtes veuve. J'imagine que vous avez eu des enfants et qu'ils habitent au loin.

— Ma p'tite fille, des enfants j'ai eu rien que ça dans ma vie. Quand un d'eux autres vient me voir, c'est qu'il a besoin de quelque chose. Mais ils savent à présent que je n'ai presque rien, alors ils ne viennent plus. De toute façon, ils ont tous plus que moé et j'en attends pas de reconnaissance.

— Vous avez eu beaucoup d'enfants ?

— Trop. Une douzaine. J'en ai torché bien plus que ça. Des couches, si tu veux savoir, j'en ai lavé à partir de mes huit ans pendant proche trente ans. Ça en ferait une montagne.

— Pas vrai !

Elle tenait un tue-mouche et pendant qu'elle parlait, elle guettait une bestiole qui allait d'une fenêtre à l'autre.

— La maudite ne perd rien pour attendre, murmura-t-elle, je vais l'avoir, tu verras. Ouin! ç'a été ma vie, m'occuper des enfants. J'ai rien faite d'autre. J'ai eu le malheur d'être la plus vieille de la gang et on était vingt bien comptés. Dès qu'elle en a été capable, Rosemonde ici présente a lavé, mouché, torché et fait boire toute la trâlée après elle. Rosemonde était occupée du matin au soir comme sa mère. Pendant ce temps-là, le bonhomme fouraillait à gauche et à droite, prenant même le temps de bretter.

— Votre père faisait quoi dans la vie?

— Journalier. Un travail icitte, un autre par là, pas de travail, rien qu'un peu de pain su'a table, pis un peu plus de travail, rien que du pain et un peu de sauce aux œufs. Une chance qu'on élevait aussi des poules. Y en fallait des œufs pour nourrir douze filles et huit garçons.

— Les garçons étaient-ils les plus vieux?

— Malheureusement non. Ils auraient pu aider un peu à mettre du beurre su' l'pain. On était sept filles de suite avant le premier garçon.

— Sept filles! La septième devait avoir un don?

— Parlons-en. Tout ce qu'elle savait faire était de brailler du matin au soir. J'ai jamais vu une fontaine de larmes de même. Avait toujours mal quelque part, jusqu'au jour où un autre braillard comme elle l'a mariée et y sont allés inonder le sol du côté des États. Si y sont encore en vie, que le bon Dieu les garde!

Elle n'avait pas cessé pendant tout ce temps de guetter la mouche et l'imprudente venait de se poser tout près sur le dossier d'une chaise. Le coup partit si vite qu'Henriette fit le saut. La mouche n'était plus de ce monde.

— Y en a qui mériteraient qu'on les fasse disparaître de même, grogna la veuve.

— Qui donc?

— Nos curés!

La réponse vint aussi vite que le coup de tue-mouche. Henriette en resta interloquée.

— Sans le curé Larocque, ma mère aurait eu beaucoup moins d'enfants, et sans le curé Lessard j'en aurais eu la moiquié moins. C'est pas eux autres qui avaient à les élever, ça paraît. Y pouvaient ben nous dire à confesse que l'bon Dieu exigeait qu'on soit toujours en famille! Et comme des codindes on les écoutait en faisant des p'tits en veux-tu en v'là. Voir, ma p'tite, si le bon Dieu voulait ça! C'était pour sûr une invention des curés. De même, y avait plus de monde pour payer leurs églises pis leurs presbytères. Eux autres, on pourra dire qu'y ont fait ben du tort.

Elle s'arrêta, comme si d'avoir révélé tout ça la soulageait de ces années passées à trimer dur dans la maison afin de s'assurer que personne ne meure de faim.

— Ma fille, j'aimerais savoir un jour combien de bas j'ai tricotés, combien de linge j'ai rapiécé et de guenilles j'ai rapaillées pour faire des catalognes. Pis si on comptait toute la vaisselle que j'ai lavée, y en aurait ben pour se rendre direct au ciel. Tu peux être sûre que si j'y vas, y en a un qui va se faire parler dans face.

— Qui ça?

— Le p'tit Christ, c't'affaire! Y est venu sur terre pour qu'on l'imite et qu'on mange d'la misère comme lui. J'vas toujours ben lui dire qu'y aurait pu rester chez eux. Pour ce qu'y a fait, on s'en s'rait ben passé.

Henriette la coupa:

— Il ne faudrait pas que monsieur le curé vous entende!

— Lui comme les autres je les ai assez vus. De toute façon y entendent rien. Y a juste une chose qui les occupe, s'en mettre plein la panse. Dire qu'on n'avait rien et qu'y venaient nous quêter quand même !

Elle se leva pour aller se chercher un verre d'eau. Elle en offrit un à Henriette qui l'accepta volontiers. Pendant ce temps, un gros chat gris vint rôder dans la cuisine. Elle l'apostropha :

— Tu cherches à manger toé aussi ! Apprends qu'on est en vie seulement pour ça, sinon on s'rait mort. Y a rien d'autre. J'me d'mande pourquoi on vient comme ça sur terre. Si c'est juste pour être occupé du matin au soir, ça vaut pas la peine. Moé, en tous les cas, je pense que la vie vaut pas un pet de sœur.

Henriette l'écoutait, se retenant pour ne pas rire. Pourtant ce que la vieille racontait illustrait bien ce qu'avait été sa vie. Henriette voulut la faire parler de son mari.

— Votre homme, vous l'avez perdu depuis longtemps ?

— Pas assez ! J'aurais jamais dû l'trouver !

— Que faisait-il dans la vie ?

— Bûcheron !

— Il ne devait pas être souvent ici ?

— Toujours parti. Au début, j'm'ennuyais de mon Rosario. Mais comme y r'venait juste pour m'faire un enfant et ensuite me saprer là en m'le laissant sur les bras, j'aimais mieux pas le voir trop souvent. Une bonne fois, y est pas revenu parce qu'un arbre lui est tombé dessus. On a eu droit à la charité de toute la paroisse. Parle-moé z'en d'la charité de toute la paroisse ! Ça dure queuques jours et après la charité s'en va en vacances ailleurs. Ensuite, ça été mon fils Hercule qui nous a fait vivre. Mon Hercule était un vrai bon gars. Trop bon, comme sa mère ! Du monde comme nous autres, les gens en profitent. Y est parti en voulant aider un innocent qui avait eu l'idée géniale de marcher sur la glace d'la rivière à l'automne. Y a été emporté avec l'autre. Par la suite, ça été la misère noire. J'ai tricoté et tricoté. J'ai fait d'la couture. J'arrêtais pas, du matin à la nuite, ça suffisait pas. On avait à peine de quoi pas mourir. Ça, ma p'tite fille, ça été ma vie. Ben, crois-le ou crois-le pas, malgré toute j'ai pu garder ma maison. C'est vrai qu'était déjà payée.

— Heureusement, elle vous sert bien aujourd'hui.

— J'en avais pas besoin entièrement. J'l'ai fait diviser en deux. Mon fils Jean-Jacques s'y connaît en bois. Y est venu des États pis y a fait ce qu'il fallait. Vous devez être ben de votre bord ?

Henriette s'empressa d'admettre :

— Nous n'avons pas à nous plaindre. Il y a quelque chose que je me demande. Vous avez eu une douzaine d'enfants, je m'attends bien à en voir un à un moment donné.

— Ben tu vas faire comme moé. Tu vas attendre.

— Pourquoi donc ?

— Parce qu'ils sont toute la *bunch* aux États.

— Tous aux États-Unis ?

— Les vivants seulement, parce qu'en plus de mon Hercule y en a trois de morts, deux filles et un garçon. Dieu ait leurs âmes.

En même temps qu'elle prononçait ces paroles, elle se signa.

— Ouin ! Tous aux États, répéta-t-elle.

— Pourquoi n'êtes-vous pas allée vivre avec l'un ou l'autre ?

— C'est ben simple, ma fille. J'voulais pu moucher, laver et torcher, pis c'est ça qui m'attendait là-bas. Je l'ai assez faite. Tsé, ma vie a été rien que ça. J'allais pas recommencer pour tout l'or du monde.

— Vous êtes à l'aise maintenant dans votre maison ?

— C't'une façon de dire. À mon âge, j'suis pus bonne à rien. J'ai mal partout. J'attends rien qu'une chose, de partir.

— Ne dites pas ça, vous avez encore de belles années devant vous.

La vieille, qui riait rarement, se permit de le faire.

— Pauvre de toé, s'exclama-t-elle, ça paraît que t'es pas dans mes os !

Se frottant les mains, elle ajouta :

— Bon ben, y est l'heure de faire cuire ma soupe.

Elle s'extirpa de sa chaise et se dirigea vers le poêle. Henriette se leva pour partir.

— La vie, ma fille, c'est rien d'autre qu'une saloperie.

— Madame Lespérance, profitez plutôt du beau temps qu'il vous reste.

— Parle pour toé, ma fille, t'as pas vécu ce que j'ai vécu. Marci d'être v'nue. Tu r'viendras. Rosemonde Lespérance en aurait encore long à te dire sur le rose monde et surtout sur l'espérance.

Une fois de plus, le petit rire sec et amer de la vieille dame laissa Henriette décontenancée.

Chapitre 13

Les antiquités

Puisque j'avais maintenant accumulé suffisamment d'antiquités, j'écrivis à Adalbert, lui demandant de me dénicher quelque part un endroit où mettre mon butin. Il ne tarda pas à me répondre. Dès lors, je n'eus plus qu'une idée, me rendre à Montréal. Tout au long du trajet vers la ville, Henriette et moi évoquâmes le périple accompli douze années plus tôt, au début de nos amours. Beaucoup d'eau avait coulé dans le Saint-Laurent depuis cette époque.

La charrette pleine d'antiquités attirait le regard des passants. Certains hochaient la tête, se demandant ce qu'on pouvait faire d'un pareil bric-à-brac. Je demeurais optimiste. J'étais certain d'écouler toute cette marchandise et d'en tirer un bon profit. Enfin, rendus à Longueuil, nous montâmes à bord d'un traversier pour Montréal. À la vue de la ville d'où émergeaient les clochers de Notre-Dame et où se profilait le dôme du marché Bonsecours, avec en arrière-plan la montagne et, joignant une rive à l'autre, le pont Victoria, je me tournai vers Henriette.

— Que faisons-nous à Sainte-Angèle ? Notre vie devrait se passer quelque part ici. L'idée de nous exiler ne me semble pas bonne. Qu'y avons-nous gagné ?

— Tu as trouvé un travail qui t'occupe.

— Tu te souviens que je me suis départi du commerce de mon père parce que je ne me sentais pas fait pour vendre des antiquités ma vie entière. Je ne ressens pas plus d'attrait pour ce métier depuis que je l'ai repris. Je n'avais pas le choix, mais je devrais penser à faire autre chose. Enseigner, il me semblait que telle était ma destinée.

Arrivés sur l'autre rive, je dirigeai le cheval vers la rue de la Commune et remontai la rue Saint-Denis jusqu'à Saint-Antoine que j'empruntai vers l'ouest. Plus nous avancions dans les rues de Montréal, plus je me sentais chez moi. De Saint-Antoine, par Saint-Dominique je me rendis rue Sainte-Catherine, où demeurait mon ami Adalbert. Plaisantant, je glissai à Henriette :

— Te rends-tu compte qu'il nous faut passer par trois saints pour atteindre une sainte ?

— Qu'est-ce que tu racontes là ?

— De Saint-Denis à Saint-Antoine et Saint-Dominique, et nous voilà dans les bras de Sainte-Catherine !

Elle se contenta de sourire en me traitant de grand fou.

— Celle-là, m'écriai-je, il y a longtemps que je ne l'avais pas entendue. Il fallait venir à Montréal pour qu'elle surgisse.

Adalbert nous attendait. Il monta à nos côtés dans la charrette et déclara :

— Allons rue Sainte-Élisabeth.

À ma plus grande stupéfaction, nous nous retrouvâmes exactement sur le terrain qui, grâce à Eustache, nous appartenait. Un hangar tout neuf s'y élevait.

— Qui a pu faire bâtir sur notre terrain ? le questionnai-je.

— Nul autre que moi, avoua Adalbert. Quand tu m'as demandé de chercher un endroit où entreposer tes marchandises, j'ai tout de suite pensé à ton terrain vacant. J'y ai expédié quelques hommes. Ils ont mis à peine une semaine pour y bâtir ce hangar. Tu me rembourseras quand tu en auras les moyens.

— Personne ne t'a demandé de comptes?

— Personne! Voilà un exemple de plus qui prouve que l'avenir appartient aux audacieux.

— Tu n'avais pas de permis.

— Nous irons en chercher un et du même coup nous demanderons l'autorisation de construire un hangar. Tu verras, on nous donnera le permis les yeux fermés. Crois-tu qu'un de nos ronds-de-cuir se dérangera pour si peu?

— Ils viendront sûrement inspecter.

— Pas avant une semaine ou deux. Quand ils se pointeront, si jamais ça arrive, ils en auront plein la vue. Ne t'inquiète surtout pas, le hangar est construit selon les normes.

Je n'en revenais tout simplement pas. Mon ami Adalbert n'avait peur de rien, lui qui me répéta, imperturbable:

— Dans la vie, il ne faut pas avoir peur de foncer. L'audace est toujours récompensée.

La charrette fut vite déchargée. Je n'avais plus qu'à faire paraître une annonce dans les journaux. De la rue Sainte-Élisabeth, nous nous rendîmes directement au journal. Bien qu'il nous en coûtât, nous n'avions pas d'autre choix que de nous adresser à *La Minerve*, journal catholique par excellence. De là, nous regagnâmes la maison d'Adalbert. Une fois de plus, il nous offrait l'hospitalité. Deux jours plus tard paraissait dans le journal l'annonce suivante:

«Monsieur Ducharme a l'insigne honneur de vous annoncer l'ouverture de son entrepôt d'antiquités, au 50, rue Sainte-Élisabeth, du lundi au vendredi de 7 heures à 7 heures. Distinguée clientèle, vous aurez l'occasion de vous procurer à des prix très compétitifs rien de moins que des pièces de porcelaine d'Angleterre, des outils d'une qualité rare, la lampe à base de cuivre dont vous rêvez depuis toujours et des livres édifiants à un prix dérisoire. Un musicien désireux de mettre la main sur un bon violon pourra le faire pour une bouchée de pain. »

Henriette me tint compagnie pendant que je m'efforçais d'écouler ma marchandise, ce qui exigea plus de deux semaines, et je n'en tirai pas la moitié de ce que j'en avais espéré. Quand enfin le hangar fut vide, nous reprîmes la route de Sainte-Angèle. Tout au long de notre chemin, il ne fut plus question que de notre avenir. Henriette évoqua encore son idée d'ouvrir une école à Montréal. Je ne m'y opposai pas. Il ne faut surtout pas tuer les rêves des autres. Cependant, comme Eulalie, je doutais fort qu'elle puisse trouver la somme nécessaire à la réalisation de son projet.

De mon côté, je ne voyais vraiment pas comment je pourrais gagner ma vie à Montréal. J'évoquai mon retour possible à l'Institut.

J'en conclus :

— Il faut faire confiance à l'avenir. Le temps est bon conseiller. En attendant, nous ne sommes tout de même pas dans la rue.

Chapitre 14

La sourde-muette

De retour à Sainte-Angèle, Henriette s'empressa de payer le loyer du mois à la veuve Lespérance. Je l'accompagnai, histoire de mieux faire connaissance avec la vieille, que je trouvais fort sympathique. Elle fut heureuse de nous revoir et causa un peu avec nous. Pendant que nous échangions, une petite fille de six ou sept ans apparut soudainement dans la cuisine. Elle alla se réfugier tout au fond derrière le poêle, comme un animal apeuré. Henriette lui dit bonjour. La petite ne répondit pas. La vieille intervint :

— C'est ma p'tite-fille. Est sourde et muette, une vraie sauvageonne. Elle a peur de tout et comprend rien. A me fait penser au chat. Y faut lui mettre sa nourriture dans un plat au fond d'la cuisine et a va y manger quand ça lui tente.

— Votre petite-fille ? Comme ça, un de vos enfants est venu pendant notre séjour à Montréal ?

— Wilbrod. Y est tout seul. Y est v'nu m'la mener et a crié : "M'man, gardez-la, moé j'sus pu capable."

— Vous en avez hérité pour longtemps ?

— Pour tout l'temps, c't'affaire. Wilbrod en peut pus.

— Pauvre enfant. Est-ce qu'elle comprend quand on lui parle par signes ?

— Je l'sais pas. On dirait pas.

— Elle doit bien en connaître quelques-uns comme celui de venir. C'est un signe facile à comprendre.

Henriette tenta l'expérience. La petite ne bougea pas de son coin. Henriette demanda à la vieille si elle avait des bonbons. Elle lui en apporta un. Brandissant le bonbon entre son pouce et son index, elle le montra à l'enfant tout en lui faisant signe d'approcher. La petite ne bougea pas plus. Elle regardait le bonbon avec envie sans oser venir le chercher. Quand Henriette fit mine de le lui porter, elle se recroquevilla dans son coin, se protégeant la tête de ses deux bras.

— Elle a peur d'être battue, en conclut Henriette.

Elle s'approcha et lui passa délicatement la main dans les cheveux. La petite frémit, émit un grognement et resta repliée sur elle-même en se protégeant toujours de ses bras. Henriette lui glissa le bonbon entre les doigts et s'éloigna. Elle demanda à la vieille :

— Comment s'appelle-t-elle ?

— Angélique. Elle est loin de l'être ! Un vrai p'tit démon.

— Vous permettez que je revienne la voir ?

— Ben sûr !

— Cette enfant a besoin d'être apprivoisée. Elle craint les étrangers. Il y a certainement moyen de la faire sortir de son coin.

Le lendemain, Henriette n'obtint guère plus de succès que la veille, mais elle se rendit tout de même compte que l'enfant semblait un peu moins craintive. Une semaine plus tard, elle avait accompli de très grands progrès avec Angélique. Comme elle me l'expliqua, elle s'y était prise exactement de la même manière qu'avec un animal sauvage. Elle multiplia tranquillement les caresses et la petite, ne craignant plus d'être frappée, se laissa peu à peu cajoler. Même si cette enfant ne l'entendait pas, Henriette lui parlait doucement tout en lui souriant. Elle finit par obtenir ce qu'elle désirait le plus, la prendre dans ses bras. Elle la berça tout en la flattant comme s'il se fut agi d'un chat. Cependant, la chose la plus pressante consistait à s'occuper de son hygiène. Elle était couverte de crasse et ne sentait pas la rose. Henriette comprit vite que désormais, chaque matin, Angélique attendait sa visite. Du coup, elle décida de lui apprendre des gestes tout simples. Si la petite y répondait, elle obtenait une friandise. C'est ainsi qu'elle réussit non sans peine à lui brosser les cheveux et à lui apprendre à se laver les mains.

Pendant tout ce temps, la vieille, dont le plus profond désir était qu'Henriette s'occupe de l'enfant, la laissait faire tout en causant avec elle.

— Tu l'as apprivoisée, j'en r'viens pas. Wilbrod en tomberait su' l'cul.

— Je pense qu'il est plus facile d'y parvenir pour une femme. Voyez-vous, quand je l'emmène chez moi et que Valois est là, elle se tient loin de lui. Pourtant il a toujours été bien gentil avec elle.

Elle réussit aussi le tour de force de lui faire prendre un bain. Après avoir préparé l'eau, Henriette se glissa dans la baignoire et fit signe à la petite de venir. L'enfant s'approcha. Henriette lui fit comprendre qu'elle devait enlever sa robe. Elle prit sa main et lui fit toucher l'eau. Par une mimique des plus expressives, elle lui fit voir comment on était bien dans l'eau. La petite hésita longtemps. Elle posait un pied dans l'eau, qu'elle retirait aussi vite chaque fois qu'Henriette lui tendait les bras. Elle finit pourtant par convaincre Angélique de se tremper. Henriette en profita pour la savonner. L'enfant se collait continuellement contre elle, ce qui n'aidait pas. Elle la décrassa comme il faut et se permit même de lui mouiller les cheveux. Du coup, elle venait de franchir un grand pas dans l'éducation de l'enfant qui acceptait désormais de manger à table et se plaisait à suivre Henriette chez nous. La veuve Lespérance ne demandait pas mieux.

— J'en ai assez élevé, j'en élèverai pas une de plus !

C'était pour elle un soulagement de ne pas avoir à s'occuper de la petite. Par contre, Henriette, comme je le lui avais fait entendre, venait de prendre une grande responsabilité.

— Ça m'occupe et je rends service à cette petite.

L'argument valait, je ne le contestai pas.

— Il existe, lui confiai-je, un langage par signes pour les sourds-muets. Tu aurais avantage à l'apprendre. Tu pourrais le lui enseigner.

— Il faudrait d'abord que je me procure un livre là-dessus.

Je m'apprêtais à me rendre de nouveau à Montréal, écouler d'autres marchandises. Henriette décida de ne pas m'accompagner à cause d'Angélique. Je lui promis de profiter de mon passage là-bas, pour lui rapporter un ouvrage traitant du langage des sourds-muets. J'étais certain qu'il en existait.

Je revins de Montréal avec le document promis. Henriette me questionna :

— Où l'as-tu trouvé ?

— À l'asile des sourdes-muettes. Il y a là, lui appris-je, une religieuse nommée sœur Marie de Bonsecours, qui enseigne aux jeunes filles sourdes. C'est elle-même qui m'a remis ce volume.

Henriette commenta :

— Tu vois ! Il y a des sœurs qui servent à quelque chose de bien.

— Je ne nie pas que certaines font du bien. Rien n'empêche qu'elles prennent toute la place. La sœur m'a conseillé de lui emmener la petite. Je lui ai répondu que tu en prenais bien soin et qu'on verrait plus tard.

Henriette ayant enfin en main le volume tant attendu ne perdit pas un instant pour en prendre connaissance. Même si les explications permettant de décortiquer chaque mouvement constituant un signe ne s'avéraient pas claires, elle s'y mit patiemment et finit par faire comprendre à Angélique deux notions de base très importantes : moi et toi. Elle était déjà parvenue à lui enseigner des signes simples comme manger et dormir. Peu à peu, elle développa un langage avec la petite, si bien qu'en seulement quelques mois, l'enfant parlait par gestes avec Henriette. Même moi, si peu doué en ce genre de matière, je parvenais à lui communiquer certaines choses. La petite ne voulait plus retourner chez sa grand-mère. Elle dormait désormais dans notre appartement.

Je ne me plaisais pas à Sainte-Angèle et parlais de plus en plus d'un retour à Montréal. Henriette ne s'y opposait pas, mais posa une condition.

— Nous n'avons pas d'enfant. La Providence a voulu que cette petite croise notre chemin. J'aimerais continuer à lui enseigner le langage des signes. Au besoin, une fois à Montréal, je pourrais suivre avec elle des cours chez les sœurs.

— Il faut d'abord savoir si le père de l'enfant nous laissera l'adopter.

— Il ne s'en occupe plus. Je ne vois pas pourquoi il s'y opposerait.

Nous entreprîmes les démarches nécessaires et comme Henriette l'avait prédit, quelques semaines plus tard nous devenions les parents adoptifs d'Angélique Lespérance. Maintenant qu'Henriette avait obtenu ce qu'elle désirait, j'insistai pour que nous regagnions Montréal. Je m'y rendais d'ailleurs souvent pour vendre quelques antiquités. Hélas, elles ne rapportaient pratiquement rien.

À vrai dire, j'ignorais ce qui m'attirait tant à Montréal. La ville était plus anglaise que française. Les Anglais profitaient plus que nous de la vie. Plus riches, ils pouvaient se payer du bon temps et, par exemple, fréquenter les théâtres qui d'ailleurs ne présentaient guère que des pièces anglaises. Ils avaient leurs activités sportives et leurs restaurants, se permettant toutes sortes de délassements qui nous étaient strictement défendus.

Pour nous, Canadiens français, tout était interdit, même la lecture. Pour tout divertissement, nous assistions à de longues processions, comme celle de la Fête-Dieu. Toujours en neuvaines, en carême ou à l'église tous les dimanches et fêtes d'obligation, nous devions manger du poisson les vendredis et samedis. À l'occasion de cette multitude de fêtes religieuses, comme tous les dimanches d'ailleurs, nous étions obligés d'écouter les sermons ennuyants des curés. Tout commençait toujours par un prône où, immanquablement, on nous reprochait ou nous défendait quelque chose. Avec ça, il fallait nous confesser, faire nos Pâques et attendre les bras croisés d'être appelés au ciel.

Eustache de Chantal, qui avait bien profité de la vie, m'avait ouvert les yeux sur plusieurs choses, à l'instar de mes amis de l'Institut qui continuaient à m'instruire. J'avais pris mes distances avec la religion. Je tenais cependant mon bout, incapable de me rentrer dans la tête que notre rôle sur terre consistait uniquement à écouter les prêches des curés.

J'avais bien hâte de m'installer de nouveau à Montréal. Aussi, durant mes séjours en ville, à l'insu d'Henriette, je ne perdais pas mon temps.

Chapitre 15

La visite d'Adalbert

Au cours de mes voyages à Montréal, je ne manquais jamais de revoir mon grand ami Adalbert chez qui d'ailleurs je logeais. Je lui parlai de mon désir de revenir en ville.

— Pour continuer à vendre des antiquités ? À ce compte-là, tu pourrais peut-être offrir notre évêque dans un de tes lots. Avec ses idées dépassées, il a l'air d'une vraie antiquité.

C'était bien le genre de réflexions dont il fallait s'attendre de la part d'Adalbert. Tout à l'idée de mon retour, je ne me laissai pas distraire et ne relevai pas sa remarque. Je laissai entendre que faute d'enseigner, je pourrais retourner travailler à l'Institut. Adalbert promit d'avoir l'œil ouvert.

— Peut-être se présentera-t-il quelque chose d'intéressant.

Puis je lui parlai d'Henriette et de la petite. Il nous faudrait bien vivre dans une maison.

— Tu en as les moyens, m'assura Adalbert.

— Comment ça ?

— Tu n'y as jamais pensé ?

— À quoi ?

Il me fit part de son idée. J'y adhérai avec enthousiasme.

— Ce sera une belle surprise pour Henriette !

≈

Nous vivions à Sainte-Angèle depuis un an. L'été approchait et je rêvais de plus en plus de déménager en ville quand, profitant de cette période de l'année où il devenait si facile de voyager en prenant un vapeur, Adalbert nous rendit visite. Il arriva par un temps tout à fait idéal. La journée avait débuté sous le soleil, puis des nuages avaient envahi le ciel comme autant de bateaux de plaisance. Le vent les avait chassés pour redonner au ciel son aspect bleu d'azur. Heureux de retrouver la terre ferme au quai de Sainte-Angèle, Adalbert descendit du navire d'un pas assuré. Il n'avait pas pu nous prévenir et n'avait eu qu'à demander où vivait la veuve Lespérance pour qu'une jeune femme lui explique gentiment comment se rendre à notre logement. C'était à quelques pas de l'église. Habitué aux bruits de la ville, Adalbert fut déconcerté par le grand calme du village. On entendait le chant des oiseaux et même le bruissement des feuilles dans les arbres. S'il semblait tout heureux de découvrir l'appartement où nous vivions, il nous confia de sa bonne voix de basse :

— Je tenais à voir le lieu où vous avez choisi de vivre. C'est fort bien. Quant à moi, jamais je ne serais capable de vous imiter. Je suis trop un homme de la ville pour me plaire dans une telle campagne, si belle soit-elle. Le coin est joli, certes, mais on est bien loin de tout. Les spectacles et l'animation de la ville me manqueraient beaucoup ici.

À ses propos, Henriette comprit tout de suite qu'il ne s'était pas déplacé pour rien. Elle devina que je lui avais parlé et qu'il s'amenait tel un ambassadeur. Il se montra cependant intéressé à visiter avec nous le village. Henriette voulut lui montrer la maison, toujours sienne, de son enfance. Nous emmenâmes Angélique qui, comme c'était prévisible, se tint loin d'Adalbert, cet homme qu'elle ne connaissait pas. Ce dernier l'amadoua en lui faisant cadeau d'une poupée qu'il avait eu la délicatesse d'acheter pour elle.

— Elle finira par comprendre que les hommes ne sont pas tous dangereux, remarquai-je, et j'ajoutai là-dessus : elle ressemble beaucoup à sa mère adoptive.

— Veux-tu me dire à quoi tu veux faire allusion ? me somma Henriette.

— Ma sauvageonne, fis-je en riant.

Elle n'insista pas, se souvenant comment elle m'avait fait patienter pour la conquérir. Après notre tournée du village, de retour à l'appartement, Adalbert s'informa :

— Quand revenez-vous à Montréal ?

Voyant que mon ami me faisait un clin d'œil, je m'empressai de répondre :

— Le plus tôt sera le mieux. La maison est-elle prête ?

Interdite, Henriette se tourna lentement vers moi.

— De quelle maison parles-tu ?

— De la nôtre.

— Notre maison ? L'aurais-tu gagnée au jeu ?

— Pas du tout ! Demande à Adalbert !

— Elle est très belle. Deux étages, rue Sainte-Élisabeth.

— Rue Sainte-Élisabeth ?

— Oui, tu sais bien, lui rappelai-je, le terrain qu'Eustache avait racheté pour nous.

— Un terrain n'est pas une maison.

— Adalbert s'est occupé d'en suivre la construction.

— Avec quel argent ?

— Le nôtre.

— Le nôtre ? Où l'as-tu pris ?

Je lui expliquai :

— J'avais complètement oublié. C'est Adalbert qui m'y a fait penser. Nous n'avions plus la villa, cependant le terrain de celle-ci nous appartenait encore. Adalbert s'est occupé de le vendre pour nous. Il en a obtenu un très bon prix. Cet argent a servi à la construction de notre maison.

Tout ce qu'Henriette réussit à prononcer, d'une voix émue et les larmes aux yeux, fut :

— Grand cachottier.

Je sus dès lors que j'avais gagné. Henriette ne s'opposerait pas à notre déménagement à Montréal. La veuve Lespérance fut bien triste de nous perdre à la fois comme locataires et amis. Tout était décidé et les adieux furent bien courts. En réalité, Adalbert était venu me prévenir que plus rien ne s'opposait à notre retour.

J'avais toujours le cheval et la charrette. Nous y déposâmes le peu d'effets que nous possédions. Henriette l'ignorait, mais j'avais si bien manigancé que notre nouvelle maison était pratiquement meublée. J'avais apporté à Montréal quelques meubles anciens à chaque voyage, que j'avais entreposés jusqu'à ce que notre maison fût construite.

Nous nous en retournions vivre chez nous. Bien sûr, la maison enthousiasmait Henriette. Toutefois, ce qui l'enchantait le plus était la possibilité de maîtriser mieux le langage des sourds-muets en fréquentant avec Angélique l'Institution des sourdes-muettes dirigée pas sœur Marie de Bonsecours.

— Je pourrai, confia-t-elle, me perfectionner et un jour, qui sait, j'accueillerai peut-être chez nous des compagnes pour Angélique. J'ai hâte de voir si la maison sera assez grande pour ça.

— Ce n'est pas un château, mais elle pourra certainement accueillir une ou deux jeunes filles, répondis-je.

Notre voyage vers Montréal se déroula dans la bonne humeur. Adalbert était soulagé de nous voir revenir. Il avait de nouveau obtenu du travail pour moi à l'Institut. Depuis qu'il s'était vu refuser l'absolution en confession parce qu'il fréquentait l'Institut canadien, mon remplaçant au prêt de volumes avait hâte de quitter l'endroit. Il ne supportait pas de vivre avec le risque de se voir excommunié. Quant à moi, tout cela me laissait froid.

Comme chaque fois qu'il m'arrivait de monter à bord du traversier entre Longueuil et Montréal, je me sentais heureux. De voir ainsi la ville s'étaler devant moi me comblait. Il me semblait que mon bonheur m'y attendait. Cette fois, savoir que j'y revenais pour de bon m'emballait doublement. Henriette aimait moins la ville que moi, quoique la perspective d'y réaliser le projet qu'elle avait en tête l'incitait à aller de l'avant. Elle avait pris le temps d'expliquer à Angélique ce que nous allions vivre, mais leur langage était encore trop limité pour que la petite puisse comprendre tout ce qui lui arrivait. Tout étant nouveau pour elle, sans être trop effrayée, elle ne quittait pas Henriette d'une semelle. De la savoir tout près la rassurait. Du coup, ce voyage fut l'occasion pour Henriette de mesurer une fois de plus tout le travail qu'il lui restait à accomplir auprès de sa protégée afin qu'elle devienne une jeune femme sûre d'elle. Si elle parvenait à lui présenter une compagne, elle était convaincue qu'Angélique progresserait beaucoup plus rapidement dans son apprentissage de la vie.

À Montréal, je ne perdis pas un instant pour nous mettre en route vers la rue Sainte-Élisabeth. J'avais particulièrement hâte de voir la réaction d'Henriette à notre arrivée chez nous. Sans le laisser paraître, Adalbert nourrissait la même curiosité. Nous espérions tous les deux que ce toit, désormais le nôtre, la rende heureuse. Quand, enfin, nous pénétrâmes dans la maison, Henriette réagit étrangement.

Elle s'empressa de monter au deuxième étage avec Angélique sur les talons. Lorsqu'elle redescendit, Adalbert et moi sûmes que nous avions misé juste. Après avoir jeté un coup d'œil à la cuisine, Henriette s'élança dans mes bras et proféra, toute souriante :

— Ce sera la maison de notre bonheur. Merci, mon rebelle.

Je regardai Adalbert et lui fit un clin d'œil. Nous avions gagné notre pari.

DEUXIÈME PARTIE

LE RETOUR

(1866)

Chapitre 16

Rue Sainte-Élisabeth

Henriette ne perdit pas une seconde pour mettre la maison à sa main. Comme autrefois, elle eut l'aide de sa cousine Eulalie, prévenue de notre retour en ville. Tout en bavardant, les deux femmes s'évertuèrent à appliquer de la couleur dans les lieux. Habituée aux enfants, Eulalie apprivoisa Angélique dans le temps de le dire.

— Tu m'assures que vous l'avez adoptée ?

— Bien sûr, puisque je n'ai pas d'enfant !

— Espères-tu toujours en avoir ?

— Oui, mais j'ai des doutes. Je ne serai bientôt plus en âge pour ça.

— Il ne faut pas désespérer, on ne sait jamais. As-tu le sentiment que vous serez bien ici ?

Henriette répondit avec enthousiasme.

— Certainement ! Et en plus, je pourrai fréquenter l'Institution des sourdes-muettes avec Angélique pour y approfondir le langage des signes. Quand je le posséderai, je vais fonder ma propre école avec deux ou trois sourdes-muettes.

— Voilà un beau projet, l'encouragea Eulalie. Où comptes-tu prendre ton argent pour vivre ?

— Des sous que mes pensionnaires m'apporteront chaque mois. Ce sera mon salaire.

— Et toi, Valois, que penses-tu faire ?

— Je ne peux pas enseigner dans une école catholique et elles le sont pratiquement toutes.

— Tes antiquités ?

La question d'Eulalie m'intrigua.

— Tu savais que je m'étais remis aux antiquités ?

— Bien sûr ! J'ai vu ton annonce dans les journaux.

— Je n'aime pas ce travail. Adalbert m'a de nouveau obtenu un emploi à l'Institut canadien.

— Tu sais que cet Institut est mal vu partout ?

— Notre évêque fait tout pour ça.

Curieusement, c'est Henriette qui intervint :

— Comme Valois me le dit et me le répète, commença-t-elle, ce n'est pas en restant ignorant comme le veulent le pape et notre évêque que l'on peut progresser. Valois m'a expliqué qu'ils sont contre tout progrès.

Eulalie sembla tout à coup désarçonnée.

— T'en es bien certaine ?

Voyant qu'Eulalie paraissait encore sceptique, Henriette alla fouiller dans le tiroir d'un bureau et revint avec un grand registre dans lequel étaient collés un nombre considérable d'extraits de journaux. Elle en présenta un à sa cousine.

— Absolument. Lis ça, l'invita-t-elle. Il s'agit d'un des textes du pape. Valois y a souligné des passages et me les a commentés. Le pape condamne ce qu'il appelle les erreurs de notre temps. Tout ce qu'il exprime là, il le considère comme autant d'erreurs.

Eulalie se mit à lire à haute voix ce que j'avais tout simplement souligné.

Les hommes peuvent trouver le chemin du salut éternel et obtenir ce salut éternel dans le culte de n'importe quelle religion.

La puissance ecclésiastique ne doit pas exercer son autorité sans la permission et l'assentiment du gouvernement civil.

L'Église doit être séparée de l'État, et l'État séparé de l'Église.

Les lois civiles peuvent et doivent être soustraites à l'autorité divine et ecclésiastique.

Le Pontife romain peut et doit se réconcilier et transiger avec le progrès, le libéralisme et la civilisation moderne.

Eulalie s'arrêta.

— Je n'ai pas compris grand-chose là-dedans. Comment fais-tu Valois pour te démêler dans tout ça ?

— Je lis et je réfléchis. Mais si tu veux, je peux te résumer en quelques mots ce que tu viens de lire là. Rien de plus simple. Dans ce passage, le pape mentionne ce qu'il considère comme des erreurs : espérer qu'on puisse être sauvé en dehors de l'Église catholique, que le gouvernement civil est supérieur à celui de l'Église et surtout que l'on puisse croire au progrès, au libéralisme et à la civilisation moderne. Selon lui, seule l'Église catholique détient la vérité. Tout le monde doit donc en faire partie et lui obéir aveuglément. Elle doit diriger le monde sans s'occuper du progrès. Voilà pourquoi monseigneur Bourget se bat contre l'Institut canadien. Ses membres désirent avoir plus de liberté de penser et l'Église catholique s'y oppose.

— Tout cela me passe cent pieds par-dessus la tête, commenta Eulalie. Le principal pour moi et Hubert, c'est que nous ayons de quoi manger et faire manger nos enfants tous les jours. Le reste ne compte pas. Nous faisons ce que les prêtres nous recommandent. Nous nous efforçons de ne pas pécher afin d'éviter l'enfer, rien de plus. Le bonheur, on l'aura au ciel.

— Je croyais ça moi aussi, jusqu'à ce que nous fassions la connaissance d'Eustache de Chantal. Cet homme-là ne se fatiguait pas avec les enseignements des prêtres et je peux te certifier qu'il était heureux. Il aimait rire et appréciait tout de la vie. Il nous a appris à profiter de chaque occasion que nous avons de nous faire plaisir.

— Rien de plus facile quand on est riche!

— Rien ne nous empêche de le faire même si nous n'avons pas beaucoup de sous. Si nous n'avions pas toujours peur de mourir en état de péché, nous pourrions vivre beaucoup plus heureux.

Eulalie ne releva pas ma réflexion. Elle se contenta d'affirmer avec ses beaux yeux rieurs:

— Je ne perds pas mon temps à penser à tout ça. Vous voyez, je suis fière d'être avec vous et nous ne commettons aucun péché.

Angélique, durant tout ce temps, s'était tenue à l'écart. Elle s'approcha d'Henriette pour demander quelque chose. Henriette se tourna vers Eulalie.

— As-tu compris ce qu'elle veut?

— Non.

— Eh bien! Elle est plus sage que nous. Elle a faim.

— Déjà presque midi! s'écria Eulalie. Moi qui avais promis à Hubert d'être de retour pour le dîner.

— Allons! la calma Henriette. Hubert ne travaille pas aujourd'hui. Tu peux bien manger avec nous. Il ne se laissera pas mourir de faim.

— N'est-ce pas mon devoir d'être avec lui?

— Pour une fois, il saura bien te le pardonner, insistai-je.

Eulalie accepta de rester à dîner. Je la remerciai:

— Quelle bonne idée tu as eue de venir aider Henriette et de dîner avec nous! Laisse-nous encore quelques jours pour nous installer et nous irons vous visiter. Hubert et les enfants vont bien?

— Oui. Ils seront contents de votre visite. J'en connais une qui a bien hâte de voir son parrain et sa marraine. Vous ne la reconnaîtrez pas.

Je fis remarquer :

— Un des plus grands plaisirs de la vie reste encore celui de fréquenter nos amis. Je me demande pourquoi nous nous en privons si souvent.

Tout au long du repas, nous évoquâmes notre séjour précédent à Montréal. Je rappelai à quel point le temps passe vite.

— Il y a déjà quatorze ans que nous sommes mariés.

— Pas quatorze ans ! s'exclama Henriette.

— Oui. Quatorze années bien comptées.

— Il est grand temps que nous ayons un enfant.

Je la regardai tendrement.

— Nous avons Angélique, elle nous portera chance.

— Si jamais ça se produit, intervint Eulalie, je veux être la première informée.

— Je n'y manquerai pas, lui promit Henriette. Tu as toujours été là, comme un porte-bonheur, quand ça comptait. Te souviens-tu quand j'ai échoué chez toi le jour de ma sortie du couvent ?

— Si je m'en souviens ! Tu avais l'air d'un chien battu. La vie est bien curieuse des fois.

J'approuvai vivement :

— Oui, sauf que ce jour-là, elle a réalisé un bon coup. Sans ça nous ne nous serions jamais rencontrés, n'est-ce pas ma chérie ? La vie sait parfois si bien faire les choses.

— C'est toi qui le dit, rétorqua Henriette, pince-sans-rire.

D'étonnement, Eulalie fronça les sourcils. J'éclatai de rire.

— Ça, fis-je à son intention, c'est ta cousine tout crachée.

Nous avions presque fini de manger. Le poulet servi par Henriette nous avait comblés. Eulalie s'excusa de devoir partir si vite. Je lui répétai à quel point nous apprécions ses visites. Quand elle nous eut quittés, Angélique se colla contre Henriette et se mit à parler avec ses mains.

— Que veut-elle ? questionnai-je.

— Qu'Eulalie revienne.

— Tu vois, commentai-je, je ne suis pas le seul à trouver que ta cousine est une femme charmante et exceptionnelle.

Chapitre 17

Arthur Buies

J'avais repris mon travail à l'Institut, ce qui me permettait de rencontrer plusieurs hommes influents de la société canadienne-française. J'avais depuis longtemps entendu parler d'Arthur Buies sans avoir eu encore la chance de lui parler. L'occasion se présenta enfin un jour où il se préparait à donner une conférence intitulée: *La Confédération*. Ce jeune homme au port altier avait fière allure avec sa chevelure frisée et son regard direct et franc. Il était reconnu pour être un libre penseur redoutable qui, à peine revenu de France où il avait passé quelques années pour poursuivre ses études, s'était aussitôt montré fort désespéré de l'ignorance générale des Canadiens français. Il attribuait la perversion de l'esprit public à l'éducation donnée par les religieux. On l'aimait beaucoup ou on le détestait royalement pour son franc-parler. Avec lui, il n'y avait pas de milieu.

Cet homme de caractère avait été lui-même tellement déçu des études suivies d'abord au Collège de La Pocatière, puis au Séminaire de Nicolet et ensuite au Petit Séminaire de Québec, qu'il soutenait être resté sur sa faim, ce qui l'avait incité, à l'invitation de son père, à parfaire ses études en France. Revenu depuis peu au pays, il était plein d'un bagage de connaissances et d'idées nouvelles dont il cherchait vainement les traces sur les bords du Saint-Laurent.

Je me liai tout de suite d'amitié avec lui, si dynamique et à l'esprit si ouvert. La première fois qu'il me vit, occupé à prêter des volumes de l'Institut, il déclara :

— Je n'ai pas le plaisir de vous connaître, monsieur, cependant vous me semblez fort courageux.

— Pourquoi donc ?

— Vous occupez à l'Institut un poste qui vous prive sûrement des sacrements et, de plus, vous êtes obligé de demeurer ici dans ce lieu de perdition que notre évêque voue aux gémonies. Ne faut-il pas du courage pour venir y passer la journée ?

J'esquissai un sourire et répondis :

— Notre évêque, la chose est connue, a pas mal le sens de l'exagération. Il force souvent la note. Une seule lettre pour condamner l'Institut aurait suffi, il en a écrit trois. Il est parvenu à faire fuir les plus peureux qui ont fondé l'Institut canadien-français où il ne se passe pratiquement rien. Leurs membres sont les bons et nous, les méchants. Ainsi, notre évêque est satisfait, car s'il n'y avait pas de méchants à quoi servirait-il ?

Ma réaction lui plut et il me tendit la main.

— Je suis heureux de faire votre connaissance. Vous vous nommez ?

— Valois Ducharme.

Continuant sur le même ton de dérision, Buies, que tout le monde appelait par son nom, demanda, sourire en coin :

— Comment faites-vous pour prêter des volumes qui, au dire de notre évêque, sont des tisons ardents et l'œuvre du diable lui-même ?

— Je ne m'y brûle jamais les doigts. Il faut croire que le diable a oublié de les enflammer. Notre évêque s'en charge et comme il ne met jamais les pieds ici, ces livres ne sont pas plus dangereux que les autres.

Ma réplique le fit sourire encore une fois.

— Vous avez une bonne dizaine d'années de plus que moi, observa-t-il, je ne me permettrais pas de vous tutoyer, mais il serait de mise que vous le fassiez à mon endroit.

J'approuvai.

— Je ne demande pas mieux, mais si nous devenons amis, il faudra que ça se fasse dans les deux sens.

— Fort bien, j'en prends note.

Curieux, je demandai :

— J'aimerais connaître ton opinion sur les dernières sorties de notre évêque contre l'Institut.

Arthur Buies ne prenait pas de détours pour livrer le fond de sa pensée. Il m'en offrit tout de suite la preuve.

— Il est bien connu que Bourget travaille à faire disparaître notre Institut. Comme il s'agit d'un entêté, il finira bien par trouver un moyen infaillible pour y arriver. Il l'a condamné, comme il désire le faire pour le journal *Le Pays.* Tu verras, il fera bientôt paraître son propre journal en se cachant sous des pseudonymes. Cet homme que je ne peux souffrir est incapable d'agir au grand jour. Tu ne peux pas attendre la vérité de sa part. Derrière tout ce qu'il dit et écrit se cache toujours une manigance quelconque.

Je l'écoutais parler et j'avais l'impression d'avoir devant moi monsieur Dessaules, qui tenait des propos similaires.

— Tu vois, il obtient tout ce qu'il désire. Le terrain de la cathédrale Saint-Jacques ne convenait pas à ses ambitions. Il finira bien par mettre la main sur celui qu'il convoite. C'est un opiniâtre et comme la grande majorité des gens est derrière lui, il a le gros bout du bâton et n'hésite pas à s'en servir. Il frappe sur tout ce qui ne fait pas son affaire, à coup de défenses et d'excommunications. T'es-tu donné la peine d'étudier ses lettres circulaires et ses mandements des dernières années?

— Malheureusement non! avouai-je.

— Tu veux en avoir un aperçu?

— Ça m'intéresse, oui!

Buies tira de sa poche un carnet et commença à énumérer:

— 1854: les membres des instituts littéraires peuvent se voir refuser les sacrements. 1858: il décrit les dangers des mauvaises lectures, des mauvais discours et des instituts qui les véhiculent et en encouragent la lecture. Il interdit de lire ces ouvrages et dénonce les instituts qui en font la promotion, comme l'Institut canadien. Il explique ensuite ce qu'est selon lui un journal irréligieux, hérétique, immoral et libéral, afin que les fidèles puissent les reconnaître et les bannir de leur foyer. 1859: par une lettre circulaire, il demande aux curés de s'attaquer en chaire à *l'Opéra, au Théâtre, au Cirque et aux autres divertissements profanes qui seraient aujourd'hui, pour nos villes et nos campagnes, un vrai sujet de scandale. Défense est faite aux catholiques d'y assister sous peine de péché grave.* 1860: il condamne les journaux *Le Pays, Le Constitutionnel, La Patrie, Le Siècle, L'Opinion nationale, Le Courrier de Paris, Witness, Le Semeur* et *Le Courrier de Saint-Hyacinthe.* Il multiplie les lettres dans lesquelles il dénonce ces journaux qui, selon lui, répandent les forces du mal et visent à imposer le pouvoir social et politique à l'encontre du pouvoir religieux.

« Voilà l'homme qui se proclame le représentant de Dieu et contre qui nous sommes contraints de combattre. Sans compter que sa marotte actuelle est d'expédier des jeunes Canadiens français portant le nom de zouaves à la défense du pape à Rome. Pour cela, et je le tiens d'une source fiable, il a amassé par diverses collectes près de cent mille dollars pendant que des centaines de nos familles crèvent de faim. Pire encore, il a demandé aux frères enseignants d'organiser une quête dans les écoles. As-tu une idée du montant qu'il a pu soutirer de la sorte à ces pauvres enfants ? »

— Je n'en sais strictement rien.

— Bien, apprends que des enfants habillés en zouaves lui ont remis la somme de 206,31 $. Quand on sait que leurs pauvres parents économisent sou par sou pour chaque morceau de pain qu'ils mettent sur la table…

Lorsque Arthur Buies était monté, il devenait intarissable. Il ajouta du même souffle :

— Et ça, sans oublier le monopole sur l'instruction publique qu'il veut exercer chez nous. C'est un homme ambitieux et dangereux.

Je l'écoutais attentivement. Il avait le même discours que Dorion et Dessaules. Je commentai :

— Je vois que tu ne le portes pas dans ton cœur.

— Comment veux-tu être d'accord avec ses recommandations ? En plus d'être imbu de lui-même, c'est un éteignoir. Il est opposé à tout ce qui ne cadre pas avec ses idées. Et derrière toutes ses interventions se cache un seul et unique but, la domination de la religion sur l'État. D'ailleurs, tu sais, tout comme moi, qu'il se mêle de politique. Notre clergé, tu en as sans doute été témoin, ne se gêne pas pour intervenir en temps d'élections. Il y a une multitude d'exemples de curés qui, en chaire le dimanche, recommandent tel candidat à leurs électeurs. S'ils ne s'en tenaient qu'à ça, on pourrait laisser passer. Mais comme ils haïssent le parti des rouges, issus des patriotes, qu'ils considèrent comme des fauteurs de trouble antireligieux, ils prétendent que ceux qui votent pour eux ne sont pas en état de grâce. Faut-il qu'ils soient à bout d'arguments pour les menacer de leur refuser l'absolution en confession et de ne pas baptiser leurs enfants ?

« Ils se déchaînent et racontent à peu près tout ce qui leur passe par la tête à propos des libéraux. Ainsi, qu'ils sont des fils de Satan et leurs chefs, des enfants de Lucifer. Un curé a d'ailleurs affirmé qu'ils seront encore bien plus rouges quand ils brûleront en enfer. Enfin, certains vont plus loin et se permettent même de laisser entendre à leurs paroissiens que ceux qui voteront pour eux seront damnés et ne pourront pas avoir de sépulture religieuse. »

— Pas vrai ?

— Absolument. Tu connais notre ami Dessaules, qui n'a pas la langue dans sa poche. Il est allé voir le curé de sa paroisse et lui a demandé des explications à ce sujet. Pour toute réponse, le curé lui a déclaré que ce n'était pas de ses affaires. "Notre pouvoir, a-t-il soutenu, nous vient de Dieu et par conséquent nous parlons en son nom et nos fidèles n'ont qu'à obéir. S'ils ne savent pas pour qui voter, ils n'ont qu'à nous le demander."

Buies se tut. J'allais émettre un commentaire quand il ajouta :

— Tu sais maintenant qui je suis. Si mes propos t'ont offensé, je ne t'en voudrai pas de ne pas m'offrir ton amitié. Sinon, je t'avoue que j'aimerais faire plus ample connaissance avec toi, et ailleurs qu'ici.

— Voilà précisément ce que j'allais te proposer en t'invitant chez moi. Je suis persuadé que mon épouse serait heureuse de te connaître.

Ainsi naquit entre nous une amitié qui ne s'émousserait jamais.

Chapitre 18

Un refus d'absolution

Depuis que je me croyais excommunié parce que membre de l'Institut canadien, je ne mettais plus les pieds à l'église, mais Henriette continuait de s'y rendre. Un dimanche qu'Arthur Buies avait répondu à mon invitation, il arriva à la maison comme Henriette sortait pour aller à la messe. Il eut à peine le temps de la saluer qu'elle était partie. Je restai à la maison avec mon ami et la petite.

Je m'entretenais paisiblement avec Arthur quand je la vis rentrer. Je me demandai, tellement je la sentais bouleversée, ce qui pouvait bien lui être arrivé. Henriette salua aimablement mon nouvel ami, mais elle était si montée qu'elle ne put se retenir et nous conta son aventure au confessionnal :

— Madame, avez-vous des enfants ? lui demanda le curé.

— Non.

— Je présume que vous continuez à avoir des relations charnelles avec votre mari ?

— N'est-ce pas la seule façon de devenir enceinte ?

— Normalement, vous devriez donner naissance à des enfants. Comment se fait-il que vous n'en ayez pas ?

— Si je le savais, monsieur le curé, je vous le dirais.

— Vous devriez vous abstenir pour un temps de toutes relations.

— Pourquoi donc?

— Sans doute qu'ensuite vous serez plus féconde. Il y a autre chose dont je veux vous prévenir.

Henriette se demandait bien où le curé voulait en venir.

— Votre mari fréquente-t-il l'église?

— Pourquoi cette question?

— Votre hésitation à répondre me laisse croire que vous voulez me cacher la vérité, madame. Vous savez que l'enfer attend ceux qui mentent. Vous êtes-vous déjà imaginé ce qu'est l'enfer? Brûler éternellement sans espoir de ne jamais sortir de ces souffrances atroces.

Henriette se rappela la description que je lui avais faite de l'enfer. Elle m'entendait encore dire que Dieu n'était pas assez cruel pour punir quelqu'un éternellement. Le prêtre tentait de l'impressionner. Ses propos ressemblaient à du chantage.

— Mon mari ne croit pas à l'enfer, rétorqua Henriette. Il pense, et je suis de son avis, que Dieu est trop bon pour permettre que des pécheurs soient torturés éternellement.

Le prêtre hésita, puis passa à l'attaque:

— Votre mari n'est qu'un orgueilleux qui croit que ses idées sont supérieures aux enseignements de Dieu.

Puis, changeant soudainement de sujet, il demanda:

— Pour qui se propose-t-il de voter?

Henriette se sentit obligée de le lui révéler. Le prêtre n'en fut que plus offusqué.

— Vous pouvez lui dire, madame, que si jamais il vient se confesser, je devrai lui refuser l'absolution comme je le fais pour vous.

— Pour quelle raison?

— Vous avez le devoir, madame, de le ramener à l'église et de le persuader de ne pas voter pour les rouges. Ces gens ne sont que des révolutionnaires sans scrupules. Ils véhiculent des idées qu'en tant que représentant de Dieu, je me dois de condamner.

— Pourquoi dois-je écoper à cause de lui?

— Parce qu'il est votre mari et détient l'autorité familiale. Madame, vous avez un moyen infaillible de vous racheter.

— Lequel?

— Vous viendrez me voir à la sacristie après la messe.

— Je ne fréquente pas les sacristies.

— Vous ne voulez pas que votre mari se convertisse, dans ce cas vous êtes aussi coupable que lui. Passez-vous d'absolution!

Henriette attendit à la fin de la messe qu'il sorte du confessionnal, puis elle le poursuivit dans l'église en lui demandant:

— Je veux que vous me disiez comment je pourrais obtenir la conversion de mon mari.

Le prêtre s'arrêta et ordonna:

— Attendez-moi ici!

Il revint vers elle et, la main ouverte, lui montra le bout de son index.

— Qu'y voyez-vous?

Henriette s'approcha.

— On dirait un petit insecte.

— Regardez de plus près.

— Oh! fit-elle, c'est une image.

— En effet, se rengorgea le prêtre. Il s'agit d'une miniature photographique de la Vierge Marie que j'ai achetée chez monsieur Picard. Prenez! Elle vous permettra de convertir votre époux. Savez-vous comment?

Il s'approcha d'elle et lui glissa quelques mots à l'oreille.

— Ça reste entre nous. Par contre, si vous désirez que ça réussisse encore plus vite, versez-lui de l'eau de Lourdes dans son thé.

Henriette prit la petite image et la conserva précieusement dans sa main.

— Ne la perdez surtout pas, la mit en garde le curé. Vous savez que profaner une image est un péché grave.

Elle continua son histoire :

— Une fois de plus, je me suis fait dire qu'une femme est moins que rien. Il m'a refusé l'absolution parce que tu ne pratiques plus et parce que tu vas voter pour un rouge. En plus, je dois te convertir.

— Comment ?

— En mettant cette miniature dans ta soupe.

Elle ouvrit la main pour nous la montrer.

— Tu n'es pas sérieuse ? Il ne t'a pas conseillé ça ?

— Il l'a certainement fait, intervint Arthur. Plusieurs de nos prêtres et de nos religieuses en sont rendus là. Ils croient réellement aux vertus de ces petites images.

— Je n'en reviens pas ! m'exclamai-je.

Henriette poursuivit d'une voix indignée :

— Il a dit que je dois payer à cause de toi puisque tu détiens l'autorité et que je te dois obéissance.

Buies déplora :

— Chère madame, une fois de plus vous voyez comment raisonnent nos prêtres. Ils clament haut et fort qu'ils détiennent leur autorité de Dieu, pour ensuite prétendre qu'il n'appartient qu'aux hommes de l'exercer, et surtout pas aux femmes.

— Que sommes-nous, pauvres femmes ?

— Vous ne devez pas vous surprendre qu'ils vous rabaissent ainsi. C'est ce que leur ont appris les pères de l'Église.

— Vraiment ?

— Je crains, chère amie, qu'en vous répétant ce que ces saints hommes pensent des femmes, je ne vous fasse beaucoup de peine.

— Je suis curieuse de l'entendre quand même.

— Eh bien, vous l'aurez voulu. Saint Jean Chrysostome, père de l'Église, a déclaré que "la femme est la souveraine peste et le dard aigu du démon". Saint Augustin pour sa part a affirmé que "la femme ne peut ni enseigner, ni témoigner, ni compromettre, ni juger". Saint Jean de Damas en a rajouté lorsqu'il a soutenu que "la femme est une méchante bourrique, un affreux ténia qui a son siège dans le cœur de l'homme, fille du mensonge, sentinelle avancée de l'enfer, indomptable Bellone, ennemie jurée de la paix" ! Quant à saint Jérôme, il l'a comparée à "un scorpion, au total une dangereuse espèce" !

— Ce n'est pas vrai ! s'insurgea Henriette en mettant ses deux mains sur ses oreilles. Ils n'ont certainement pas dit ça.

— Je vous avais prévenue ! Je vous le jure sur ce que j'ai de plus cher, et je vous fais grâce de ce qu'ont déclaré saint François d'Assise ou encore saint Cyprien. Cependant j'ajouterai qu'un autre de ces pères, dont hélas le nom m'échappe, a tenu les propos suivants : "Adressez-vous aux femmes, elles reçoivent promptement, parce qu'elles sont ignorantes ; elles répètent avec facilité, parce qu'elles sont légères ; elles retiennent longtemps, parce qu'elles sont têtues." Les prêtres ne font que reprendre ces conseils et pour ne pas faire mentir saint Jérôme, ils considèrent la femme comme un scorpion.

Henriette était choquée au point qu'elle en tremblait. D'une voix ferme, elle déclara :

— Messieurs, vous m'êtes témoins. À partir de tout de suite, je fais le vœu de les faire mentir tous autant qu'ils sont.

Puis, en nous regardant d'un air de défi, elle ajouta :

— Jurez-moi que vous ne pensez pas comme eux !

— Tu sais fort bien, m'empressai-je, que j'ai trop d'amour et de respect pour toi pour souscrire à une seule parole de ces personnages.

— Et vous, monsieur Buies ?

— Vous voulez savoir, chère madame, ce que je pense des femmes ? Je vais vous l'apprendre, mais j'espère que mes paroles ne vous blesseront pas. Vous êtes parmi les privilégiées parce que vous êtes instruite et ça paraît. Malheureusement, et ne vous offusquez pas si je vous le dis, on ne vous a instruite, comme on l'a d'ailleurs fait pour nous, que des choses de Dieu et des saints. Il ne faut pas s'attendre à plus avec les professeurs que nous avons chez nous.

« Or nous vivons sur terre parmi les humains avec leurs grandeurs et leurs bassesses. Les vœux que je me permets de formuler pour vous sont que vous alliez moins aux neuvaines et fréquentiez moins les confréries, et que vous sachiez ouvrir votre esprit à tout, un peu comme votre époux. Vous êtes intelligente, et cette faculté est trop précieuse pour que vous vous contentiez de tricoter et de préparer la soupe. Sachez que vous n'êtes pas simplement la servante de votre mari. Vous ne devez pas permettre à votre confesseur, comme il vient de le faire, de se mettre le nez dans votre ménage, non pas pour le diriger comme il le prétend, mais pour savoir ce qui s'y passe afin d'y semer le trouble. Vos devoirs d'épouse, vous les connaissez mieux que lui qui n'est pas marié. Les femmes sont loin d'être des méchantes bourriques comme le dit saint Damase. Bien au contraire, vous êtes de belles et nobles créatures, malheureusement dominées par les prêtres qui se servent de vous en vous remplissant l'esprit de tout ce qui leur permet de vous contrôler. Pauvres femmes, vous les écoutez trop et tombez dans leurs pièges. Votre situation ne changera que le jour où vous serez en mesure de faire le tri dans tous leurs enseignements rétrogrades et de les rejeter, car, contrairement à ce qu'ils soutiennent, dites-vous bien que vous êtes l'égale de l'homme. Voilà ce que moi, Arthur Buies, je pense de vous, chères compagnes de nos vies.

Henriette l'avait écouté attentivement. Elle pleurait. Je m'approchai et la pris dans mes bras. Elle se calma et tourna la tête vers Arthur:

— Merci, monsieur Buies, grand merci!

Angélique, qui s'était tenue derrière depuis le retour d'Henriette, se montra le bout du nez. Par les signes qu'elle fit, une fois de plus, je compris qu'elle disait avoir faim.

— Ma parole, m'exclamai-je, cette enfant a toujours faim!

La mimique d'Angélique et ma plaisanterie firent bien rire Arthur.

Chapitre 19

Le dilemme d'Henriette

Depuis notre retour à Montréal, Henriette se proposait d'emmener Angélique à l'Institution des sourdes-muettes, car la petite commençait à bien s'exprimer en langage des signes. Un bon matin, elle partit avec sa protégée et se dirigea rue Saint-Denis où s'élevait le tout nouvel édifice dirigé par sœur Marie de Bonsecours, que j'avais déjà rencontrée.

Henriette lui présenta Angélique et apprit à la religieuse qu'elle avait fait de bons progrès dans son apprentissage. La sœur se mit à lui parler avec ses mains puis, voyant que l'enfant suivait difficilement la conversation, elle s'adressa à Henriette :

— Il faudrait que vous nous la confiiez, car elle n'apprendra jamais sans cela.

— Si je suivais les mêmes cours qu'elle, j'arriverais certainement à la faire progresser davantage. Il n'est pas facile, vous savez, d'apprendre ce langage uniquement dans les livres.

— Justement, je dois vous informer que le langage par signes est de plus en plus abandonné. Nous nous tournons vers le langage oral. Ces jeunes filles sont muettes parce que sourdes, mais elles parviennent fort bien à parler. Si vous assistez à un de ces cours, vous serez en mesure de le constater par vous-même.

Henriette, Angélique sur les talons, suivit la religieuse dans une salle de cours. Cette dernière les pria de s'y installer et au bout d'une dizaine de minutes, pas moins d'une vingtaine de jeunes sourdes-muettes envahirent la classe. La religieuse présenta les visiteuses aux enfants qui leur souhaitèrent la bienvenue en chœur. Henriette fut étonnée de les entendre si bien parler. Elle suivit le cours avec attention. Angélique peinait visiblement à comprendre ce qui se passait, cependant qu'Henriette n'en perdait pas un mot. Au terme de cette séance, elle demanda à la religieuse :

— Où avez-vous appris cette façon d'enseigner ?

— En Allemagne. Il s'agit d'une méthode très efficace, vous savez. Elle nous permet de faire percevoir la parole aux personnes sourdes-muettes par la vue et le toucher. Nous parvenons ainsi à leur apprendre à émettre des sons, à prononcer des syllabes, puis des mots et finalement des phrases, tout en leur montrant à lire et à écrire.

— Merveilleux ! s'emballa Henriette. Me permettriez-vous de suivre vos cours avec Angélique ?

— À quelle fin ?

— Celui de pouvoir l'assister dans son apprentissage et de pouvoir aider d'autres enfants ensuite.

La religieuse changea de ton pour demander :

— Vous avez l'intention de fonder une institution ?

— Non, mais peut-être bien une petite école où j'accueillerais des enfants pauvres.

La religieuse se montrait de moins en moins réceptive.

— Si vous faisiez vous-mêmes partie de notre communauté, j'accepterais volontiers votre proposition. Je doute fort que monseigneur permette qu'une laïque assiste à mes cours. Ne serait-il pas plus simple et plus logique de nous confier votre protégée? Nous aurions tout de suite une place pour elle, moyennant une petite pension mensuelle.

La proposition dérouta Henriette, qui préféra repartir avec Angélique en promettant d'y repenser tranquillement. Comme elle me l'expliqua, elle était réticente à confier Angélique aux soins des religieuses.

— Si les sœurs se rendent compte qu'elle a du talent, elles feront tout pour lui faire prendre leur habit. Il y assez de moi dont on a voulu faire de force une religieuse.

Quand elle m'eut informé de cela, je ne sus trop quoi penser. Je la sentais tiraillée entre l'idée de confier la petite aux religieuses et celle de la garder à la maison. Je ne savais pas trop quoi lui dire. Après un instant de réflexion, je lui conseillai :

— En pesant le pour et le contre, tu seras sans doute du même avis que moi. Pour le bien d'Angélique, il faudrait qu'elle aille à cette école.

Elle était déchirée à l'idée de se séparer de la petite. Voyant cela, je lui proposai :

— Je crois qu'il serait bon que nous allions nous faire expliquer en long et en large leurs exigences à l'égard des enfants.

— Ma crainte la plus grande, répéta Henriette, est qu'elles tentent d'en faire une religieuse.

— Nous mettrons nos conditions et nous nous informerons d'où viennent les pensionnaires actuelles – ce ne sont certainement pas toutes des orphelines – et combien de temps elles passent dans cette institution avant de parler convenablement, après quoi, nous la reprendrons chez nous.

Henriette eut beaucoup de difficultés à faire comprendre à Angélique qu'elle devrait probablement habiter pour une longue période à l'Institution des sourdes-muettes. Il lui fallut insister sur le fait qu'elle y aurait des amies et qu'elle pourrait apprendre à parler. Dès qu'elle le saurait, elle reviendrait à la maison.

Une fois à l'Institution, sœur Marie de Bonsecours communiqua longuement par signes avec l'enfant qui finit par se résigner. Henriette fut rassurée par le fait qu'au bout de deux ou trois ans, une enfant douée, et c'était le cas d'Angélique, finissait par lire sur les lèvres sans trop de problèmes et pouvait répondre de façon convenable.

La séparation fut déchirante. Angélique pleurait et Henriette, toute à ses efforts pour ne pas éclater en sanglots, avait l'impression de la laisser orpheline. Quand la petite fut partie, Henriette ne retint plus ses larmes. Je fus passablement secoué moi-même et la consolai de mon mieux. La religieuse nous rassura :

— L'enfant, croyez-en mon expérience, se résignera. Elle apprendra d'autant mieux qu'elle espérera retourner à la maison. Vous pourrez venir la voir au bout de quelques semaines afin de constater ses progrès et vous vous rendrez compte alors que la quitter sera moins difficile. Quand nous jugerons qu'elle en sait assez, vous pourrez la ramener chez vous.

Sur le chemin du retour, Henriette s'écria :

— J'ai perdu mon enfant. Il m'en faudra bientôt un autre !

— Je ferai tout mon possible, la rassurai-je. Sans doute notre tour est-il venu.

Chapitre 20

Le grand rêve de l'évêque

Alors que je m'apprêtais à gagner l'Institut, un homme m'aborda dans la rue en me demandant :

— Monsieur, verseriez-vous une aumône pour la cathédrale de Sa Grandeur notre saint évêque ?

— Vous avez le front, monsieur, de solliciter de l'argent pour lui ? Vous ignorez à qui vous vous adressez.

— À qui donc, je vous prie ?

— À Valois Ducharme, une des victimes de monseigneur Bourget. N'attendez donc pas un sou de moi pour combler les désirs extravagants de cet homme.

L'autre se montra scandalisé.

— Je comprends que Sa Grandeur vous ait rejeté, monsieur, vous qui parlez de lui avec si peu de révérence.

Je répondis d'une voix courroucée :

— Sachez, monsieur, que j'ai de la révérence pour ceux qui en méritent et notre évêque n'entre certes pas dans cette catégorie.

Indigné, l'homme poursuivit son chemin en faisant lever la poussière sous ses pieds. Il y avait quelque temps que je n'avais pas rencontré Adalbert. Je le croisai comme il allait entrer à l'Institut.

— Vous vous faites rares, me reprocha-t-il. Vous me devez bien une visite, Henriette et toi.

— Promis. Nous passerons chez toi dimanche prochain si ça te convient.

— Je vous y attendrai avec plaisir. Venez dîner. J'en aurai long à raconter à propos de qui tu sais.

— Sa Grandeur ?

— En effet.

Comme promis, le dimanche suivant, nous nous présentâmes chez Adalbert. Constatant que nous n'étions pas accompagnés d'Angélique, il demanda :

— Et la petite ?

— Elle est à l'Institution des sourdes-muettes depuis deux jours, lui apprit Henriette.

— Tu ne lui enseignais pas le langage des sourds ?

— Celui des signes. Aujourd'hui, selon une nouvelle méthode, les religieuses leur apprennent les sons et elles finissent même par parler.

— Tu n'aurais pas pu maîtriser toi-même cette technique ?

— Il me faudrait aller l'étudier en Europe.

— Pourquoi ne pourrais-tu pas suivre les cours donnés par les sœurs ?

— Il me faudrait en être une.

Adalbert pesta :

— Encore de la discrimination. Dire que nous faisons vivre ces bonnes sœurs de plus en plus nombreuses et qu'elles ne veulent rien savoir de nous en retour !

— Elles n'ont guère la possibilité de faire ce qu'elles désirent, monseigneur ne le leur permet pas.

Adalbert s'indigna :

— Il se mêle même de ça ?

À ce moment, une femme bien mise, portant une robe de soie du même vert que ses yeux et sur laquelle tombait une riche chevelure rousse, se présenta dans le salon. Adalbert se leva.

— Mes amis, je vous réservais la surprise. Voici Irma, ma nouvelle compagne de vie.

Je m'avançai pour lui tendre la main pendant qu'Henriette s'apprêtait à en faire autant.

— Nous sommes honorés de faire votre connaissance. Si j'en juge par ce que je vois, Adalbert a su faire un bon choix.

— J'en dirai autant de vous, reprit Irma, en tendant la main à Henriette.

Les deux femmes se saluèrent cordialement.

— Le dîner sera bientôt prêt, fit la nouvelle venue. Géraldine nous a préparé un régal. Elle a vraiment des dons culinaires hors du commun.

Curieuse, Henriette demanda à Irma d'où elle venait. Les deux femmes se mirent aussitôt à converser. Adalbert en profita pour me confier :

— Tu ne peux imaginer ce qui m'a été rapporté récemment.

— Quoi donc ?

— Nous avions la paix là-dessus depuis un certain temps. Voilà que Sa Grandeur remet ça à propos de sa cathédrale. Tu es au courant que depuis des années, il tente sans grand succès de recueillir quelque chose comme cinq cent mille dollars pour faire ériger le temple de sa vie. Sais-tu ce qu'il évoque pour justifier le report de la construction de plusieurs années ?

— Non pas. Venant de lui, ce sera certainement une affirmation mensongère.

— Il prétend qu'il a voulu laisser le temps aux établissements de charité de se former pour porter secours aux grandes misères humaines de notre ville. En réalité, s'il n'a pas pu obtenir la somme qu'il désirait depuis plus de dix ans qu'il quête, c'est que les gens ont des besoins beaucoup plus pressants. Eh bien, crois-le ou non, il soutient toujours que Montréal, sous-entendu lui-même, a besoin d'une cathédrale digne de ce nom. À cette fin, tu t'en souviens peut-être, il avait déjà expédié l'architecte Bourgeau à Rome en 1857. Ce dernier devait voir s'il ne serait pas envisageable de construire sa nouvelle cathédrale sur le modèle de Saint-Pierre de Rome, pas moins que ça. Quand Bourgeau est revenu de sa tournée européenne, il a annoncé qu'il ne pensait pas, en raison de la rigueur de notre climat, qu'il soit possible de réaliser à Montréal une basilique similaire à celle de Saint-Pierre de Rome. Et voilà que Sa Grandeur a mandaté un clerc de Saint-Viateur nommé Joseph Michaud qui, lui, affirme maintenant le contraire ! Je te le dis, il va finir par l'avoir, sa cathédrale, et sais-tu où il est question de la construire ?

— Où donc ?

— Sur le terrain réservé dans ce but et qu'on avait commencé à déblayer il y a une douzaine d'années.

— C'est-à-dire ?

— Dans un quadrilatère entre Sainte-Catherine et Dorchester près de Peel. Ce qui m'enrage le plus, c'est que cet homme a le front de déclarer que s'il désire faire construire une cathédrale sur le modèle de Saint-Pierre de Rome, quoiqu'en un peu plus petit, c'est qu'il veut donner aux fidèles n'ayant pas les moyens de se rendre en Italie la chance d'apprécier un peu la splendeur de la basilique romaine. Comme si on avait réellement besoin de ça !

— Changeons de sujet, proposai-je, sinon tu vas me faire pleurer.

Géraldine vint alors nous prévenir que le dîner était prêt. La délicieuse dinde qu'elle nous servit nous fit oublier Sa Grandeur et ses projets titanesques. Vraiment, nous ne portions pas l'évêque dans notre cœur.

Chapitre 21

Un beau cadeau

Je profitais de mon travail à l'Institut pour me renseigner sur divers sujets grâce aux nouveaux livres que nos membres nous donnaient si généreusement. Un jour, je mis la main sur un volume tout récent traitant de la photographie. Je ne m'étais jamais arrêté à lire sur ce sujet. Ma lecture me passionna. J'appris comment Daguerre et les autres inventeurs de cet art s'y étaient pris pour porter des images sur verre, sur zinc et sur papier albuminé. Une toute nouvelle technique permettant de voir en trois dimensions venait d'être mise au point. Je ne m'enthousiasmais pas facilement, mais là je fus vite fasciné. Je voulus en connaître davantage sur la question et la meilleure façon d'y arriver était de me rendre chez un photographe, ce que je fis à la fin de ma journée de travail.

Je me mis en route vers le studio d'Antoine Bazinet, rue Notre-Dame. Comme j'y arrivais, je croisai Arthur Buies. Il en sortait. Mon ami venait d'y faire prendre son portrait. Après s'être informé de la santé d'Henriette, il me demanda :

— Que deviens-tu, cher ami ? Rien de nouveau ? Toujours à l'Institut ?

— En effet, et constamment le nez dans les livres.

— Ce sont souvent nos meilleurs maîtres. À ce propos, je viens par hasard de mettre la main sur un extrait d'un texte qui a fait mon bonheur de la journée.

Il tira son carnet de sa poche et lut :

Dans nos familles, dans nos écoles, dans nos collèges, préparons nos enfants à bien comprendre quel doit être le nouveau frontispice de notre système social. Qu'ils apprennent que l'ordre religieux et l'ordre politique doivent toujours être entièrement distincts, que la loi civile règle les droits de la terre et que la loi religieuse voit aux affaires du ciel.

— L'auteur de ce texte, Charles Sabourin, résume en quelques mots ce qui constitue l'essence de notre combat, sauf que ce ne sera pas facile de faire avaler ça à Bourget.

J'avais l'esprit ailleurs. Je convins qu'il s'agissait là de tout un défi. Satisfait d'avoir pu, une fois de plus, partager son sentiment avec un ami, Arthur me demanda ce qui m'amenait chez Bazinet.

— Je viens y prendre des informations à propos de la stéréoscopie.

— Ah oui, ce procédé photographique qui permet de voir en trois dimensions ! Voilà en effet une magnifique invention. Tu seras heureux d'apprendre qu'on l'utilise de plus en plus pour immortaliser divers sites de Montréal. Monsieur Bazinet saura certainement te faire voir des choses éblouissantes.

Sur ce, Arthur me tendit la main.

— Bonne chance, cher ami, nous nous reverrons bientôt, je dois faire une conférence prochainement à l'Institut.

— Dont le sujet sera quoi ?

— *Le Progrès.* Tu sais comme moi que notre bon pape, tout comme Bourget, s'oppose avec acharnement à tout progrès. Qui croirait que Pie IX est même favorable à l'esclavage alors qu'on s'apprête à l'abolir aux États-Unis? Ces hommes ont tellement peur que les gens du peuple en apprennent trop sur leur Église, ce qui menacerait leur pouvoir, qu'ils font tout pour les garder dans l'ignorance. Voilà ce qui explique l'Index. Bon, je t'ai assez ennuyé avec tout ce qui me préoccupe, je ne te retiendrai pas plus longtemps.

Je le regardai aller de son pas vif dans la rue Notre-Dame. Je lui vouais une grande admiration, lui qui, à peine au milieu de la vingtaine, me paraissait l'un des cerveaux les plus brillants de Montréal. Je pénétrai dans le studio, une pièce qu'éclairait tout juste une petite fenêtre quasi obstruée par un rideau noir. La clochette que j'avais actionnée en poussant la porte attira l'attention d'un petit homme au dos rond qui s'enquit de ce qu'il pouvait faire pour moi. J'en déduisis qu'il s'agissait de monsieur Bazinet.

— Je suis curieux, expliquai-je, d'en connaître plus sur la stéréoscopie.

Il m'invita:

— Suivez-moi!

Il m'entraîna dans une pièce beaucoup plus vaste servant à promouvoir les produits du studio. Les murs étaient tapissés de photos. Dans des comptoirs de verre, il avait exposé ses meilleurs clichés et, à en juger par l'ensemble, il démontrait un réel talent. Mon regard fut attiré par la reproduction en grand de l'accident ferroviaire survenu deux ans plus tôt au pont de Saint-Hilaire près de Belœil.

Je le questionnai:

— C'est vous qui avez pris cette photo?

— Eh oui! Nous devons couvrir tous les événements qui surviennent. Le hasard a voulu que je sois dans les parages le jour de la catastrophe.

Pendant qu'il me parlait, je m'intéressais déjà à une autre photographie, celle-là montrant l'église presbytérienne Saint-Paul et le couvent des récollets à Montréal. J'émis un souhait :

— Voilà le genre de photo que j'aimerais voir en stéréoscopie.

— En trois dimensions ? Rien de plus facile. Voyez vous-même ce que j'ai à offrir.

Il étala devant moi toute une série de photos et me mit dans les mains l'appareil servant à les visionner.

— Vous n'avez qu'à placer le cliché vis-à-vis la lunette, puis à l'approcher de vos yeux. Il ne vous reste plus qu'à l'ajuster à votre vue en faisant glisser la photo vers vous ou en l'éloignant.

Je passai de longues minutes à visionner des images stéréoscopiques. J'avais l'impression d'être sur place. J'admirai de la sorte de superbes vues de la ville captées depuis la tour de l'église Notre-Dame et d'autres, panoramiques, prises à partir de la montagne. Il me montra aussi des photos du pont Victoria et de divers édifices montréalais, ainsi que des scènes se passant sur le fleuve, comme une traversée du pont de glace ou des patineurs s'adonnant à leur sport face au marché, etc.

— Comment vous y prenez-vous pour réussir de tels chefs-d'œuvre ?

— Il n'y a rien de plus simple. Attendez !

Il revint en portant un appareil dans ses mains.

— Il suffit d'utiliser cet appareil qui, avec deux lentilles placées à la même distance que celle qui sépare les yeux, prend la scène de façon décalée. On monte ensuite la paire d'images sur un carton que l'on place dans le stéréoscope comme vous venez de le faire, et le tour est joué. On obtient ainsi l'effet de profondeur qui permet de voir en trois dimensions.

Je choisis plusieurs photos que je fis mettre de côté avec une lunette de lecture.

— Je viendrai les chercher demain ! Gardez-les-moi !

— C'est bien noté.

Comme promis, je passai le lendemain par le studio Bazinet et, pour quelques dollars difficilement épargnés depuis des mois, j'achetai les photos en question. Je rentrai chez moi, heureux de mon achat, et filai droit à la pièce me servant de bureau pour y ranger le tout. Une semaine plus tard, j'en fis cadeau à Henriette pour son anniversaire. Nos invités, Adalbert et Irma, eurent autant de plaisir qu'Henriette et moi à admirer ces vues tridimensionnelles de Montréal. Je me promis d'en acheter d'autres à l'occasion.

Chapitre 22

L'exode

Je n'avais pas revu Arthur Buies depuis notre rencontre fortuite devant le studio de photos. J'en avais des nouvelles par les journaux qui parlaient de lui. On l'encensait dans *Le Pays* et on le dénigrait dans *La Minerve*. Ses propos ne laissaient personne indifférent. Il avait son franc-parler et ne se privait pas de brasser la cage. Or, chaque fois qu'il osait s'en prendre aux directives de l'évêque, les catholiques montaient aux barricades. On le traitait de tous les noms. On se scandalisait du fait qu'il remette en question les propos et les projets de Sa Grandeur.

N'avait-il pas soutenu que pendant que monseigneur quêtait pour sa cathédrale, les Canadiens français prenaient le bord des États-Unis pour ne pas mourir de faim? En effet, il était de notoriété publique que chaque année des milliers de nos concitoyens gagnaient la Nouvelle-Angleterre pour y travailler dans les filatures de coton. La majorité des familles comptait des membres partis à Lewiston, Manchester, Woonsocket, Fall River, Lowell, Concord, Nashua, Biddeford, etc.

Buies ne se gênait pas pour affirmer que le Bas-Canada se vidait pendant que l'on ramassait de l'argent pour construire des églises, des presbytères et des couvents.

Depuis dix ans, dénonçait-il avec raison, il s'était érigé au moins une église, un presbytère ou un couvent par année. Qu'est-ce qui, de plus, justifiait que le clergé se dépêchât, au printemps, d'empocher par la dîme les premiers gains que la vente de leur beurre et de leurs veaux valait aux habitants? Ça ne pouvait pas attendre?

Comme Arthur me l'expliqua, il provoquait les gens afin qu'ils prennent conscience de situations aberrantes. Il était convaincu qu'au rythme où les villages se vidaient, on compterait bientôt plus de Canadiens français aux États-Unis qu'au Bas-Canada. Ce n'était donc pas le temps de construire des églises qui seraient vides dans quelques années. Il fallait s'attaquer au vrai problème, celui du travail pour nos gens.

— Vois-tu, nos compatriotes n'aiment pas se faire mettre des évidences sous les yeux. Ils préfèrent ne rien voir ou s'en prendre à ceux qui comme moi osent parler. Écoute ce que monsieur Cauchon pense à ce sujet: *Dans notre pays, on tolère longtemps les abus, on les souffre pendant des années avant de songer à les faire disparaître. On se borne d'abord à déplorer le mal, à souhaiter de le voir coupé dans la racine, et ce n'est qu'au jour où le danger devient imminent que, secouant leur apathie, les citoyens cherchent les moyens de le conjurer.* Pour écrire cela, vois-tu, ça prend du courage. Pourquoi? Parce que ça va à l'encontre de ce que notre digne clergé tente de nous faire croire et, bien sûr, notre digne clergé a toujours raison puisqu'il parle au nom de Dieu. Ne sommes-nous pas le peuple le plus heureux de la terre? Si tu essaies de comprendre ce qui motive les curés à nous vendre cette idée, tu te rends compte que ça tient à peu de choses. Nous payons bien la dîme, nous expédions à Rome des zouaves pontificaux et nous obéissons comme des moutons à nos curés, ces perroquets domptés à ne répéter que les directives de l'évêque. Ils passent sous silence que le peuple le plus heureux de la terre, notre population travailleuse et décimée par la misère, émigre en masse aux États-Unis.

— Tu ne crains pas, lui opposai-je, qu'un jour toutes ces vérités que tu lances finissent par te nuire et te retombent sur le nez ?

— Pourquoi ? Il ne faut pas avoir peur de la vérité et ça prend quelqu'un pour la dire. Si nous ne sommes pas aveugles, nous voyons bien où la situation actuelle va nous mener. Nous nous devons de réagir pendant qu'il en est encore temps. Explique-moi comment il se fait que nos voisins américains parviennent à créer des industries, grâce auxquelles les gens gagnent en peu de temps de quoi se libérer d'une hypothèque ou acheter une ferme, alors que pour nous ce n'est pas possible ? Il y a des raisons pour lesquelles le Bas-Canada se vide. Nos gens savent fort bien qu'une fois là-bas le bien-être les attend et ils ne se gênent pas pour en faire part à leurs parents et amis restés ici.

Quand Arthur commençait à parler de la sorte, il pouvait continuer longtemps et je trouvais ses propos si sensés que je ne me lassais pas de l'écouter. Au cours d'une de nos conversations, il me confia :

— Si je n'étais pas allé en France, je n'aurais jamais pu m'ouvrir les yeux sur ce qu'on nous fait vivre ici. Tu vois, depuis les débuts de la colonie, les soutanes nous dirigent. Ne te demande pas pourquoi nos gens les vénèrent tant. Ils ont l'esprit formé de telle manière qu'ils ne pensent plus, leurs curés pensent pour eux. Ce qu'ils recommandent est sacré tout comme ce qu'affirme Sa Grandeur. Pour te mettre à l'épreuve, cher ami, je vais te soumettre la même question qu'on a récemment posée à notre évêque. J'ai hâte de connaître ta réponse. Dans un cas d'accouchement difficile, s'il fallait sacrifier soit la mère, soit l'enfant, quel serait ton choix ?

Je pris le temps de réfléchir.

— Je n'hésiterais pas une seconde. Je sacrifierais l'enfant.

— Pourquoi donc ?

— Premièrement parce que la mère est en mesure d'avoir d'autres enfants et deuxièmement, si elle en a déjà, sa présence auprès d'eux est indispensable.

— Eh bien, Sa Grandeur a déclaré qu'il laisserait mourir la mère. Sais-tu quelle raison il a évoquée ?

— Non pas.

— Il a affirmé qu'il sacrifierait la mère afin que l'enfant puisse recevoir le baptême.

Je n'en revenais pas.

— Attends que je raconte ça à Henriette, dis-je. Elle a vécu ça. J'ai bien hâte de voir ce qu'elle va en penser.

Quand je lui en parlai, Henriette poussa un soupir.

— Heureusement que les choses ont bien tourné pour moi et que cet évêque n'assistait pas à mon accouchement, constata-t-elle, parce que j'ai bien l'impression que je ne serais pas là pour t'en parler.

Chapitre 23

Henriette chez Isabelle

Plus les jours, les semaines et les mois passaient, plus Henriette broyait du noir à l'idée qu'elle n'aurait jamais d'enfant. Elle avait promis à son amie Isabelle de retourner la voir et celle-ci, la voyant arriver, lui déclara après les salutations d'usage :

— Je suis ravie de te revoir enfin, mais si tu viens me consulter pour la même raison que la dernière fois, oublie ça. Ma prédiction n'aura pas changé.

— Tu avais soutenu, lui rappela Henriette, que je serais bientôt enceinte, ce qui n'est pas encore le cas.

— Tu dois patienter. La chose se fera en son temps.

— J'ai trente-six ans. Il est grand temps que j'aie un enfant. J'aurai bientôt l'âge d'être grand-mère.

— Il y a des femmes qui accouchent à un âge beaucoup plus avancé. J'y songe, si tu veux connaître ton avenir, il y a un autre moyen efficace.

— Lequel ?

— Les tables tournantes. Tu en as certainement entendu parler. Nous faisons appel à un esprit de l'au-delà qui vient nous révéler des choses.

Henriette se montra aussitôt réticente.

— Les esprits me font peur.

— Il n'y a rien à craindre. Ils sont heureux de nous venir en aide. Il ne s'agit pas d'esprits mauvais. Bien au contraire, ils sont bienveillants et répondent à nos questions sans trop se faire prier. D'ailleurs, nous faisons toujours appel à l'esprit de quelqu'un qui fut cher à un des participants de la séance. Nous en aurons une dans trois jours. Si tu veux venir, tu es la bienvenue.

— Jamais je me présenterai.

— Emmène ton mari !

Je ne demandais pas mieux que de vivre des expériences nouvelles et j'acceptai d'emblée d'accompagner Henriette à cette séance de spiritisme. J'eus auparavant l'occasion d'échanger là-dessus avec mon ami Adalbert. Il m'apprit que l'évêque s'était prononcé sur le sujet.

— Tu sais que de nombreux catholiques lui ont demandé son avis sur la question.

— Il a certainement dû leur défendre de consulter les esprits.

— Il l'a fait, mais contrairement à son habitude, de façon très modérée. Il a laissé entendre que tant qu'on ne sait pas par quel phénomène physique ces esprits parviennent à faire tourner des tables et à parler par ce moyen, on ne peut déterminer s'il s'agit de bons esprits et qu'en conséquence, il faut éviter de faire appel à eux.

— Comment expliques-tu cette réserve de sa part ? Il a l'habitude d'opinions beaucoup plus tranchées.

— Rien de plus simple. D'abord, il doit s'abstenir d'alléguer qu'on ne peut pas communiquer avec les esprits, puisque la Bible est truffée d'histoires de ce genre. Les principaux personnages passent leur temps à recevoir des messages et à avoir des apparitions, la plupart du temps d'anges qui viennent les informer de ce qu'il leur arrivera. Tu n'as qu'à penser à Élisabeth, la cousine de Marie, ou à Marie elle-même et à son dialogue avec l'ange Gabriel. Que dire également du Christ qui s'entretient avec Moïse et Élie, sans compter l'esprit même du Christ, qu'on a baptisé le Saint-Esprit et qui apparaît aux disciples le jour de la Pentecôte, sans oublier les récentes apparitions de la Vierge à Lourdes. Tu n'as qu'à lire toutes les mises en scène de la Bible et tu verras, tout s'y explique toujours par l'intervention d'esprits qui se manifestent juste au bon moment.

En y réfléchissant, je ne pus que souscrire à l'analyse de mon ami. Ainsi, l'évêque n'avait pas pu rejeter d'un bloc le phénomène des tables tournantes.

— Tu le sais comme moi, une multitude de personnes croient à l'intervention des esprits dans nos vies. Combien de fois ài-je entendu raconter que tout de suite après le décès de quelqu'un, ses proches ont senti sa présence dans la maison, quand ce ne sont pas les animaux, plus sensibles que les humains, qui démontrent un comportement bizarre en de telles circonstances. Je me suis laissé raconter qu'une statue s'était brisée dans la maison à l'heure et à la minute même où un de leurs proches était décédé au loin.

Après un court silence où il sembla figé, Adalbert ajouta :

— Pour toutes ces raisons, l'évêque n'a pas condamné le spiritisme comme il est habitué de le faire pour tout ce qui se termine en "isme", comme philosophisme, communisme, libéralisme, naturalisme, etc., sauf évidemment le christianisme. Il a cependant soutenu qu'on ne peut communiquer avec les esprits que si on s'élève à l'ordre surnaturel établi par Dieu et enseigné par la religion catholique.

Je commentai :

— En somme, il n'y a que les catholiques qui peuvent parler avec les esprits comme les anges, les bienheureux et la Vierge Marie.

— En effet. Et d'après lui, au moins dix mille personnes, aux États-Unis seulement, se font payer pour communiquer avec les esprits. Écoute bien sa recommandation à ce sujet : *Il faut joindre en toute chose la prière au travail. Avec cette pratique aussi rationnelle que religieuse, on ne se laisse jamais surprendre par ceux qui spéculent sur la crédulité publique, pour vivre aux dépens des autres.* Il oublie tout naturellement de s'inclure là-dedans. Pourtant, c'est sur les interventions d'esprits que les gens d'Église ont monté toute leur affaire. Ils ne font que spéculer sur la crédulité publique, surtout notre bon évêque. Et ça lui rapporte gros, suffisamment pour se faire construire une cathédrale de cinq cent mille dollars.

Cette conversation avec Adalbert m'incita plus que jamais à assister à une séance de spiritisme. Je me rendis donc avec Henriette à celle animée par son amie Isabelle. Nous étions huit en tout dans la pénombre autour d'une table ronde. Isabelle avait préparé la pièce en mettant un voile sur le miroir d'un bureau et en exposant le portrait de l'esprit que l'on voulait contacter. Elle indiqua clairement les règles fondamentales à suivre afin de l'attirer. Il fallut d'abord nous décontracter en nous vidant l'esprit de toute pensée susceptible de nous distraire. Puis, elle nous invita à poser les mains à plat sur la table de façon à former une chaîne continue pouce contre pouce et auriculaire contre auriculaire. Isabelle avait pris la précaution de placer les hommes et les femmes en alternance autour de la table. Elle nous prévint qu'elle se chargerait de diriger la séance. Elle seule poserait les questions.

Elle nous invita à nous concentrer sur le portrait exposé. Bientôt, l'esprit se manifesta en faisant bouger la table. Certains des participants sursautèrent. Isabelle nous rassura à voix basse, puis elle demanda :

— Esprit ! Es-tu bien le père de Georges ici présent ? Si oui fait tourner la table dans le sens des aiguilles d'une montre !

La table se mit en mouvement.

— Désormais, commanda Isabelle, pour répondre "oui", tu feras tourner la table dans le sens des aiguilles d'une montre et pour "non", dans le sens contraire. Si tu veux formuler une phrase, tu tourneras à droite une fois pour "a", deux fois pour "b", trois fois pour "c", quatre fois pour "d" et ainsi de suite jusqu'à "z". Tu as bien compris ?

La table tourna une fois vers la droite. La séance dura plus d'une heure et l'esprit, docile, répondit à toutes les questions, la suivante étant :

— As-tu quelque chose à révéler à Georges ?

— Oui !

— Quelque chose d'heureux ?

— Oui !

Chargée de faire un compte-rendu des questions et des réponses, une jeune femme assise en retrait ne cessa pas d'écrire jusqu'à la fin de la séance. Georges apprit qu'il ne lui restait pas beaucoup de temps sur terre, mais que ces jours seraient heureux. Quand Isabelle voulut que l'esprit précise davantage, il s'y refusa. À la fin, Isabelle expliqua que les esprits ne sont pas des voyants. Ils ne peuvent que prédire l'avenir dans les grandes lignes, comme l'esprit de son père l'avait fait pour Georges. Ce dernier savait qu'il mourrait probablement avant longtemps. Mais que signifiait «long-temps» pour cet esprit ?

Cette expérience me parut très positive pour Henriette. Elle cessa de se demander si en contactant l'esprit de son père, il lui révélerait si elle aurait un enfant.

— Il ne sait rien de l'avenir, lui répétai-je. Cesse donc de te tourmenter à ce sujet. Isabelle t'a prédit que tu aurais un enfant, fie-toi à elle.

Quand je lui demandai pourquoi elle n'aurait pas préféré s'adresser à l'esprit de sa mère, elle me répondit :

— Elle ne serait sans doute pas d'accord avec le genre de vie que je mène présentement.

— Est-ce que nous menons une si mauvaise vie ?

— À ses yeux, sans doute.

— Dans ce cas, gardons-nous de la déranger. Qu'elle dorme en paix. J'aurais été pour elle un gendre qu'elle n'aurait pas aimé.

— L'important, me taquina Henriette en riant, est que tu sois marié avec moi et non avec elle.

Il ne fut plus question par la suite de séance de spiritisme.

Chapitre 24

Arthur veut
créer un journal

Je ne ratais jamais l'occasion de discuter avec Arthur. Ce jeune homme avait toujours quelque chose à m'apprendre. Ce fut le cas un beau jour où je le croisai à l'Institut et où il m'invita à dîner avec lui.

—J'ai un projet qui me hante l'esprit depuis quelque temps et j'aimerais bien t'expliquer ce dont il s'agit.

Nous dînâmes à un restaurant situé non loin, rue Notre-Dame. Arthur me dévoila son idée :

—Je songe sérieusement à créer un journal.

—Pourquoi donc ? Il n'y en a pas assez à ton goût ? *Le Pays* ne te suffit pas ?

—Il est attaqué de toute part. Ils ont bien vite fait disparaître *L'Avenir* et notre ami Dorion a fui Montréal. Il faudrait un autre journal pour contrecarrer *La Minerve*, *Le Moniteur canadien*, *Les Aurores du Canada*. Il faut promouvoir la liberté, celle de la conscience, de la pensée, de même que la liberté d'expression et celle de la presse, ainsi que notre liberté de choisir ce que nous voulons lire. La liberté, voilà le plus grand ennemi de notre clergé. Il faut que les gens apprennent la vérité. N'y a-t-il pas toujours une vérité sous-jacente à ce que nous racontent présentement les journaux? Or, cette vérité, on s'évertue à la cacher. Ai-je besoin de te rappeler les vrais motifs qui font se démener Bourget? Par les temps qui courent, il s'en prend de plus en plus à l'Institut parce qu'il lui fait peur. Il prétend que notre bibliothèque est remplie de mauvais livres. Tu es bien placé pour savoir, tout comme moi, qu'il s'attaque aux esprits les plus brillants et les plus ouverts de notre société. Il craint que nous finissions par avoir plus d'influence que la religion sur les gens. Son monopole est menacé. N'avons-nous pas fait élire plusieurs de nos représentants au parlement?

— Comment comptes-tu financer ce journal?

— Par des abonnements d'abord, et ensuite par la vente dans quelques dépôts précis. Je vais aussi engager de jeunes camelots. Ils en feront la distribution dans la rue comme en France. Je veux de la sorte faire contrepoids à *La Minerve*, ce journal conservateur derrière lequel se cache notre évêque. Si tu savais comment *La Minerve* m'énerve!

— Pourquoi donc?

— Ce journal couvre et appuie la lutte menée présentement par le pape pour conserver ses États, c'est-à-dire toute la partie centrale de l'Italie. Trouves-tu ça normal qu'un souverain pontife ait une armée et soit à la tête d'États, exactement comme un roi? Que fait l'Église les armes à la main? Et notre cher évêque qui quête pour expédier nos jeunes gens à la défense du pape! C'est tout bonnement ridicule.

— En effet!

— Eh bien, *La Minerve* appuie tout cela les yeux fermés. Quand j'étais en Europe, j'ai côtoyé Garibaldi. Je peux t'assurer que les Italiens ont entièrement raison de vouloir reprendre, des mains de l'Église, Rome et cette partie de leur pays qui sépare leur territoire en deux. Le pape devrait se contenter de s'occuper du salut des âmes. Or, il veut à tout prix garder son pouvoir temporel. Tout cela devrait être expliqué aux lecteurs. Les gens ignorent ce qui se passe réellement. On leur laisse entendre que des révolutionnaires veulent dépouiller de ses biens Sa Sainteté et même le tuer. As-tu lu ce que publiait tout récemment *La Minerve* à ce sujet ?

— Non pas.

— Eh bien, imagine-toi que pour faire plaindre le pape, ce journal a publié un texte tout à fait farfelu relatant un supposé complot contre le pontife.

Tirant de sa poche une coupure de journal, il en lut le début :

Une personne dont le caractère doit nous inspirer la confiance, et que nous savons en position d'être promptement et exactement renseignée, nous adresse de Rome une lettre contenant des nouvelles d'une extrême gravité. Nous croyons pouvoir porter de suite ces nouvelles à la connaissance de nos lecteurs, sur la foi de notre correspondant.

— Te rends-tu compte que quand un article commence par une phrase comme celle-là, et qu'on ne veut pas donner le nom du correspondant, c'est la meilleure preuve que ce qui suit est une pure invention ? C'est justement pour combattre des histoires de ce genre que je veux créer mon journal. Les gens sont si naïfs qu'on peut leur faire croire n'importe quoi. Il est grand temps qu'un journal comme *La Minerve* puisse contredire les mensonges qu'il répand.

Il me tendit le texte.

— Eh bien, commentai-je, dès que j'eus terminé ma lecture, tout cela est digne d'un roman d'Alexandre Dumas.

— À qui le dis-tu ! Un correspondant qui ne mentionne pas son nom. Une série d'invraisemblances comme le fait que ces supposés futurs meurtriers se sont inscrits à la police et que cette dernière ignorait l'existence de l'un d'entre eux. En plus, l'un d'eux pouvait accompagner le pape dans toutes ses sorties et attendait le 8 décembre pour passer à l'action. Bref ! Du roman pur et simple, un ballon lancé comme ça pour faire plaindre le pontife et dont on n'entendra plus parler, ce qui évite à *La Minerve* de décrire les combats menés par l'armée du pape et dans lesquels des hommes périssent tous les jours. Par contre, il faut se consoler, car Napoléon III a décidé de retirer ses troupes de Rome et le pape ne pourra plus compter que sur sa propre armée pour défendre ses États. Il finira par les perdre et ce sera une bonne chose pour toute la chrétienté et surtout pour le peuple italien.

— Quand comptes-tu sortir ta première édition ?

— Très bientôt ! Il est temps que les gens connaissent la vérité et qu'on cesse de les faire marcher par le bout du nez au nom de l'Église.

Chapitre 25

Le décès de l'enfant terrible

Louis-Antoine Dessaules, passant à l'Institut en ce début de novembre, m'apprit le décès de Jean-Baptiste-Éric Dorion. Monsieur Dessaules dit tout simplement:

— Je vous annonce une bien triste nouvelle, notre enfant terrible est décédé à L'Avenir.

Pour moi ce fut un choc. Je n'avais pas vu Jean-Baptiste Dorion depuis des années. Je me souvenais fort bien des quelques occasions où j'avais eu le plaisir d'échanger avec lui et particulièrement de notre première rencontre à l'Institut. Je le connaissais alors de nom, le croyant plus vieux que moi alors que nous avions sensiblement le même âge. En voilà un autre qui nous quittait encore bien jeune. Quand monsieur Dessaules me demanda si j'assisterais aux funérailles, je n'hésitai pas un instant, même si L'Avenir n'était pas tout à côté.

— Dans ce cas, suggéra monsieur Dessaules, nous irons à plusieurs. En prenant le train jusqu'à Richmond, ce sera facile ensuite de nous faire conduire en voiture jusqu'au village. Nous ne serons certainement pas les seuls à aller lui rendre un dernier hommage.

Nous prîmes le train l'après-midi même afin d'arriver à temps au service du lendemain. Je tenais à savoir comment

Jean-Baptiste était décédé. Comme il était membre de l'Institut canadien, tout comme moi, il ne devait plus avoir accès aux sacrements. Je me demandais donc s'il aurait droit à une sépulture chrétienne. Je fus stupéfait de constater à quel point il était vénéré dans son milieu. Il est vrai qu'il avait fondé ce village, était rédacteur du journal *Le Défricheur* et également député du comté.

Durant la veillée au corps, j'eus l'occasion de m'entretenir avec quelques-uns de ses amis. On me rappela qu'il était parti de rien.

— On ne l'appelait pas l'enfant terrible pour rire, il l'était vraiment. Il n'avait peur de rien ni de personne. À vingt ans, à Montréal, il dirigeait déjà le journal *L'Avenir*, en plus d'être un des fondateurs de l'Institut canadien.

— Justement, fis-je, parlons-en de l'Institut. Comment se fait-il qu'il ait droit à un service religieux?

— Allons donc! Si un curé osait parler d'enterrer notre enfant terrible sans cérémonie religieuse, il aurait toute la paroisse sur le dos.

— Vous l'avez connu comment?

— Lors d'une de ses conférences à l'Institut. Il parlait bien, était informé de tout et ne se laissait pas piler sur les pieds. Saviez-vous que lorsque Georges-Étienne Cartier et monseigneur Bourget lui ont fait du trouble à propos de son journal *L'Avenir*, il est même allé jusqu'à le défendre avec ses poings?

— Je l'ignorais.

— Son journal allait de mieux en mieux à Montréal. Ses adversaires politiques et religieux le prenaient très mal. Il y eut l'épisode passablement cocasse de la tuque bleue. Parmi les journalistes collaborant au journal, l'avocat Charles Daoust avait une plume plutôt efficace et acérée. On fit paraître dans *L'Avenir* une petite comédie intitulée *La Tuque bleue*. On y représentait Georges-Étienne Cartier s'enfuyant à la course lors de la bataille des patriotes à Saint-Charles-sur-Richelieu. Enragé, Cartier se rendit au bureau du journal et voulut s'en prendre à Daoust. Dorion s'interposa, l'invitant à se battre en duel. Dédaigneux, Cartier clama qu'il ne s'en prenait pas aux enfants et décida d'accepter ce combat contre Joseph Doutre. La police s'en mêla et le duel n'eut jamais lieu. Notre ami Dorion était passablement offusqué de ce que Cartier avait dit. Par chance, l'affaire n'eut pas de suites.

— Dorion avait aussi d'autres ennemis que Cartier et en particulier Hector-Louis Langevin, le rédacteur en chef des *Mélanges religieux*, le journal appuyé et subventionné par monseigneur Bourget. Un jour, notre ami croisa Langevin et la bagarre éclata dans la rue. On l'accusa de voies de fait sur la personne de Langevin et il fut condamné à une amende de vingt-cinq chelins.

— Il avait du caractère.

— Pour ça, il n'en manquait pas. Pour un homme décédé à quarante ans, il a fait énormément de bien.

Je n'attendais que cela pour en apprendre plus sur ses derniers instants. J'étais curieux de savoir s'il avait reçu l'extrême-onction. Je demandai :

— Comment est-il mort ?

— Vous l'ignorez ? Ça faisait plusieurs années qu'il n'allait pas bien. Vous savez qu'il avait un frère jumeau. Ce dernier est mort d'insuffisance cardiaque il y a quelques années. Il semble que c'était de famille. Jean-Baptiste risquait lui aussi de finir comme son frère. On avait beau le lui dire, ça ne changeait rien. Il continuait de courir d'un bord à l'autre comme il l'a toujours fait, et de se chicaner pour tout et pour rien. Il avait un frère curé. Eh bien, Jean-Baptiste, qu'on disait anticlérical, s'est battu pour lui faire construire une belle petite église à Saint-Pierre-de-Durham. Ça ne l'empêcha pas pour autant de soutenir que les curés ne devraient pas percevoir la dîme. Il voulait l'annexion du Bas-Canada aux États-Unis. Il se battait pour l'abolition des seigneuries. Il ne voulait rien savoir d'une confédération. Heureusement, il est mort avant que ça arrive. Vous savez, des luttes de même, ajoutées aux épreuves qu'il avait déjà subies, comme l'incendie du journal *L'Avenir*, ses défaites électorales et la perte de son meilleur ami Octave Papineau, ça finit par user le cœur. C'est en plein ce qui lui est arrivé.

— Il est donc mort comme son frère d'insuffisance cardiaque ?

— En plein ça !

— S'il était un anticlérical notoire, comment se fait-il qu'il reçoive une sépulture religieuse ? demandai-je encore.

— Ah ! Plus rusé que lui, ça ne se peut pas ! Il se tenait loin des sacrements, tout en fréquentant assidûment l'église, assistant volontiers aux différentes cérémonies religieuses. Voyez-vous, pas plus tard que jeudi dernier 1er novembre, le jour de la Toussaint donc, il est venu à la messe. Je lui ai même parlé en sortant de l'église. Il avait l'air fatigué. J'ai remarqué qu'il cherchait son souffle. Ça ne l'a pas empêché de se rendre à Richmond après la messe. Il a eu un malaise. Je n'étais pas là, mais mon ami Hormidas a tout vécu ça. Je vais le laisser vous le raconter.

L'homme interpellé, fortement affecté par le départ subit de son ami, me fit volontiers le récit de ce dont il avait été témoin.

— J'étais avec lui, on s'en allait à Richmond quand il s'est tourné vers moi et s'est plaint : "Hormidas, je pense que je vais crever." Il a mis une main sur sa poitrine et il a perdu connaissance. Je l'ai ramené en vitesse chez lui. Il n'a pas fait long avant de mourir.

— Est-ce qu'il a reçu les derniers sacrements ?

— Pas à ma connaissance. Même s'il avait toujours prévenu qu'il ne voulait pas voir une soutane autour de son lit de mort, on a fait venir monsieur le curé. Quand il est arrivé, Jean-Baptiste était déjà décédé.

J'avais réponse à ma question. Sans doute parce qu'il s'agissait d'un personnage très important dans son village et qu'en plus il comptait un frère prêtre, on avait décidé de l'enterrer comme un bon chrétien.

Le lendemain, on dénombrait une foule immense aux funérailles. Son frère, le curé de Yamachiche, officiait lui-même. On comptait dans l'assistance un bon nombre de ses amis libéraux, dont son autre frère, Antoine-Aimé, le chef des libéraux du Bas-Canada, plusieurs membres de l'Institut de même que tous les gens du village.

En compagnie de Dessaules et des autres membres de l'Institut, j'accompagnai la dépouille jusqu'à son dernier repos au cimetière de la paroisse de L'Avenir. Sur la pierre tombale déjà prête à être posée sur la fosse, on pouvait lire :

In Memoriam J. B. Éric Dorion dit l'enfant terrible, mort le 1ᵉʳ novembre 1866 à l'âge de quarante-deux ans.

Nous venions de perdre un autre membre important de l'Institut. Il y avait tout lieu de se demander si nous pourrions continuer longtemps l'œuvre commencée par des pionniers comme lui.

Chapitre 26

L'Institut canadien

Pendant qu'Henriette rêvait d'émancipation tout en s'évertuant à bien remplir son rôle de femme au foyer, j'étais préoccupé par ce qui se passait dans ma vie et à l'Institut. Arthur avait évoqué la lutte avec l'évêque. Après avoir condamné l'Institut et obtenu la démission de cent trente-huit de ses membres, monseigneur Bourget continuait à prétendre que lui seul était habilité à juger de la moralité des livres.

Dessaules lui avait apporté un exemplaire de notre vieil *Annuaire*. Notre ami racontait volontiers à qui voulait l'entendre ce qui s'était passé.

— Quand je suis retourné le voir pour reprendre l'*Annuaire*, il m'a insulté de verte façon et me l'a remis sans avoir tenu sa promesse d'y indiquer les livres à l'Index. Pourquoi voulait-il tant avoir notre *Annuaire* en main? Afin de s'en servir pour nous accabler par la suite, j'en suis persuadé. Nous n'avons pas fini de l'avoir dans nos jambes. Il voue une grande haine à l'Institut et à tous ceux qui en font partie. Son attitude est loin d'être chrétienne. Pour lui, l'amour du prochain n'existe qu'envers ceux qui, comme des moutons, se soumettent à ses directives et à ses exigences. Si vous n'avez pas les mêmes idées que lui, vous êtes un impie.

Toutes ces querelles me rendaient de plus en plus soucieux. Quand je m'arrêtais à réfléchir sur ce qu'était désormais ma vie, je me rendais compte que, petit à petit, elle s'était transformée au gré des circonstances. J'avais même accepté d'être privé des sacrements pour pouvoir travailler. Le plus frustrant était que ma démarche risquait de devenir inutile. L'Institut éprouvait des difficultés financières. Les dirigeants ne désespéraient pas de le voir sortir plus fort de cette mauvaise passe, d'autant plus qu'on achevait la construction de l'édifice qui allait l'abriter. Celui-ci promettait d'être l'un des plus beaux lieux culturels de Montréal.

Le soir de l'inauguration, le 17 décembre de cette année 1866, je le visitai en compagnie d'Henriette, d'Adalbert et d'Irma, tous fiers, comme moi, de pouvoir disposer enfin de si beaux et si grands espaces.

— Venez voir la bibliothèque, les invitai-je.

Du rez-de-chaussée composé de deux grands magasins, nous montâmes au premier étage où, après avoir traversé la Chambre des nouvelles, nous pénétrâmes dans la bibliothèque. J'avais travaillé depuis un mois au déménagement des volumes et des journaux. Tout était bien rangé et invitait à la lecture. J'expliquai :

— Sans compter les quatre bureaux d'affaires qui donnent sur la rue Notre-Dame, la bibliothèque mesure quarante-six pieds sur vingt-six. Elle compte déjà près de six mille livres et pourrait en contenir le double, sinon le triple.

Après avoir flâné un peu en jetant un coup d'œil aux livres que je considérais comme les plus précieux, nous nous rendîmes au deuxième étage, dans la grande salle où devaient se réunir les invités pour l'inauguration. Déjà des dizaines de personnes s'y trouvaient. Je la décrivis à mes amis :

— La salle mesure quatre-vingts pieds de longueur sur cinquante-sept de largeur et vingt-huit de hauteur. Elle peut contenir sept à huit cents personnes et l'acoustique en est parfaite.

En avançant vers l'estrade où se dressait un gigantesque candélabre, j'attirai leur attention :

— Vous voyez, sur la muraille, les armes de l'Institut. Elles sont éclairées par les cinquante jets de gaz que lance le candélabre. Des reproductions de l'Apollon du Belvédère et de la Vénus de Milo, données à l'Institut par Napoléon III, trônent aux deux extrémités de l'estrade, de même que la Nymphe de Fontainebleau et le groupe de Laocoon posés sur des piédestaux de chaque côté de la salle.

En admiration devant ces chefs-d'œuvre, nous fîmes ensuite lentement le tour de cette salle magnifique qui se remplissait peu à peu d'invités. J'étais très fier de pouvoir décrire les lieux que je connaissais déjà bien. J'ajoutai :

— Et ce n'est pas fini. Faisons vite si nous voulons profiter d'une bonne place pour l'inauguration.

Je les conduisis au dernier étage dans une autre salle de cinquante pieds de longueur sur trente-cinq de largeur et treize de hauteur. Je leur dis ensuite :

— Je me sens vraiment privilégié de pouvoir travailler dans un pareil endroit et vous allez voir, quand nous aurons pris place dans la grande salle, que tout a été prévu dans les moindres détails.

Je les pressai de redescendre et quand nous fûmes assis, Henriette apprécia :

— Je ne savais pas que nous serions si confortablement installés. Je n'ai jamais vu ailleurs des bancs aussi bien rembourrés et disposés de façon que nous puissions bien voir partout.

— Avant de sortir à la fin de l'inauguration, ajoutai-je, faites-moi penser de vous montrer la Salle des journaux et périodiques. Nous sommes abonnés à cent vingt-six publications qui nous viennent du monde entier : *La Gazette de France*, *London's News*, *European Times*, *Le Courrier des États-Unis*, *New York Sun*, pour ne nommer que ceux-là.

J'étais vraiment très satisfait du travail que j'accomplissais. Je ne fus pas déçu des discours entendus à cette inauguration. Ils impressionnèrent grandement Henriette. Tout ce qu'il restait maintenant à souhaiter, c'était que cette magnifique salle redonne un élan déterminant à l'Institut.

Je savais bien que non loin de là, dans ce qui lui servait temporairement de palais épiscopal, un homme veillait. Sans doute se promettait-il d'arrêter cette bande de libres penseurs athées et impies, ces gens qui osaient défier son autorité pour régner à sa place sur Montréal.

TROISIÈME PARTIE

DES HAUTS ET DES BAS

(1867-1870)

Chapitre 27

Henriette chez les sourdes-muettes

Henriette rendait fidèlement visite à Angélique une fois par mois. Elle avait assisté, ravie, aux progrès de la petite qui non seulement émettait des sons et parvenait à se faire comprendre, mais lisait désormais sur les lèvres avec facilité. Il y avait donc possibilité de tenir une conversation avec elle. Comme elle était pensionnaire depuis maintenant deux ans, Henriette estimait qu'il était temps de la ramener à la maison. Elle en glissa un mot à mère Marie de Bonsecours qui, elle, n'était pas de cet avis.

— Angélique lit assez bien sur les lèvres, cependant elle a encore beaucoup à apprendre en religion, en écriture et en lecture.

— Je peux me charger de son éducation sur ces points, lui opposa Henriette, craignant toujours de voir la religieuse tenter de l'influencer pour qu'elle entre en communauté.

— Elle est très douée, insista celle-ci. Elle pourrait rendre de grands services en demeurant ici plus longtemps. Elle a une bonne influence sur ses compagnes plus jeunes. De plus, elle est docile et se plaît chez nous.

— Je ne le nie pas, continua Henriette. Je suis consciente de sa progression depuis deux ans et je vous en suis très reconnaissante. Seulement, je pense que ça lui ferait du bien de connaître autre chose que les murs d'un pensionnat.

La religieuse tenait à la garder encore un an afin qu'elle puisse parfaire son éducation. Henriette n'appréciait pas ce délai supplémentaire. «En un an, pensa-t-elle, il peut se passer bien des choses.» Elle quitta l'Institution avec l'idée d'en discuter avec moi. Elle me fit part de ses doutes quant aux intentions réelles de la religieuse. Je ne sus trop que répondre.

— Ma chérie, tu as vécu dans un couvent. Tu connais mieux que moi la mentalité des religieuses. Tu es beaucoup plus en mesure d'en juger. Pourquoi n'insisterais-tu pas pour couper la poire non pas en deux, mais en quatre, et mettre la religieuse au pied du mur en lui disant que nous récupérerons Angélique dans trois mois, avec l'arrivée du printemps? La petite est-elle ouverte à l'idée de revenir à la maison?

— Je n'ai pas voulu lui en parler pour ne pas lui donner de faux espoirs. Il me vient une idée. Afin de me préparer à son retour, je vais de nouveau insister auprès de la religieuse pour assister tous les jours à ses séances de formation. Il faut que j'apprenne à lire sur les lèvres.

Je la regardai avec des yeux espiègles et la taquinai:

— Serais-tu devenue comme notre évêque? Aurais-tu une autre idée derrière la tête? Tes visites ne prépareraient-elles pas quelque projet?

— Mon grand coquin! se contenta-t-elle de lancer. Fais donc confiance pour une fois à ta petite femme et surtout évite de la comparer à notre évêque.

Elle mit son idée à exécution quand, lors d'une de ses visites à Angélique, elle poussa plus ou moins la religieuse dans ses derniers retranchements en lui confiant:

— Je suis d'accord pour la laisser ici quelques mois encore, à la condition que je puisse assister à ses séances de formation. En y participant, j'apprendrai moi-même à lire sur les lèvres, pendant qu'elle continuera à apprendre à parler.

La sœur, non sans se faire prier, n'eut d'autre choix que d'accepter ce marché. De la sorte, Henriette fit d'une pierre deux coups. Tout en apprenant, elle comptait regagner la confiance d'Angélique afin de contrecarrer les plans de la religieuse. «J'ai été contrainte d'entrer chez les sœurs, on n'obligera pas la petite à le faire», disait-elle. Son intuition féminine ne la trompait pas. Lors de la première conversation qu'elle eut ensuite avec Angélique, la petite laissa entendre qu'elle se ferait religieuse.

— Tu ne connais rien d'autre, lui fit comprendre Henriette. Pourquoi ne reviendrais-tu pas avec nous à la maison? Tu vas vivre autre chose et tu décideras ensuite.

La sécurité de l'Institution jouait un grand rôle dans ce désir de l'enfant. Elle avait peur de ce qui l'attendait si elle en sortait. Henriette ne fut pas longue à m'en prévenir.

— D'abord, insista-t-elle, il faudrait que tu m'accompagnes ce dimanche afin que la petite puisse s'habituer de nouveau à toi. Elle vit exclusivement avec des femmes depuis deux ans. Tu te souviens à quel point elle craignait les hommes. Je veux à tout prix tirer Angélique des griffes des sœurs.

— Tiens, tiens! blaguai-je. Voilà que les sœurs ont maintenant des griffes. Montre-moi donc tes mains pour voir s'il ne t'en reste pas encore des traces.

— Moque-toi! répliqua-t-elle. Rien n'empêche que si je n'avais pas bon tempérament, tu ne m'aurais pas aujourd'hui pour laver tes bas et te préparer tes petits plats préférés.

Craignant que la discussion ne tourne au vinaigre, je m'approchai et l'embrassai.

— Je ne te dis pas assez souvent à quel point je me compte chanceux de t'avoir pour épouse. Tu sais que je t'aime.

Portant vivement ma main sur ma bouche, je soufflai :

— Ouf! J'allais encore dire une bêtise.

Henriette, comme elle aimait le faire, me mit au défi :

— Dis-la, ta bêtise, je suis capable de l'entendre!

Je la serrai dans mes bras et lui murmurai à l'oreille :

— Sainte Henriette, je t'adore.

— Sainte Henriette! s'écria-t-elle. Oui, il faut que je sois vraiment une sainte pour avoir marié un pareil nono!

Je la regardai dans les yeux et elle éclata de rire.

～

Le dimanche suivant, après une semaine où Henriette s'était évertuée à changer les idées de l'enfant, je l'accompagnai à l'Institution. Elle avait eu beau la prévenir qu'elle viendrait avec moi, Angélique se montra tout de même craintive à mon approche. Henriette m'avait bien averti :

— Tu devras y aller lentement. Il te faudra l'apprivoiser.

J'avais apporté quelques friandises. Je dis à Angélique :

— Es-tu contente de voir ton papa?

Elle mit du temps à répondre. J'ajoutai :

— Moi, je suis très heureux de te voir.

En disant cela, je me fis reproche d'avoir négligé de venir régulièrement. Comme elle ne répondait pas, je prononçai du mieux que je le pouvais :

— Ta maman m'assure que tu parles très bien maintenant.

Se rendant compte de ce qui se passait, Henriette me prévint :

— Tu as parlé trop vite. Attention à bien articuler quand tu lui parles. Elle doit pouvoir lire sur tes lèvres.

Je reposai ma question. Je vis les yeux de la petite briller et elle parla dans des mots que je ne pus saisir. Il fallait être habitué à sa façon de s'exprimer pour la comprendre. Henriette s'empressa de répéter à mon intention :

— Elle t'a dit qu'elle a appris à parler.

— Je te félicite, affirmai-je en m'efforçant de prononcer clairement. J'ai hâte que tu sois avec nous à la maison. Je t'emmènerai voir des animaux au parc. Tu auras beaucoup de plaisir.

Henriette m'arrêta.

— Ne l'inonde pas. Elle a de la misère à te suivre.

Reprenant lentement ce que je venais d'énoncer, Henriette revint sur le bonheur que nous aurions tous les deux de l'avoir avec nous. Puis, il lui vint une idée qu'elle s'empressa de communiquer à la petite.

— Quand tu seras avec nous, nous te ferons un très beau cadeau.

L'enfant ouvrit de grands yeux et demanda :

— Quel cadeau ?

— Pour ça, il faudra que tu reviennes.

Je poussai Henriette du coude.

— Tu lui fais du chantage ?

— Absolument pas. Je travaille pour nous et pour elle. Ici, on ne se gêne pas pour lui répéter que si elle se donne à Dieu, elle sera heureuse toute sa vie. Je peux bien lui dire que si elle vient chez nous, elle aura un beau cadeau.

— Quel cadeau ?

— Je t'en parlerai à la maison.

Nous restâmes encore longtemps avec elle, Henriette s'efforçant de faire parler la petite d'un peu tout ce qu'elle avait appris jusque-là, cela pour me familiariser avec sa façon particulière de s'exprimer. Quand nous la quittâmes, Henriette poussa un long soupir.

— Elle s'est tenue loin de toi. Au moins, elle ne s'est pas sauvée et n'a pas pleuré.

— Elle a quel âge maintenant ?

— Dix ans.

— J'aurais dû venir la voir régulièrement. Quand elle est devenue pensionnaire, je ne sais trop pourquoi, j'étais persuadé qu'elle ne nous reviendrait plus. En passant, puis-je savoir quel cadeau tu veux lui offrir ?

— Un petit chien.

— Un chien ?

— Oui ! Un animal de compagnie. N'oublie pas, Valois Ducharme, que cette enfant est sourde. Elle a besoin d'une présence. En attendant, ce chien deviendra son meilleur ami.

— En attendant ?

Henriette esquissa un sourire avant de laisser tomber :

— *Qui vivra verra.*

Chapitre 28

Les réflexions de Buies

Ce qui me frappait chez mes amis de l'Institut canadien, c'est qu'ils souhaitaient tous sincèrement que les gens puissent s'ouvrir aux idées nouvelles. Ils déploraient le fait que le clergé s'y opposât. Je me rendis vite compte qu'Arthur Buies était aussi actif, sinon plus, que l'avait été Jean-Baptiste-Éric Dorion. Il n'avait de cesse de souligner l'ignorance crasse des gens. Il ne s'attaquait pas à eux. Il soutenait qu'avec les enseignements qu'ils recevaient, on ne pouvait guère les blâmer de leur manque de culture. Cependant, il ne laissait jamais passer l'occasion de souligner tout ce qui lui déplaisait et notamment la façon d'agir du clergé. «Puisqu'ils ont la mainmise sur les écoles, nous devrions exiger des résultats de leur part. Ce n'est certes pas en additionnant des crucifix et en comptant des anges que nos enfants vont pouvoir un jour diriger notre pays.» Curieusement, il était toujours informé de la moindre aberration touchant l'enseignement. Il bouillait de pouvoir un jour révéler le tout à la connaissance de tous. Souvent, puisque je me trouvais toujours à mon poste à l'Institut, j'étais le premier informé de ses trouvailles.

— Connais-tu la dernière concernant Sa Grandeur?

— Non! Je brûle de l'apprendre.

— Figure-toi qu'après avoir rappelé qu'un institut four-
nissant n'importe quel volume à ses membres est l'instru-
ment choisi par le démon pour perdre les âmes, du même
souffle, il a fait savoir que des indulgences sont désormais
accordées à la lecture des bons livres. Si ça, ce n'est pas de
la discrimination…

— Des indulgences?

— N'est-ce pas de cette façon qu'on a fait construire
Saint-Pierre de Rome? Faut-il avoir l'esprit tordu pour
vendre aux gens naïfs de quoi assurer d'avance leur entrée au
paradis? Plus tu as de l'argent et plus tu en donnes à l'Église,
plus tu obtiens d'indulgences, donc plus grand est le nombre
de péchés pardonnés, moins longtemps tu resteras au purga-
toire et plus vite tu entreras au paradis. N'est-ce pas beau?
À quoi sert-il alors de se confesser, si on peut se faire pardonner autrement ses péchés? Voilà à présent que plus tu lis
de bons livres, plus tu te rapproches du ciel!

Je pouvais difficilement blâmer mon ami de dénoncer le
ridicule de ce système d'indulgences. Sachant qu'il avait de
ma part une écoute favorable, Arthur ne manqua pas d'en
rajouter. Il passa toutes sortes de commentaires sur tout ce
qui lui déplaisait, notamment les interventions de l'évêque
qui, soulignait-il, a le nez fourré partout et même dans le
lit conjugal. À ce sujet, il ajouta:

— D'après moi, il aimerait être à notre place. Tu sais que
notre ami Dessaules s'est fait demander par un bon catholique un truc quelconque pour dissuader le confesseur de
sa femme de lui faire des propositions malsaines.

— Et qu'est-ce que Dessaules lui a répondu?

— De dire à sa femme d'aller se confesser à un autre.

— Dessaules, remarquai-je, a toujours la réponse appro-
priée.

— Ce qui n'est pas le cas de Sa Grandeur. Si nous écoutions toutes les défenses et les interdictions qu'il sème à gauche et à droite, nous n'oserions pas avancer d'un pas, de peur de faire quelque chose de défendu.

Il tira de sa poche le carnet qui ne le quittait pas et se mit à énumérer, tout en les commentant, les dernières défenses de l'évêque.

— Il est défendu de lire les mauvais journaux, mais encore faut-il savoir ce qu'est un mauvais journal. Dans sa grande bonté, Bourget nous l'explique : *Un mauvais journal est un sanglier dans la vigne du Seigneur, un loup dans la bergerie du Bon Pasteur :* Bien entendu, les moutons sans défense dans la bergerie sont tous les bons catholiques réunis sous la houlette de l'évêque. Non content d'avoir donné cette explication, voilà que notre pasteur en rajoute.

Mon ami se mit à lire.

Le mauvais journal est celui qui est contraire à la religion dans sa foi et sa morale. S'il attaque la Divinité et la Religion, c'est un journal irréligieux, s'il s'en prend à des vérités divines et définies par l'Église, il est hérétique, s'il touche les mœurs, il est immoral et s'il a le malheur de se moquer des choses saintes et des personnes consacrées à Dieu, il est impie. Enfin s'il prône la liberté dans les opinions religieuses et politiques, c'est un journal libéral. Or, il n'est permis à personne d'être libre dans ses opinions religieuses et politiques. C'est à l'Église seule à enseigner à ses enfants à être de bons citoyens comme de bons chrétiens en leur apprenant les vrais principes de la foi et de la morale dont elle est la seule dépositaire. Tout journal libéral est donc dans l'erreur. La liberté d'opinion n'est donc rien d'autre que la liberté d'erreurs qui donnent la mort de l'âme. Un tel journal mène individu et société à la mort.

— C'est ainsi, enchaîna-t-il, qu'il a pu mettre en garde contre *Le Pays*, qui, selon lui, est un danger pour la religion.

À mon avis, il s'agit du seul journal intelligent que nous ayons présentement chez nous. Quand tu lis ce qui s'écrit dans *Les Mélanges religieux*, tu ne te demandes plus pourquoi les gens sont mélangés. Écoute bien ceci : *Il n'est pas requis pour être instituteur de sortir d'une école normale ou même d'avoir assisté à des leçons de pédagogie dans les grandes écoles primaires. Il suffit en général de passer les examens obligatoires et d'être un homme de caractère irréprochable, pénétré de sentiments religieux et comprenant les devoirs de la fonction qu'il veut remplir.* Voilà comment n'importe quel religieux, peu importe son degré d'ignorance, peut devenir instituteur et se faire prendre la main dans le pantalon d'un élève comme un certain abbé du Séminaire de Québec, conclut-il.

— Que dis-tu là ?

— Tu as bien compris. Dessaules pourra te le confirmer.

Comme il reprenait sa litanie, je le laissai s'exprimer. Il y prenait d'ailleurs plaisir. Il semblait profiter de ces moments privilégiés pour préparer les critiques à reproduire dans le journal qu'il se proposait de fonder. Il poursuivit :

— En plus des mauvais journaux, il y aurait les mauvais livres, le pire de tous étant celui d'Ernest Renan intitulé *La Vie de Jésus*. Je n'ai pas encore eu la chance de lire ce roman. À voir avec quelle haine notre évêque le maudit, je crois de mon devoir de m'empresser d'en prendre connaissance. Renan, à ce que j'en sais, ose dire dans ce roman que Jésus est un homme incomparable sans être un dieu. Il faut que tu entendes les récriminations de notre évêque à ce sujet : *Cet écrivain impie a publié un abominable roman, dans lequel il s'efforce de renverser les Autels érigés par le vrai Dieu, et fouler au pied la divinité de Jésus-Christ.*

Poursuivant sur le même ton, il enchaîna :

— De Bourget on ne pouvait pas s'attendre à mieux. Tout cela n'est rien, il faut que tu saches ce qu'il a proclamé ensuite. Il s'est adressé aux religieuses en ces termes : *Épouses chéries du divin Jésus.* J'ignorais que Jésus-Christ était à la tête d'un harem.

Après cette réflexion, comme s'il s'adressait des reproches, il grommela :

— Trêve de commentaires inutiles. Nous n'avons pas la liberté de raisonner. N'est-ce pas défendu par Sa Grandeur ? Cessons de nous complaire dans les pâturages de nos erreurs et revenons donc aux choses sérieuses. Laissons-nous attendrir par les propos édifiants de notre évêque.

Il en fit la lecture :

Épouses chéries du divin Jésus, je vais vous troubler en vous communiquant une lettre qui vous fera connaître les horribles blasphèmes que vient de vomir l'Enfer contre l'Adorable Personne de Notre-Seigneur.

Nous avons besoin de vous pour que vous vous fassiez victimes de Propitiation pour réparer tant d'injures. Dans l'élan de vos cœurs de Vierges, vous allez de vous-mêmes vous porter à la pratique des œuvres satisfactoires que l'instinct de votre piété ne manque jamais de vous faire trouver. Vous allez donc, comme d'innocentes tourterelles, remplir le Diocèse de vos voix plaintives et gémissantes, parce que le Dieu de majesté a été indignement outragé par des hommes qu'il a comblés de bienfaits.

— Je savais, continua-t-il en riant, que beaucoup de nos bonnes sœurs étaient innocentes. J'ignorais par contre qu'elles étaient des tourterelles. Tu sais d'ailleurs qu'il s'agit de l'espèce d'oiseau la moins intelligente.

Sa remarque me fit m'esclaffer. Arthur ne manquait pas d'esprit et avait souvent des réflexions teintées d'originalité. Par chance que mon ami aimait rire, sinon il aurait pu devenir ennuyeux tellement il était obsédé par les propos de l'évêque. Sur certains points, il me rappelait un peu Eustache de Chantal. Satisfait d'avoir détendu l'atmosphère, lui qui était un moulin à paroles poursuivit ses commentaires :

— Ne crois-tu pas, Valois, que notre évêque se surpasse ? Je n'ai d'ailleurs pas fini de t'étonner par toutes ses recommandations. Ce ne sont en fait que des défenses et interdictions. Il a même condamné le port de la crinoline. De quoi se mêle-t-il ? Ce sous-vêtement est tout à fait correct. Il est vrai que les robes qu'on jette par-dessus sont vraiment malcommodes à porter. À ce que je sache, il n'a pas besoin d'en mettre sous sa soutane. Il conseille de prendre tous les moyens possibles pour faire disparaître cette mode aussi ridicule qu'inconvenante. Il espère ne pas être contraint d'obliger les femmes à ne plus la porter en les menaçant de leur refuser les sacrements. N'est-ce pas beau ? Notre saint évêque se préoccupe même des dessous féminins !

Ainsi lancé, Arthur ne démordait pas. L'homme passionné qu'il était parlait avec son cœur et ne pouvait s'empêcher de laisser poindre son indignation.

— Avec en plus l'interdiction de fréquenter le théâtre ou l'opéra, ne nous demandons pas, cher ami, pourquoi la plupart des gens dans la rue marchent la tête basse et les fesses serrées. Encore chanceux qu'on leur permette toujours de se déplacer.

Il remit son carnet dans sa poche, me sourit et lança gaiement :

— Je ne t'accablerai pas plus longtemps. Je reviendrai sans doute bientôt avec d'autres épisodes tout aussi juteux et réjouissants des différentes mises en garde de Sa Grandeur.

Il me serra la main et partit du pas précipité de celui pour qui chaque minute compte. Je me remis au travail.

Chacune des réflexions de mon ami venait me conforter dans ce que je pensais. J'avais raison, tout comme Adalbert et Arthur, de demeurer fidèle à l'Institut canadien, le seul endroit où j'estimais pouvoir accéder à l'ensemble des connaissances qui m'aideraient à découvrir un sens à la vie.

Chapitre 29

Le retour d'Angélique

Un bon jour, au retour de mon travail, une surprise m'attendait. Angélique était revenue. Elle s'était habituée à moi grâce aux visites du dimanche et ne se montra pas trop effarouchée de ma présence. Henriette avait d'ailleurs pris soin de la préparer à mon arrivée. Ma première préoccupation fut de m'informer de la réaction de la petite quand elle avait quitté l'institution où elle vivait depuis plus de deux ans.

— Elle a versé quelques larmes en laissant ses compagnes. Cependant, la perspective de se retrouver seule avec nous ne semble pas la perturber. Aussitôt ici, elle s'est intéressée à tout ce qu'elle voyait. J'ai beaucoup échangé avec elle. Il y a une chose également qu'elle n'a pas oubliée.

— Quoi donc ?

— Son cadeau.

— Évidemment, fis-je. Où pourrons-nous trouver un chiot ?

— Dans le temps, des gens en vendaient au marché.

— Crois-tu que nous devrions l'emmener avec nous pour qu'elle le choisisse ?

Henriette réfléchit un peu.

— Je ne pense pas. Il faudra qu'elle se familiarise petit à petit avec son entourage. Je crains que l'agitation du marché ne l'effraie.

— J'irai en acheter un, pas plus tard que demain. Je quitterai l'Institut un peu plus tôt et ferai tout mon possible pour lui rapporter un chien.

Le lendemain, au cas où je ne puisse pas tenir promesse, Henriette s'abstint de prévenir la petite qu'elle aurait son cadeau le jour même. Quand elle me vit entrer, un chiot dans les mains, elle rappela à Angélique :

— Nous t'avions promis un cadeau si tu revenais à la maison avec nous.

— Oui ! se réjouit la petite, toute fébrile.

— Eh bien ! Regarde ce que papa a pour toi.

L'enfant ouvrit de grands yeux en me voyant lui tendre le chiot. Elle ne voulait pas croire qu'il était pour elle. Elle le prit doucement et, l'appuyant contre son cœur, se mit à le flatter avec délicatesse. Cette idée d'Henriette se révéla des plus judicieuses. Elle s'enquit :

— As-tu eu de la difficulté à l'obtenir ?

— Pas trop. Il y en avait quelques-uns à vendre au marché. Comme je ne voulais pas faire l'acquisition d'une bête qui deviendrait trop grosse, on m'a assuré que ce chiot, à maturité, sera de taille moyenne. Pour lors, il marche à peine et nécessitera des soins suivis. Ça occupera la petite. De plus, il faudra lui donner un nom.

— Je présume que tu en as déjà un en tête ?

— En effet.

— Puis-je le savoir ?

— La petite te le dira plus tard quand je le lui aurai appris.

Toute à son idée, Henriette poursuivit :

— Le chiot l'aidera à se changer les idées pour un temps. Tu sais, elle réclame déjà ses camarades de plus en plus souvent. Voilà pourquoi j'ai pensé à une autre démarche que nous devrions accomplir.

— Vraiment?

— La maison est assez grande. Nous pourrions accueillir une ou deux compagnes pour Angélique.

— Que dis-tu là?

— Elle a besoin de compagnie. Nous pourrions garder deux jeunes sourdes-muettes. Avec l'aide de la petite, je leur apprendrais à parler. Nous chargerions aux parents une modeste pension. Pour les recruter, nous pourrions faire paraître une annonce dans les journaux. Je meurs du désir d'enseigner à ces jeunes filles.

Pendant que la petite s'amusait avec son chiot en lui parlant constamment, je me mis en frais de formuler l'annonce à paraître dans le quotidien *La Minerve* et l'hebdomadaire *Le Pays*.

« Désireuse d'enseigner le langage parlé à de jeunes sourdes-muettes, madame Henriette Ducharme prie les parents qui auraient une jeune fille de dix à douze ans sourde et muette de bien vouloir entrer en communication avec elle, au numéro 50 de la rue Sainte-Élisabeth. Elle offre, pour une modique somme, de la prendre en pension et de lui apprendre à parler. »

Je me chargeai de porter l'annonce aux journaux. Dès le lendemain, pas moins de cinq personnes communiquèrent avec Henriette. La première, une femme dans la cinquantaine, fort bien portante, ne venait pas en son nom, mais en celui de sa fille, mère d'une petite fille de neuf ans ne parlant que par gestes. Elle ne pouvait pas la laisser seule. L'enfant n'avait jamais eu la chance, faute de place, de fréquenter l'Institution des sourdes-muettes. Cette femme paraissait douter des capacités d'Henriette à enseigner à parler à sa petite-fille. Henriette eut tôt fait de la convaincre en s'adressant à Angélique. Cependant, les démarches achoppèrent sur la question de la pension.

— Ma fille, expliqua-t-elle, ne travaille pas et a tout juste les moyens de manger. Il lui sera impossible de défrayer le coût d'une pension.

— Vous êtes la grand-mère, insista Henriette. Ne pourriez-vous rendre ce service à votre fille ?

— Je ne suis guère plus en moyen qu'elle.

Sans hésiter, Henriette proposa :

— Voici ce que nous allons faire. Vous allez me laisser votre adresse et je vous aviserai bientôt de ma décision de la prendre ou pas.

Henriette espérait que d'autres personnes répondraient à l'annonce et se donnait du temps avant de s'engager. Une deuxième femme se montra. Elle avait à peine posé les pieds dans la maison qu'elle se mit à chercher sur les murs un crucifix. N'en voyant pas, elle déclara :

— Je m'aperçois que cette demeure n'est pas habitée par des catholiques. Aussi je m'abstiendrai d'y emmener ma fille.

— À votre guise, commenta Henriette. Nous sommes dans un pays libre.

L'autre sortit aussi vite qu'elle était entrée. Au début de l'après-midi, une jeune femme bien mise, s'exprimant lentement et d'une douceur extrême, vint à son tour répondre à l'annonce.

— J'ai cinq enfants, raconta-t-elle. Françoise, ma fille de dix ans, est sourde et muette de naissance. Elle comprend cependant les signes que je lui fais. Nous avons établi une façon de communiquer. Comme je serais heureuse de l'entendre vraiment parler ! Elle n'est pas dépourvue, vous savez. Je pense qu'elle pourrait apprendre très vite. Avec les quatre autres, je n'ai pas le temps de m'occuper assez d'elle. Mon mari et moi ne sommes pas fortunés. Nous pourrions donner l'équivalent de ce que ça coûterait pour la nourrir.

Henriette accepta le marché. Le soir même, l'enfant arrivait et Angélique se montra ravie d'avoir une compagne. Une complicité s'installa tout de suite entre elles. Henriette se loua d'ailleurs d'avoir accepté cette pensionnaire, car les gens qui vinrent par la suite n'étaient que des écornifleurs. L'annonce avait joué son rôle et le bouche-à-oreille fit le reste. Deux semaines plus tard, une nouvelle pensionnaire entrait chez nous.

Il s'agissait cette fois d'une jeune fille de la campagne dont les parents se montrèrent fort généreux en promettant d'ajouter à la pension les denrées nécessaires pour nourrir à la fois Angélique, Françoise et leur fille, Anastasie.

Par la suite, Henriette dut recourir à toutes ses connaissances et à tout son doigté. Grâce à ce qu'elle avait appris durant les derniers mois de pensionnat d'Angélique, et avec l'aide de cette dernière, elle parvint à faire émettre leurs premiers sons aux nouvelles recrues. Pour son plus grand bonheur, son rêve de créer son institution pour sourdes-muettes prenait forme.

Chapitre 30

L'avenir de l'Institut

Arthur Buies avait bien raison de ne pas estimer monseigneur Bourget, lui qui s'acharnait contre l'Institut canadien. Le mot « tolérance » n'existait pas pour lui. Dessaules n'en avait-il pas donné une définition dont l'évêque aurait pu s'inspirer ? *La tolérance, c'est, au fond, l'humilité, l'idée que les autres nous valent ; c'est aussi la justice, l'idée qu'ils ont des droits qu'il ne nous est pas permis de violer.* Cette définition pouvait peut-être valoir pour d'autres, mais pour Sa Grandeur monseigneur Ignace Bourget, comme le rappelait Dessaules lui-même, elle n'avait pas sa raison d'être. Le mot « humilité » ne faisait pas partie de son vocabulaire. N'avait-il pas défendu aux catholiques, sans qu'ils aient un mot à dire, d'assister aux conférences qui se déroulaient à l'Institut ? Comme toujours, il n'avait pas mis de gants blancs pour formuler cette interdiction.

N'allez pas écouter ceux qui vous parlent hors du sein de l'Église. Faites attention en particulier aux lectures [conférences] qui peuvent se faire dans les Instituts littéraires. Si elles ont pour but de vous porter à mépriser l'Église, ou si elles sont contraires aux saintes vérités révélées par Dieu dans les divines Écritures, non seulement vous ne devez pas les croire, mais même il ne vous est pas permis d'aller les écouter. Ce serait encore une raison de

*plus pour vous de renoncer à un tel Institut, qui serait une chaire
de pestilence, pour tout un pays.*

— Avec de pareilles directives, se plaignait Dessaules,
comment pouvons-nous espérer voir un jour notre peuple
sortir de son ignorance ?

Les menaces qui pesaient sur l'Institut m'affectaient de
plus en plus. Pourtant je me plaisais dans mon travail et
j'aimais assister aux nombreuses activités qui s'y déroulaient : conférences, lectures ou débats très enrichissants sur
divers sujets. Arthur Buies avait grandement intéressé l'assistance par une conférence fort bien documentée sur le progrès. Louis-Antoine Dessaules, ce penseur de talent, avait
attiré des foules plusieurs soirs de suite par une conférence
très fouillée sur la guerre américaine, ses origines et ses
causes. Quant à Angello Tacchella, il avait fait le point sur
la cause et les effets de la guerre d'Italie. Plusieurs catholiques, inquiets de voir le pape perdre ses États, avaient osé
franchir les portes de l'Institut pour l'entendre.

C'est d'ailleurs à l'occasion d'une de ces conférences que
je pus faire plus ample connaissance avec Joseph Doutre,
un éminent membre de l'Institut. Ce journaliste et avocat
était également un auteur de talent. Il avait fait paraître un
roman intitulé *Les Fiancés de 1812*, ouvrage qui avait obtenu
un très grand succès. Il affirmait qu'il ne pouvait pas sentir
l'intolérance religieuse et l'hypocrisie de « ces pieux cheva-
liers de manchette, qui passent leur vie à l'église ou sous la
soutane d'un prêtre ».

Bien entendu, le journal *Les Mélanges religieux* décréta
que ce roman était *une œuvre assez immorale pour que les pères
en défendissent la lecture à leurs enfants et que si une femme en
commençait la lecture, elle ne pourrait s'empêcher de rougir et de
jeter loin d'elle une pareille production.* Tout cela n'empêcha

pas Doutre de continuer à écrire. Il n'hésita pas à s'opposer à Georges-Étienne Cartier et devint l'un des plus virulents anticléricaux de la province. Il attribuait l'ignorance politique et sociale des gens à l'instruction religieuse donnée dans les écoles et les collèges. Le jeune homme qui sort du collège, disait-il, « ne comprend rien aux réalités et aux mots tels que revenus, taxes, commerce, politique, élections, droit public, ni même à sport, bals et théâtre. Grâce à l'Institut canadien, ce même jeune homme peut désormais trouver immédiatement sa place dans la société. » Il ajoutait : « Voici en résumé quels sont les principes sociaux de la masse de notre population : manger et prier Dieu… On leur a appris à mépriser et à fuir tout le reste. »

Cet homme entier, s'adressant à moi pour emprunter un livre de la bibliothèque, me fit la recommandation suivante :

— Comme tu le sais, notre Institut est la cible d'attaques constantes. Tout le monde doit connaître sa grande valeur et savoir à quel point c'est un milieu progressiste. Nous avons la mission de tirer notre peuple hors du gouffre de l'ignorance dans lequel le clergé s'efforce de le maintenir. Je sais que tu mets à jour l'*Annuaire*, alors efforce-toi de le rendre le plus complet possible.

Je promis de redoubler d'ardeur. Il enchaîna :

— Tu n'ignores pas qu'en ce moment se joue l'avenir de notre peuple. D'un côté, il y a ceux qui prêchent pour l'union de toutes les provinces en une confédération, mais plus grave encore est la lutte de l'Église pour subordonner l'État à son pouvoir. Si jamais elle gagne, il en sera fait de nous. Ainsi maintenu sous la férule du clergé, il nous faudra des années sinon un siècle entier pour en sortir.

J'admirais cet homme, que son travail tenait, hélas, trop souvent loin de l'Institut. N'était-il pas membre du Barreau et bâtonnier, en plus de collaborer à des publications juridiques tout en plaidant des causes importantes ? Je n'hésitai pas à engager toute mon énergie à la réalisation du nouvel *Annuaire*.

Chapitre 31

La Confédération canadienne

Depuis plusieurs années, le pays était plongé dans un dilemme. Fallait-il ou non fédérer les différentes provinces sous un gouvernement central ? L'union du Haut et du Bas-Canada s'était faite au détriment du Bas-Canada. Plusieurs avaient encore sur le cœur cette union forcée qui avait contraint les habitants du Bas-Canada à partager de moitié la dette de plusieurs millions du Haut-Canada. Si on s'adressait aux libéraux du côté canadien-français, ils se montraient d'emblée contre cette confédération, tout comme Médéric Lanctôt, fondateur du parti de l'Union nationale.

Les raisons évoquées pour justifier leur opposition s'avéraient simples. Il y allait de la survie des Canadiens français. Leur discours, à peu de choses près, s'articulait ainsi :

Les Canadiens français doivent s'affranchir de l'union législative avec le Canada-Ouest qui les asservit, éviter la Confédération qui, par l'annexion des terres de la Compagnie de la Baie d'Hudson, va les noyer dans une mer anglo-saxonne. Ils ont le droit en tant que nationalité de former un état autonome. Ils en ont même le devoir. Les Canadiens français formeront un jour « une belle et grande famille », s'ils utilisent la colonisation, le commerce et l'industrie pour arrêter l'émigration de leurs compatriotes vers les États-Unis.

À l'Institut, Dessaules et la plupart de nos amis s'opposaient à cette confédération, pour de multiples raisons. Le projet était né dans le secret et sans consultation populaire. Nous craignions l'assimilation pure et simple des Canadiens français. Pour nous, il n'y avait rien de bon à en tirer. Nous deviendrions une minorité à la merci du reste du pays et soumise à la tyrannie d'une majorité parlementaire. Le gouvernement central ordonnerait et le gouvernement provincial n'aurait plus qu'à obéir.

Le 30 mars 1867, en entrant à l'Institut canadien, on se serait cru en deuil.

— Ils l'ont obtenu, m'informa Arthur. La reine vient d'adopter l'Acte de l'Amérique du Nord britannique. Leur maudite Confédération canadienne est maintenant chose faite.

— Nous n'y pouvons malheureusement rien.

— N'oublie jamais, cher ami, comme le souligne si souvent Sa Grandeur, que nous ne sommes que des brebis. Que font ces animaux, sinon suivre ?

— Parlant de Sa Grandeur, le coupai-je, il ne s'est pas prononcé sur cette question.

— C'est un rusé pasteur. Pourquoi n'est-il pas intervenu sur ce point comme il aime si bien se mêler de tout ? Je vais te le dire : il y a trop de ses grands amis qui s'y opposent. Maintenant que la chose est faite, tu vas le voir conseiller aux gens de se soumettre à l'autorité. Ce mot, ne l'affectionne-t-il pas particulièrement ?

Arthur s'arrêta là-dessus, puis il ajouta :

— Ne dépensons pas inutilement notre énergie à défaire ce qui existe maintenant. Il nous reste une façon de combattre la Confédération : les élections.

Si Arthur s'intéressait aux élections, je n'en avais cure. J'étais absorbé par la préparation de l'*Annuaire de l'Institut canadien* et je suivais de très loin la politique. Dessaules, qu'on ne voyait qu'occasionnellement à l'Institut, arriva sur les entrefaites et se mêla à notre conversation.

— Nous parlions d'élections, lui apprit Arthur.

— Les curés doivent jubiler, s'emporta Dessaules. Avec la semaine sainte et Pâques, voilà certainement le plus beau moment de l'année. Ils ont l'habitude au confessionnal de mettre leur nez dans le lit conjugal, ils ne manqueront pas de le fourrer – ah quel vilain mot! –, de l'allonger dans tout ce qui s'appelle "élection". Vous connaissez sûrement la directive de notre grand évêque là-dessus. "Ce sont les pasteurs qui doivent vous instruire à ce sujet." Vous devez savoir qu'il y a une grande différence entre "Votez ou ne votez pas pour tel candidat" et "Votez pour celui qui, en votre âme et conscience, vous paraît qualifié pour soutenir la religion et la patrie". De cette façon, chers amis, vous serez de mon avis, n'importe qui portant soutane se sent libre de promouvoir dans le secret du confessionnal le candidat désigné implicitement par l'évêque. Soyez assurés qu'ils ne s'en privent pas. Si au moins ils se contentaient de conseiller.

Connaissant Dessaules, je savais qu'il allait nous en apprendre des vertes et des pas mûres.

— Savez-vous qu'un curé a détourné une somme considérable de la fabrique de sa paroisse pour la donner au candidat de son choix aux élections?

— Pas vrai!

— Absolument. Bien plus, les professeurs du Collège Sainte-Thérèse ont fait écrire par leurs élèves une missive à leurs parents leur disant pour qui voter. J'en ai la preuve par la lettre suivante.

Il tira de sa poche un document et nous le montra avant de poursuivre :

— Lorsqu'il y a une épidémie de sauterelles, les gens ont la naïveté de croire qu'en faisant appel au curé, il va, par ses prières, conjurer ce fléau. Il y en a donc un qui fit appel au curé en ce sens. Ce dernier lui répondit : "Vous avez voté libéral, arrangez-vous avec eux pour voir ce qu'ils feront de vos sauterelles."

Cela nous fit bien rire. Il n'en avait pas fini. Il nous rapporta encore :

— Un curé en chaire a fait à ses paroissiens la comparaison suivante : "Qui choisiriez-vous pour ferrer vos chevaux entre un forgeron honnête et catholique ne sachant pas bien ferrer et un forgeron malhonnête, voleur et canaille qui ferre très bien les chevaux ? Eh bien ! Aux élections vous savez pour qui voter." Comme vous voyez, aux yeux de ce curé, il est préférable d'élire un candidat incompétent.

Après un moment de silence, il conclut :

— J'en aurais bien d'autres à vous raconter à propos de ces saints hommes, mais je crains de vous ennuyer. D'ailleurs, vous pourrez lire tout ça dans le volume que je prépare : *Le Petit Bréviaire des vices de notre clergé*. Je vous le dis, ce sera un livre des plus édifiants.

Chapitre 32

Henriette n'est plus seule

Depuis qu'elle enseignait à temps plein à Angélique et à nos deux pensionnaires, Henriette était occupée du matin au soir. Quand j'arrivais de l'Institut, elle me parlait avec enthousiasme des progrès réalisés par les petites. Un soir, profitant de ce qu'elle était occupée à préparer le souper et que les enfants s'amusaient avec le chien, je pris Angélique à part et, la regardant bien droit dans les yeux pour qu'elle puisse lire sur mes lèvres, je lui suggérai :

— Veux-tu donner un nom au chien ?

L'enfant avait bien compris. Elle répéta distinctement dans son langage particulier : « un nom au chien ».

— Papa a une suggestion. Tu veux la connaître ?

Voyant qu'elle se montrait réceptive à baptiser son chien, je lui fis répéter plusieurs fois le nom auquel j'avais pensé.

De la cuisine, Henriette appela :

— Le souper est prêt !

Je fis signe aux enfants qu'il était l'heure de manger. Elles se précipitèrent à table. Le potage aux carottes était servi. Elles commencèrent aussitôt à manger. J'en profitai pour prévenir Henriette :

— La petite a quelque chose de particulier à te dire.

Henriette, regardant Angélique dans les yeux, articula :

— Papa m'informe que tu as quelque chose à me dire ?

De prime abord, l'enfant ne sembla pas se rappeler. Puis, son visage s'illumina d'un sourire. Elle demanda :

— Le chien ?

Je fis oui de la tête. La petite articula non sans peine :

— Le chien Ignace.

— Ignace. D'où sort-elle ça ? s'enquit vivement Henriette. Puis, y pensant, elle s'écria :

— Pas Ignace !

J'étais si fier de mon coup que je ris à m'en taper les cuisses.

— Valois Ducharme, tu n'as pas l'intention que notre chien se nomme ainsi ? Le prénom de notre évêque, ça n'a pas de sens.

— Tu ne crois pas qu'il est assez chien pour ça ?

Henriette ne semblait pas emballée par la proposition. Angélique m'ayant vu m'esclaffer se mit à répéter « Ignace, Ignace ». Le seul qui demeura indifférent à ce nom fut le chien lui-même.

Puis je demandai :

— Tu as mieux à suggérer ?

Prise de court, Henriette ne savait quoi proposer. Finalement, elle se fit à l'idée. J'avais gagné et n'en étais pas peu fier. Je le fus encore plus quand, quelques jours plus tard, mon ami Adalbert me rendit visite et que j'appelai le petit chien qui comprenait maintenant fort bien son nom. Nous eûmes un plaisir fou à le voir s'amener en vitesse en branlant la queue à chacun de nos appels. Adalbert plaisanta :

— Je ne sais pas si Sa Grandeur nous rejoindrait avec autant d'enthousiasme si nous l'appelions.

L'épisode du chien Ignace était derrière nous depuis quelques semaines quand, un soir, alors qu'elle venait de mettre les enfants au lit et que, bien assise dans le fauteuil du salon, elle veillait tranquillement avec moi, Henriette me surprit :

— J'espère que tu n'appelleras pas Ignace l'enfant que je porte.

— Que dis-tu là ?

— Je dis bien ce que je dis.

Je me levai d'un bon et, me jetant à ses pieds, je l'enserrai dans mes bras.

— Ce n'est pas vrai ! Tu es en famille !

J'étais si énervé que je cherchais mon souffle tant le cœur me débattait. Je finis par balbutier :

— Tu ne peux pas savoir comment je suis heureux.

— Et moi alors ! Cette fois, je compte bien mener la tâche jusqu'au bout. Je te préviens tout de suite que je choisirai moi-même le nom, que ce soit un garçon ou une fille, et d'ailleurs la chose est déjà faite.

Pour la forme, je protestai :

— Je devrais avoir mon mot à dire là-dedans.

— M'as-tu laissé le choix pour Ignace ? Ne compte pas l'avoir cette fois-ci. Nous aurons dans la maison un petit Valère ou une petite Mélanie, un point c'est tout.

Je fus vraiment fier de la voir aussi déterminée. Au souvenir de ce qui s'était passé lors de sa première grossesse, je commençai cependant à m'inquiéter.

— Nous allons devoir embaucher une aide avant longtemps. Tu ne pourras pas tenir le coup avec Angélique et les deux autres. Je vais me mettre tout de suite à la recherche d'une personne qui pourra te seconder le temps venu.

Henriette répliqua :

— Pas avant quelques mois tout de même.

J'étais comblé. Il y avait si longtemps que j'attendais ce moment. Je fus aux petits soins pour Henriette et je prévins Eulalie. Elle promit d'être aux côtés de sa cousine en temps et lieu.

La grossesse se déroulait pour le mieux. Henriette continua à se dévouer auprès des petites qui apprenaient remarquablement bien. Les parents de Françoise et d'Anastasie le soulignaient avec plaisir lorsqu'ils venaient les voir.

Quand Henriette fut plus avancée dans sa grossesse, les parents d'Anastasie envoyèrent Armande, leur fille aînée, pour la seconder. Moi qui me démenais depuis un certain temps pour dénicher la perle rare, je n'eus plus à me tracasser. Mon épouse n'était plus seule. Si elle se préparait à enfanter un garçon ou une fille, moi, de mon côté, je m'efforçais de mettre au monde le plus bel annuaire que n'eût jamais produit l'Institut canadien. Mais plus Henriette approchait de son accouchement, plus je devenais nerveux. Je m'assurai qu'elle aurait l'assistance d'un des meilleurs médecins de Montréal. J'avais également pris arrangement avec une sage-femme d'expérience. Elle avait à son crédit plus de quatre cents accouchements. Soucieux, je lui expliquai ce qui s'était passé la première fois. En me tapotant la main comme on le fait à un enfant, elle me calma :

— Allons donc ! Un accouchement n'est pas une maladie. Si ç'a mal été la première fois, rien ne prouve que ça se répétera. Dormez sur vos deux oreilles, nous allons faire ce qu'il faut.

— Les médecins disaient qu'il était préférable qu'elle n'ait pas d'autres enfants.

— Les médecins ne sont pas des femmes. Non, ils ne peuvent pas savoir ce qui se passe dans notre corps et notre tête quand nous accouchons. Fiez-vous à moi. Je vais préparer votre Henriette à vous faire le plus beau des enfants. Cessez de vous préoccuper pour rien.

Le jour venu, prévenue juste à temps, Eulalie se présenta rue Sainte-Élisabeth. En la voyant paraître, Henriette se réjouit :

— Voilà mon porte-bonheur !

Eulalie s'approcha pour lui tenir la main. Comme par enchantement, quelques minutes plus tard, la petite Mélanie naissait. Quand la sage-femme la mit entre mes bras, elle commenta :

— Vous voyez, nous les femmes savons bien faire les choses. Si les hommes au moins voulaient apprendre de nous.

En l'entendant, le médecin, arrivé alors que tout était terminé, ne put retenir une grimace. Il s'abstint de commenter puisqu'il n'était pour rien dans la réussite de cet accouchement. La sage-femme, regardant Henriette et Eulalie, leur décocha un clin d'œil qui voulait tout dire.

Chapitre 33

La Lanterne

Arthur était parti pour Paris au printemps de 1867. Il revint de France tout fringant et n'aspirant qu'à une chose : reprendre le combat. Il me confia :

— Je suis mieux armé pour le faire. À Paris, j'ai côtoyé des hommes qui n'ont pas la langue dans leur poche et ne craignent pas d'émettre clairement leur opinion sur un peu tous les sujets. Ils dirigent un journal appelé *La Lanterne*. Eh bien, je vais publier bientôt un journal du même nom. Aimerais-tu savoir, cher ami, ce que je compte aborder dans le premier numéro ?

— Certainement. Ça m'intéresse au plus haut point.

— Eh bien ! Voici.

Il tira son éternel calepin de sa poche.

J'entre en guerre ouverte avec toutes les stupidités, toutes les hypocrisies, toutes les turpitudes ; c'est dire que je me mets à dos les trois quarts des hommes, fardeau lourd ! Quant aux femmes, je ne m'en plains pas, elles sont si légères ! Il y a deux catégories d'imbéciles, ceux qui le savent et ceux qui ne le savent pas. Ceux-ci sont les pires ; ils font des comptes-rendus dans La Minerve. *Quant aux autres, ils se consolent à la perspective du royaume des cieux.*

— Vraiment, fis-je en sifflant, voilà toute une entrée en matière. Tu ne crains pas de scandaliser tout le monde ?

— Absolument pas. Plus de la moitié de nos concitoyens sont trop imbéciles pour se rendre compte que je m'adresse à eux et les autres dorment si profondément qu'un troupeau de buffles lâché dans leur rue ne les réveillerait même pas.

— Quand penses-tu faire paraître le premier numéro ?

— Dans quelques jours. Ce n'est pas la matière qui va manquer. Je pourrais me contenter de reproduire les bêtises relevées dans les lettres et les mandements de Sa Grandeur, que j'en remplirais la majorité des pages. Écoute celle-là, par exemple. Il met en garde contre l'arrivée prochaine d'une troupe d'acteurs étrangers. Il écrit : *Cet événement doit nous inspirer des craintes plus sérieuses que si l'on nous annonçait une nouvelle apparition du choléra ou du typhus. Il est interdit aux catholiques de fréquenter l'Opéra Bouffe.*

Je demandai :

— Combien chaque numéro de ton journal comptera-t-il de pages ?

— Une quinzaine.

Comme il fallait s'y attendre, Arthur tirait à boulets rouges sur le clergé. Il y allait fort, mais rien ne l'arrêtait. Il s'était déjà permis d'écrire : *Le clergé est partout, il préside tout, et l'on ne peut penser et vouloir que ce qu'il permettra [...]. Ce n'est pas le triomphe de la religion qu'il cherche, mais la domination de la société.* Il en avait d'ailleurs contre cette volonté d'usurper le pouvoir civil. Il cherchait sincèrement à comprendre la foi chrétienne, se disant croyant, mais également assez intelligent pour trouver lui-même le chemin vers Dieu. Il n'avait pas besoin pour cela du fanatisme et des directives de l'Église et du clergé.

Je m'intéressai à sa publication. Arthur y était fidèle à lui-même. Il se battait pour faire triompher ses idées et ce qui lui tenait le plus à cœur, c'était la question de l'éducation. Il n'avait jamais cessé de répéter que les Canadiens français ne sortiraient de leur infériorité que le jour où ils deviendraient aussi instruits que les Anglo-Saxons. Selon lui, cela se réaliserait quand l'enseignement serait dispensé par des laïcs. Il s'en prenait aussi aux journaux comme *La Minerve* et *Le Nouveau Monde*, traitant leurs journalistes d'ignorants et de conservateurs. Je m'amusai beaucoup à la lecture de ce qu'il écrivait à propos du gouverneur général du Canada.

L'abus a chez nous toutes les formes. Aujourd'hui, il est sous celle d'un salaire de gouverneur général. Cet abus consiste à donner 10 000 louis par an à un homme qui n'en abuse pas. Je m'explique.

Si nous lui donnons 10 000 louis, c'est pour qu'il en fasse quelque chose ; c'est pour qu'il donne des dîners, des soupers, des bals et des levers... puisqu'un gouverneur anglais n'a guère autre chose à faire et que nous sommes tenus de l'avoir [...]. Au premier abord, il semblerait que, puisque c'est nous qui payons, c'est à nous de décider combien et pourquoi nous payons. Pas le moins du monde. Nous sommes dans l'erreur. Le premier devoir d'un colon est de payer sans savoir. Nous le remplissons fidèlement [...]. L'état colonial est un état unique ; il prépare un peuple à la grandeur et à la puissance par l'humiliation. Si tu veux commander, sache obéir, *dit le proverbe : c'est très bien, mais voilà trois cents ans que nous obéissons ; il serait temps que nous prissions l'habitude de commander.*

Un autre texte de son journal attira grandement mon attention :

Je me suis dit que, puisqu'on fait commerce de tout maintenant, je ne tarderais pas à trouver dans une colonne du Nouveau Monde *cette nouvelle annonce :*

Parfumerie religieuse : Odeur de sainteté pour le mouchoir. Odeur de vertu pour la toilette des dames.

Essence de purification extraite des os de saint Pacifique, à l'usage des pénitents qui sentent l'ail. Essence de componction pour les gencives. Eau de repentir distillée pour les yeux, combinée avec l'élixir de contrition pour les cœurs endurcis, etc., etc., etc.

À prendre : Une cuillerée à soupe après avoir péché, ou un verre à vin avant de se rendre à confesse.

En vente dans le soubassement de l'église des jésuites, à côté du compartiment réservé aux représentations théâtrales.

Ce n'était certes pas prudent de sa part. On peut s'imaginer que tout ce qu'il y avait de bien-pensant à Montréal et dans le reste du pays se monta contre Buies et son journal. Ils firent si bien qu'ils le contraignirent à en cesser la parution. Ce ne fut pas trop difficile. Il en confiait la vente à de jeunes enfants qui, aussitôt menacés, cessèrent leur travail. Quant aux libraires distributeurs de *La Lanterne*, comme monsieur Chapleau de la rue Notre-Dame, ils reçurent ordre de l'évêché de ne plus le vendre. S'ils n'obtempéraient pas, ils seraient contraints de fermer leurs portes, puisque les catholiques ne pourraient plus fréquenter leur librairie. Ainsi, l'un après l'autre, les dépôts où on vendait *La Lanterne* lui fermèrent leurs portes.

La disparition de son journal porta un dur coup à mon ami. À cela s'ajoutait le fait que l'Institut également avait de la difficulté à survivre. Monseigneur Bourget se frottait les mains. Jouant au martyr, il gagnait la partie. Quant à nous, devant tant de mépris, nous savions que le combat serait difficile et la côte dure à remonter. Nous ne baissions pas les bras pour autant.

Chapitre 34

L'*Annuaire de l'Institut*

Jamais je n'aurais cru, en rédigeant l'*Annuaire de l'Institut canadien* de 1868, qu'il ferait couler autant d'encre et serait la cause principale de toute la saga qui allait suivre. Notre cher évêque, se rendant à Rome pour assister au concile qui proclamerait l'infaillibilité papale, en apporta un exemplaire avec lui. Il était mécontent de constater que, malgré ses lettres pastorales et ses interventions vigoureuses, il n'était pas parvenu à obtenir la fermeture de l'Institut, qui comptait encore plus de sept cents membres. Il décida de se servir de notre *Annuaire* comme d'une arme contre nous.

Depuis deux ans, il s'était adressé à deux tribunaux de l'Église, certain d'obtenir gain de cause grâce à l'un ou à l'autre ; d'autant plus, et c'est bien connu, que ces tribunaux n'avaient qu'une idée maîtresse : condamner. Après avoir remis un mémoire à la Sacrée Congrégation de l'Inquisition dans lequel il justifiait ses interventions contre l'Institut, il en fit autant auprès du Saint-Office. Ce que je raconte là s'étala en fait sur deux ans. J'en appris les détails de la bouche de Joseph Doutre qui, voyant que Sa Grandeur manœuvrait contre nous à Rome, décida de s'y rendre. Il fallait entendre Doutre. Cet avocat, très grand plaideur, avait le verbe haut. À Rome comme ici, je ne doutais pas un instant qu'il avait su se faire entendre.

— Dès que me voilà à Rome, commença-t-il, je file, que dis-je, je cours au Vatican. J'y croise Sa Grandeur qui se fait toute petite pour ne pas me voir. J'y apprends, par le cardinal Barnabo auquel je m'adresse, que notre cause ne va guère bien. Notre v'limeux, pour ne pas dire notre venimeux, travaille très fort pour faire condamner l'Institut. À mon grand étonnement, je me rends compte que ce n'est pas l'Institut qui risque une condamnation, non, c'est l'*Annuaire* qu'on a mis à l'Index, ce qui n'est pas du tout la même chose.

Je vois encore Doutre se relever, bomber la poitrine, frapper du poing sur mon bureau avant de fulminer :

— Crois-le, crois-le pas, il a prétendu que l'Institut enseigne de mauvaises doctrines. Tu sais tout comme moi que l'Institut n'enseigne rien. La bande de bornés du Saint-Office l'a cru. Le pire, ce qui me fait rager le plus, c'est que notre saint homme s'est empressé d'écrire une lettre pour que tous ses admirateurs les curés la lisent aux prônes. Tu n'as qu'à bien la relire et tu verras comment cet homme est fourbe. Il s'est servi de la mise à l'Index de l'*Annuaire* pour laisser faussement entendre que l'Institut a été condamné par Rome, alors qu'au contraire il est toléré.

Prenant un grand respir, Doutre poursuivit :

— Tout cela, je l'ai mis sous le nez des gens du Saint-Office et même du tribunal qu'ils ont le front, là-bas, d'appeler la Sainte Inquisition. Qu'est-ce qu'elle a de sainte, veux-tu me le dire ? C'est le pire tribunal que la terre ait jamais porté. Sais-tu ce qu'on m'a répondu ?

Doutre rageait rien qu'à relater son expérience. Je n'osai pas intervenir pour tenter de le calmer. Cet homme entier parlait avec ses tripes.

— On m'a répliqué qu'on ne pourrait pas condamner notre hypocrite pour fausses représentations parce que ça

ferait scandale. Pour une fois que nos gens tout en cour-
bettes devant lui auraient pu prendre conscience de ce qu'il
est réellement! Tu vois, ils sont aussi malhonnêtes que lui.
Ça m'a rendu malade et je suis revenu bredouille, pendant
que cet imposteur triomphait loin de nous. Il devait être
bien heureux de ne pas avoir à nous affronter en nous
regardant droit dans les yeux. D'ailleurs, il est si habitué à
regarder ailleurs qu'il commence à loucher. De là à tenir
des propos louches et à contourner la vérité, il n'y a qu'un
pas qu'il n'hésite pas à franchir quand ça fait son affaire.
Cet avorton se prétend notre pasteur. Pauvres de nous!

Doutre déplorait la situation. Cette fois, il savait l'avenir
de l'Institut bel et bien menacé, tout comme nous.

— Pendant ce temps, à Rome, Bourget applaudit le pape
qui clame lui-même son infaillibilité et, rétrospectivement,
celle de tous ses prédécesseurs. Il ne connaissait sans doute
pas la vie d'Alexandre VI, ce Borgia, père de six enfants, qui
donna la pourpre cardinalice à son fils César âgé de dix-huit
ans. Qu'on me prouve l'infaillibilité de ce pape sans jugement. Nous luttons depuis des années pour tirer le peuple
de son marasme, lui qu'on a endormi depuis des siècles avec
les miracles de Jésus-Christ, en prenant bien soin de cacher
le visage maléfique de l'Église, pourtant si réel quand on
songe aux massacres des Albigeois et à ceux perpétrés par
les croisés et les templiers, et surtout à la Sainte Inquisition.
Tout cela, nos bons catholiques auraient été en droit de le
savoir. Ils se seraient empressés de faire disparaître leurs
encensoirs et auraient cessé de se prosterner pour baiser la
bague de nos prélats.

Les membres de l'Institut avaient amplement raison de
serrer les poings. Nous vivions à une époque où l'éducation
donnée à la plupart des Canadiens français ne dépassait pas

les notions primaires de lecture, d'écriture et d'arithmé-
tique. Je vis plusieurs membres de l'Institut baisser les bras.
En se servant de ce qu'il y avait de plus vil et de plus bas
en lui, celui qui se faisait appeler « Sa Grandeur » commençait à gagner la partie.

Chapitre 35

La condamnation
de l'Institut

Il y avait longtemps que le coup se préparait. Quelques semaines plus tôt, en revenant de la messe du dimanche, Henriette m'avait fait le reproche :

— Tu aurais dû venir à l'église ce matin, tu y aurais appris au prône que notre évêque a encore relancé la Sacrée Congrégation de l'Inquisition à Rome à propos de la condamnation de l'Institut canadien.

Je répondis sans trop de conviction :

— Il n'obtiendra pas cette condamnation parce que l'Institut ne fait qu'ouvrir sa bibliothèque à ses membres et mettre à leur disposition les livres qu'ils veulent bien consulter.

— Le curé au prône était déchaîné et indigné. Il a accusé l'Institut d'accueillir des protestants et de prêter des volumes à l'Index.

Un peu plus tard, en arrivant à l'Institut, j'y rencontrai mon ami Joseph Guibord qui m'annonça :

— Je suis porteur d'une mauvaise nouvelle.

— L'Institut ?

— En effet.

— Tu sais que nous avions adressé une pétition à Rome en 1865 pour nous plaindre de la conduite de monseigneur Bourget à notre égard. Nous y expliquions que nous étions de bons catholiques pratiquants et que notre évêque noircissait le tableau quand il s'en prenait à l'Institut. On nous accusa faussement d'avoir dépeint notre évêque dans les journaux comme étant un brouillon, un exalté, un persécuteur et un détraqué. Tu penses bien qu'il a réagi et expédié aussitôt à Rome une lettre de protestation et un mémoire demandant la condamnation de l'Institut. Rome a pris du temps à répondre. Il s'était adressé à la Sacrée Congrégation de l'Inquisition. Tu vois à quel point il peut nous haïr.

— Je sais, Doutre m'en avait parlé.

— Lis ceci !

Il me tendit un papier titré : *Circulaire de monseigneur Bourget au clergé.*

— Comment as-tu pu mettre la main là-dessus ?

— Peu importe. Ce qui compte est ce qu'on y trouve.

Je pris connaissance du document :

En 1865, l'Institut en a appelé à la Congrégation de la Propagande du jugement porté par moi à l'effet de refuser les derniers sacrements à quiconque s'obstinerait à en faire partie.

Je demandai :

— Qui avait écrit à Rome ?

— Nous étions dix-sept. Nous trouvions exagérée l'idée de l'évêque de refuser les derniers sacrements à quelqu'un juste parce qu'il était membre de l'Institut.

J'approuvai d'autant plus facilement que c'était mon cas.

— Vous aviez entièrement raison.

— Tellement, que Bourget a attendu sa réponse durant quatre ans. Elle vient d'arriver. Voilà pourquoi il s'est empressé de nous tomber dessus. L'*Annuaire* de 1868 était à l'Index, comme tu le sais. Eh bien! Comme si ce n'était pas assez, il a réussi également à faire mettre à l'Index celui de 1869. Comme tu peux le constater, toi qui les réalises, tu travailles pour rien.

Guibord reprit le papier et ajouta:

— Le pire, c'est qu'à travers ces mises à l'Index, il répand la rumeur que l'Institut est condamné, ce qui est entièrement faux. Ça le justifie de soutenir qu'en faisant partie de l'Institut nous sommes excommuniés. Quel maudit menteur!

— En effet.

— Valois, connais-tu les vrais motifs pour lesquels Bourget s'est tant débattu afin de parvenir à ses fins?

Il s'arrêta, puis, poussant un long soupir, poursuivit d'une voix indignée:

— Il accuse l'Institut de vouloir placer ses membres dans les chambres législatives, dans les ministères fédéraux et provinciaux, sur les bancs des juges, dans les diverses corporations du pays, au Barreau, etc. Monseigneur Bourget écrit: *Que deviendra donc notre pays de foi, si l'Institut canadien réussit à lui donner des législateurs, des juges, des hommes enfin qui auront demain toute l'influence?* Les voilà les vrais motifs qui le font s'opposer si fermement à l'Institut. Il a peur que les gens deviennent trop instruits. Il soutient même que *trop d'instruction peut être un don bien fatal pour celui qui la possède et qu'une bonne éducation élémentaire fondée sur des principes religieux suffit pour la masse de la population.* Il nivelle par le bas. En réalité, il craint de perdre le gros bout du bâton.

— Eh bien, fis-je. Qu'on vienne me convaincre ensuite que cet homme n'a pas d'ambition. Il est prêt à tout pour conserver son pouvoir.

— Comme tu dis vrai! Il vient de faire lire aux prônes dans toutes les églises que les annuaires ont été mis à l'Index par un décret du Saint-Office et qu'en conséquence, tout membre de l'Institut, tant qu'il professera des doctrines perverses et qu'il gardera ces annuaires sans y être autorisé par l'Église, se privera lui-même des sacrements à l'heure de la mort.

Joseph était indigné. Il se tut un moment, visiblement bouleversé, avant de dire dans un murmure :

— Je n'ai jamais vu quelqu'un d'aussi mauvaise foi que cet homme. Il est dangereux et prêt à tout pour ne pas perdre le pouvoir qu'il exerce sur le peuple. Ailleurs, on le qualifierait de dictateur, ici, on l'encense en disant de lui qu'il est un saint évêque. Je le punirai à ma façon.

— Comment?

— Il devra compter sur quelqu'un d'autre que moi pour réaliser la typographie et l'impression de ses circulaires.

— C'est à toi que l'imprimeur confiait ce travail?

— En effet. Ça t'explique pourquoi il m'était facile d'obtenir copie de tous ses écrits.

— Pour en revenir à ce que tu m'annonçais, continuai-je, maintenant que l'Institut est condamné, comptes-tu en demeurer membre quand même?

— Absolument! affirma Joseph. Et toi, cher ami, quelles sont tes intentions?

— Ce ne sont pas les menaces de cet homme qui me feront déguerpir d'ici.

— Tu m'en vois fort heureux. Puisque l'occasion m'en est donnée et que ces temps-ci les nouvelles s'avèrent mauvaises, je t'en confierai une qui me concerne. Les médecins ne me donnent plus très longtemps à vivre.

Je restai interdit.

— Que me dis-tu là?

— Mon cœur est de plus en plus faible. Si nos protestations à Rome ne sont pas bientôt entendues, tu peux t'attendre à ce qu'il y ait du tapage sur mon tombeau.

J'étais atterré d'entendre mon ami me parler avec tant de sang-froid et de détachement de sa mort prochaine. Je voulus l'encourager :

— Tu t'en remettras, voyons !

Il nia d'un geste vif de la tête.

— N'y compte pas trop, cher ami. Il y a des signes que l'on ressent qui ne trompent guère. Chose certaine, je ne ferai pas à cet homme pour lequel je n'ai aucune admiration le plaisir de quitter les rangs de notre Institut en raison de ses menaces injustifiées. Comme pour sa cathédrale, il fait passer son intérêt personnel avant celui de la communauté. S'il compte nous garder encore longtemps dans l'ignorance, il se trompe. Un jour notre message passera. Cher ami, tu es encore jeune, j'espère que tu n'oublieras pas mes paroles et que tu continueras le combat.

Avant que je ne puisse ajouter quoi que ce soit, Joseph me salua et se dirigea doucement vers la porte en posant son chapeau haut de forme sur sa tête. J'eus un serrement de cœur et remarquai qu'en dépit de ses propos encore fermes, sa démarche, hélas, devenait quelque peu chancelante.

Chapitre 36

Une promenade dans Montréal

J'en avais pris l'habitude, j'aimais me balader dans Montréal. Une des meilleures façons de le faire consistait à prendre le tramway comme nous en avions déjà fait l'expérience, Henriette et moi. Cette fois, je décidai que Mélanie et les filles nous accompagneraient. Je tenais à ce que malgré leur handicap elles puissent se familiariser avec la ville et ses environs. Nous fîmes là une de nos plus belles sorties. Les filles se relayèrent pour pousser le carrosse de la petite. Il faut dire qu'Henriette avait du coup trois autres petites mères pour s'occuper de Mélanie. Si les enfants avaient eu l'occasion d'admirer plusieurs vues en stéréoscopie de la ville, elles purent enfin les découvrir *de visu*.

J'eus l'idée de les emmener aux endroits où les photos avaient été prises. Nous prîmes le tramway jusqu'au square Victoria. J'avais hâte de voir si elles reconnaîtraient les lieux figurant sur nos cartes stéréoscopiques. Les enfants s'émerveillent facilement. Ce fut un plaisir de les voir deviner tout de suite à quel endroit nous nous trouvions ; elles les identifiaient sans hésiter. Elles firent de même par la suite pour les maisons qu'elles avaient vues sur les photos stéréoscopiques. Elles se poussaient du coude et se les montraient en riant.

La voiture de tramway dans laquelle nous prenions place se déplaçait lentement, au rythme des chevaux qui la tiraient. C'était là un moyen merveilleux d'explorer la ville, surtout avec de jeunes enfants. Nous pûmes de la sorte leur montrer le Château Ramesay, de même que la magnifique maison de monsieur McGill, la colonne de l'amiral Nelson et l'emplacement où on parlait d'installer la statue de la reine Victoria, au square qui portait son nom. La reine n'y avait jamais mis les pieds. Toutefois, elle comptait déjà dans notre ville deux sites qui ne manquaient pas de la rappeler à notre mémoire, le pont Victoria et ce square, autrefois le Marché au foin.

Quand nous arrivâmes à l'église Notre-Dame, Henriette insista pour montrer l'intérieur aux enfants. Ce fut facile de leur faire comprendre qu'il ne fallait pas parler dans l'église. D'ailleurs, Henriette les avait déjà emmenées à la messe du dimanche à l'église Saint-Jacques. Après cette visite, je proposai à Henriette :

— Que dirais-tu si nous allions du côté du fleuve ?

Son visage s'illumina.

— Qu'y a-t-il de plus beau que le fleuve par un dimanche après-midi en famille ?

Nous y flânâmes un bon moment, les petites s'amusant à lancer des cailloux dans l'eau. Je remarquai à quel point la ville était tranquille et me demandai si ce n'était pas le manque d'activités qui faisait qu'au moindre événement inhabituel, on donnait dans la démesure. N'était-ce pas ce qui s'était produit lors du service de monsieur Darcy McGee ? Ça se répétait quand l'évêque décidait d'une procession solennelle, comme celle qu'il avait organisée lors de la proclamation du dogme de l'Immaculée Conception. Pour lors, à part le service de McGee, on ne pouvait pas dire qu'il s'était passé beaucoup de choses importantes en ville dernièrement. Il y avait eu le départ des zouaves pour combattre en Italie et défendre le pape. Depuis, c'était le calme plat. Les seuls endroits où nous pouvions détecter un peu d'activité étaient le port et le marché.

Avant de partir de la maison pour ce saut en ville, les petites avaient insisté pour que nous emmenions Ignace. Je trouvais que nous étions déjà bien assez sans cela. Je me le fis remettre sur le nez quand, de retour à la maison, nous constatâmes que le chien n'était plus dans la cour. Il était parvenu à sauter la clôture. Ce fut la consternation. Je me mis à sa recherche dans les environs, sans succès. Les enfants, et surtout Angélique, étaient désolées, ce qui m'incita à offrir une récompense à qui nous le ramènerait. Je fis insérer l'annonce suivante dans *La Minerve*.

« Perdu, rue Sainte-Élisabeth, un chien blond à poil long et frisé répondant au nom d'Ignace. Récompense promise à qui le ramènera au bureau du journal *La Minerve*. »

Henriette ne manqua pas, une fois de plus, de me reprocher de l'avoir appelé Ignace.

— Que vont dire les gens ?

— Ce qu'ils voudront. Peu m'importe, pourvu que quelqu'un nous le rapporte.

Plus d'une semaine après la parution de l'annonce dans le journal, j'eus enfin des nouvelles d'Ignace. J'appris qu'une femme avait ramené le chien au journal et je tins à lui remettre moi-même la récompense promise. Quelle ne fut pas ma surprise de me retrouver face à Ariane, notre ancienne cuisinière à la villa. Nous avions perdu sa trace après l'incendie et notre départ pour Sainte-Angèle. Elle avait laissé entendre qu'elle chercherait du travail quelque part aux alentours. C'est effectivement ce qui était survenu.

Elle avait déniché une place de cuisinière dans une maison cossue de la rue Saint-Jacques. Or, un beau matin, elle vit du côté de sa cuisine un petit chien perdu, tout crotté, et qui semblait affamé. Elle le nourrit avec l'idée de le garder éventuellement quand, par hasard, en mettant la main sur un numéro de *La Minerve* vieux de plus d'une semaine, dont elle voulait se servir pour envelopper des restes de nourriture, elle vit l'annonce. Je fus tout heureux de récupérer Ignace, mais encore plus de revoir Ariane. Ayant noté son adresse, je lui dis que je passerais bientôt pour l'inviter à dîner à la maison, me gardant bien d'informer Henriette de cette heureuse rencontre.

À la première occasion, Ariane ayant congé le dimanche, je la conviai à la maison pendant qu'Henriette était à la messe. Quel ne fut pas son étonnement de la retrouver chez nous à son retour de l'église et quel bonheur les deux femmes éprouvèrent-elles de se revoir ! Tout l'après-midi, elles se remémorèrent les bons moments du passé.

Quand j'expliquai à Henriette de quelle façon j'avais retrouvé Ariane, elle ne voulut pas le croire. Ariane dut le lui confirmer. Nous eûmes par elle des nouvelles d'Antoinette qui, après quelque temps comme servante dans une famille juive de Montréal, était tombée malade et avait quitté ce monde. Comme Ariane nous l'expliqua, la pauvre avait eu toutes les misères du monde à recevoir les derniers sacrements parce qu'elle travaillait pour des Juifs. Quant à Norbert, elle l'avait perdu de vue et ne savait pas ce qu'il était devenu.

Ariane fut impressionnée par le fait qu'Henriette gardait des sourdes-muettes. Elle l'avisa que si jamais nous avions idée d'en héberger une autre, elle connaissait une jeune fille dont les parents seraient très heureux de la voir chez nous.

Quand Ariane nous eut laissés, non sans lui faire promettre de revenir nous voir, je fis cette observation à Henriette :

— Dans la vie, rien n'arrive pour rien. Si Ignace ne s'était pas sauvé, nous n'aurions sans doute jamais eu de nouvelles d'Ariane.

Henriette ne sut quoi répondre, et j'ajoutai à la blague :

— Tu te souviendras qu'il s'agit là du premier miracle de notre Ignace.

Elle avait en main un torchon qu'elle me lança. Je l'attrapai en lui répétant :

— Admets que la vie nous cause parfois de vraies belles surprises !

Chapitre 37

Le décès de Joseph Guibord

Si la vie est l'occasion de belles surprises, elle ne manque pas non plus de nous apporter de mauvaises nouvelles. Adalbert arriva un matin à l'Institut. À son air, je compris que quelque chose ne tournait pas rond. Il ne prit pas de détour :

— Notre ami Joseph n'est plus.

Joseph Guibord, mort ? Je ne voulais pas le croire. Je le revoyais la dernière fois que nous nous étions parlé et j'entendais ses paroles. Il sentait réellement sa mort prochaine. Je demandai à Adalbert :

— Sera-t-il exposé chez lui ?

— Oui, à compter de demain.

L'émotion me serra la gorge et je me promis d'aller veiller au corps. Je comptais y apprendre les détails concernant son service et son enterrement. Quand j'arrivai chez lui le lendemain, ce fut pour me faire dire qu'il y avait des problèmes quant à son inhumation. Dessaules m'expliqua :

— La veuve de Joseph s'est rendue au presbytère afin d'obtenir la permission nécessaire pour l'enterrer dans le cimetière catholique. Elle a essuyé un refus du curé Rousselot.

— Pourquoi donc?

— Il lui a appris que par ordre du grand vicaire, son mari ne serait pas enterré dans le cimetière principal. La famille devra se contenter de le faire inhumer dans la partie réservée aux criminels et aux enfants morts sans baptême.

— Comment sa femme a-t-elle réagi?

— Tu la connais mieux que moi. Elle a demandé: "Pourquoi refuse-t-on la sépulture chrétienne à mon mari?" Le curé n'a pas tourné autour du pot. Il lui a dit carrément: "Parce qu'il faisait partie de l'Institut canadien." Elle lui a répliqué: "Avez-vous décidé de refuser la sépulture chrétienne à tous les membres de l'Institut canadien?" Le curé a répondu: "Je ne saurais vous le dire, madame. Le grand vicaire ou monseigneur l'évêque sont, à mon avis, les seuls qui pourraient vous en informer."

— Pauvre femme, la plaignis-je. La voilà aux prises avec Bourget. Il est encore à Rome et trouve quand même le moyen de faire du trouble ici.

— C'est comme ça, conclut Dessaules.

Je désirais savoir comment les choses allaient se dérouler pour la suite. Dessaules m'informa:

— Madame Guibord n'était pas contente. Comme il s'agit d'une femme peu instruite et sans défense, elle est venue me chercher pour réclamer de l'aide.

Je demandai:

— Pour quel motif fait-on exception pour Joseph Guibord? Après tout, des membres de l'Institut canadien sont morts récemment et ils ont été enterrés en terre chrétienne. L'évêque a besoin d'avoir de bonnes raisons pour agir de la sorte envers Joseph.

— Je crois que Sa Grandeur est frustrée de ne pas avoir obtenu la réponse désirée de la Sacrée Congrégation à propos de l'Institut. Il veut faire un exemple et soumettre les membres aux directives de l'Église catholique. On nous avait demandé de purger notre bibliothèque des livres à l'Index. Nous ne l'avons pas fait et nous nous sommes opposés à Bourget en écrivant une lettre de protestation à Rome. Tu sais que Sa Grandeur n'accepte pas que l'on mette en doute ses idées et ses directives. Vexé, notre cher évêque désire se venger et le sort a voulu que ça tombe sur le dos de ce pauvre Joseph. D'après ce que j'ai pu apprendre, le grand vicaire Truteau a reçu une lettre de Rome il y a quelques jours à peine.

Je me souvins de la lettre que l'évêque, voyant que nous tenions notre bout, avait écrite et qu'il concluait ainsi :

Tous comprendront qu'en matière si grave, il n'y a pas d'absolution, pas même à l'article de la mort, à ceux qui ne voudraient pas renoncer à l'Institut.

Insatisfait de cette simple déclaration, il avait fait lire une lettre similaire dans toutes les églises du diocèse. Je compris que Joseph, toujours membre de l'Institut, avait eu le malheur de mourir au mauvais moment. L'évêque n'allait pas perdre la face. Aussi avait-il décidé de le faire payer pour tous. Mort sans absolution, Joseph ne pouvait pas être inhumé en terre chrétienne. Dessaules promit :

— On n'en restera pas là.

— Que comptes-tu faire ?

— Joseph sera enterré dans un lot catholique du cimetière de la Côte-des-Neiges.

— Est-ce qu'il en avait un ?

— Non ! Seulement, un membre de l'Institut a généreusement donné le sien.

Le lendemain, j'étais parmi les amis qui accompagnèrent la dépouille de Joseph à son dernier repos. Une fois arrivé à la porte du cimetière, le propriétaire du corbillard arrêta son cheval et ne voulut pas continuer plus loin. On déposa le cercueil sur une traîne et on le tira jusqu'au charnier. Parvenus là, le gardien refusa que le corps y soit déposé. Il avait reçu des ordres du curé. Nous étions dimanche et l'inhumation devait avoir lieu le lundi. Que pouvions-nous faire dans une telle situation ? Nous ne pouvions pas laisser le corps hors du charnier. Le fossoyeur sur place offrit, contre un dollar, de creuser une fosse dans la partie réservée aux criminels et aux enfants morts sans baptême. Il se fit répondre de verte façon. Il nous fallut repartir avec le cercueil et nous allâmes le déposer au charnier du cimetière protestant du mont Royal, pas très distant de là.

L'inhumation ayant été fixée au lendemain, nous n'étions pas moins de deux cents pour ramener la dépouille de notre ami au cimetière catholique. Il y avait maintenant une semaine qu'il était mort. Le curé refusa de célébrer le service, qui n'eut donc pas lieu. Messieurs Doutre, Perreault, Dorion et Perkins firent de courtes allocutions et le corps resta au charnier du cimetière protestant. Dessaules pour sa part fulminait.

Dès lors, l'avocat Rodolphe Laflamme, secondé par Joseph Doutre, prit les choses en main et intenta un procès au curé et à la fabrique Notre-Dame. Jamais nous n'aurions cru que le refus d'enterrer un membre de notre Institut en terre catholique allait soulever autant de passion. Notre ami Dessaules prononça une conférence à l'Institut, qu'il intitula *L'Affaire Guibord*. Il rappela tout ce qui s'était passé auparavant et en particulier les luttes de monseigneur Bourget pour faire condamner l'Institut. Dans cette conférence, il toucha du doigt la vraie raison pour laquelle l'évêque tenait son bout en refusant que Joseph Guibord soit inhumé en terre catholique. Cela n'avait rien à voir avec l'homme lui-même. Il voulait faire valoir devant les tribunaux la suprématie de la religion sur le civil. Il s'agissait de tout le débat de la supériorité de l'Église sur l'État.

Le procès débuta en 1870. Aucun de nous n'aurait pu croire qu'il durerait cinq ans, avec tout ce que cela comporterait de luttes, de déchirements et de peines.

Chapitre 38

Marie-Reine-du-Monde

Durant son séjour à Rome, où il assistait au concile, Sa Grandeur – titre bien choisi, car il avait effectivement des idées de grandeur – avait fait un pas décisif dans la réalisation de son rêve. En effet, les travaux pour la construction de sa cathédrale avaient repris et monseigneur les dirigeait de loin. Il écrivit :

Cette église, pour atteindre son but et répondre aux besoins [...], aura trois cents pieds de long, sur une largeur et une hauteur proportionnées, plus un vestibule de vingt pieds de profondeur, lequel sera construit plus tard.

Après qu'on eut englouti des sommes considérables dans ce projet, une crise économique sans précédent s'abattit sur nous. Comme l'avaient si souvent soutenu Adalbert et Arthur, il aurait été bien plus sage de consacrer ces milliers de dollars au bien-être des plus démunis plutôt qu'à l'édification d'un monument de pierre pour satisfaire l'orgueil de notre évêque.

Pendant des années, de la fameuse cathédrale, on ne vit que des murs et un dôme inachevés. Le bâtiment était envahi l'hiver par la neige et les glaces. Au printemps et tout l'été, les oiseaux y faisaient allègrement leur nid. Une histoire bien triste que celle-là, un peu comme celles qui allaient marquer les dernières années de la vie de monseigneur Bourget, dont la haine finirait par ruiner les nerfs. Il y en aurait eu encore bien long à raconter à son sujet. N'était-il pas en quelque sorte le prince de Montréal ? N'avait-il pas l'ambition de faire de Montréal une petite Rome ? On l'encensait de toute part. Il était parvenu à inonder son diocèse de milliers de religieux et de religieuses. Montréal était à ses pieds. Quant à nous, libres penseurs et membres de l'Institut canadien, nous avions encore bien des luttes à mener pour simplement espérer voir nos idées se frayer un chemin dans l'esprit de nos concitoyens, figés dans leurs croyances et incapables de s'imaginer une vie différente malgré leur rêve d'une plus grande liberté.

Nous savions tous qu'un jour ou l'autre, cette cathédrale qui tardait à prendre forme s'élèverait et deviendrait un des lieux les plus importants de Montréal. Mon ami Arthur avait sur ce sujet des idées avant-gardistes dont il me fit part :

— Sais-tu que si on savait utiliser les églises comme du monde, je ne serais pas opposé à leur construction ?

— Vraiment ?

— L'argent employé à cette fin est en réalité l'argent de chacun et en conséquence ces temples devraient servir à tout le monde.

— Que dis-tu là ? Ils accommodent tout le monde.

— Oui, pour la messe du dimanche. Mais le reste de la journée et de la semaine, pendant combien de temps ces églises sont-elles utilisées ?

— Je l'ignore ! Il est vrai que ces bâtiments ne sont fréquentés que lors des messes et des offices religieux.

— … et coûtent des fortunes en chauffage l'hiver.

Je ne voyais pas trop où il voulait en venir. Il ne tarda pas à énoncer son idée.

— Une église sert à honorer Dieu. Est-ce lui qui a le plus besoin d'un toit et de chaleur en hiver ?

— Certainement pas.

— Tu seras d'accord avec moi que les pauvres devraient profiter d'un tel toit. À mon avis, les églises devraient servir de refuge aux pauvres la nuit et même le jour quand il ne s'y passe rien. Je suis persuadé que Dieu ne s'en plaindrait pas. On rassemble des milliers sinon des millions de dollars pour construire partout des demeures à Dieu et on ne parvient pas à obtenir les sommes nécessaires pour offrir le moindre abri aux plus pauvres d'entre nous. Explique-moi où est la logique là-dedans ?

J'admis que ce raisonnement était plein de bon sens, me rendant compte que des objections comme « la chose est impossible » ou « qui verrait à l'entretien des églises ? » n'avaient pas réellement leur raison d'être.

— Ce n'est qu'une question de point de vue, affirma Arthur. Plus une façon d'agir est ancienne, moins nous avons de chance de la voir changer. Une idée comme celle que je viens d'émettre n'effleure même pas l'esprit des évêques et des prêtres. Tout pour la gloire de Dieu. Quant aux pauvres, qu'ils se débrouillent. Non, vraiment, ce n'est pas demain la veille que nous verrons changer ces façons de faire admises depuis des siècles et pratiquement coulées dans le béton. Sa Grandeur notre évêque va l'avoir, sa cathédrale.

Chapitre 39

Un nouveau journal

Chaque fois qu'Adalbert nous rendait visite, il nous entretenait de quelque chose qu'il avait découvert ou encore nous rapportait ce qui se passait à Montréal, ville pas très animée, sauf pour le commerce, car pour les loisirs, il fallait regarder ailleurs ou encore être Canadien anglais. Il arriva un beau midi, toujours de bonne humeur selon son habitude et annonça :

— Mon cher ami, notre monde vient de s'enrichir d'un nouveau journal. Il y a lieu de se demander comment nous avons pu vivre jusqu'à aujourd'hui sans de telles pages. Les propos qu'on y lit sont tellement relevés qu'on ne peut pas croire que son auteur ait attendu si longtemps pour nous les faire connaître. Ouvre grand tes deux oreilles et écoute bien ces paroles profondes qui vont certainement te toucher jusqu'au fond du cœur.

Il tira de sa poche un exemplaire du journal en question et commença sa lecture d'une voix de prédicateur :

Nous lisons dans les Saintes Écritures qu'il adviendra une triste époque où la vérité sera affaiblie parmi les enfants des hommes et où les intelligences ne pourront plus supporter une doctrine forte et un enseignement prolongé. Ne sommes-nous pas arrivés à ce temps déplorable ?

Il s'arrêta et, le plus sérieusement du monde, répéta :

— Ne sommes-nous pas arrivés à ce temps déplorable ?

Je m'exclamai :

— Ne tente pas de me faire marcher ! Lis plutôt la suite pour mon édification personnelle.

Il poursuivit :

Aujourd'hui aime-t-on la lecture d'ouvrages sérieux et de longue haleine ? Non, pourrions-nous répondre avec tous ceux qui observent attentivement ce qui se passe autour d'eux.

Délaissant de nouveau sa lecture, il commenta :

— L'auteur de ces lignes n'a-t-il pas raison ? Qu'en penses-tu, cher ami ?

— Il n'a pas tort. Il est vrai que les gens ne lisent plus de longs ouvrages.

— Pour une fois que toi comme moi sommes d'accord avec un de nos prêtres, il aurait été préférable qu'il s'en tienne à ça. Écoute la suite et tu verras dépasser le bout de la soutane : *Aussi, l'esprit des ténèbres [...] porte-t-il des agents à distribuer l'erreur par parcelles et dans de courts feuillets, afin de la faire accepter sans défiance, et de miner ainsi la base de la société chrétienne. Le mal est ici comme ailleurs. Déjà, dans nos villes, dans nos grands centres, dans nos bateaux à vapeur, sur les voies ferrées, etc. sont répandus, à profusion, des pamphlets, des feuilletons, des romans dont la lecture, aussi dangereuse qu'attrayante, énerve les esprits, corrompt les mœurs, emprisonne les intelligences.*

Levant les yeux de son texte et me regardant, Adalbert soupira :

— N'est-ce pas triste à mourir ?

Je ne daignai pas répondre. Voyant cela, mon ami enchaîna :

Si nous voulons faire goûter la vérité, faire triompher les principes qui seuls peuvent préserver les sociétés et sanctifier les individus, nous devons user des moyens qu'ils emploient si efficacement pour propager le mensonge, les illusions et l'erreur sous toutes ses formes […]. Il faut suivre pas à pas ceux qui se donnent l'infernale mission de pervertir la famille chrétienne, de saper la société par sa base, de ruiner l'autorité. Il faut les rencontrer partout, dans les cités, dans les campagnes, sur mer, sur terre… C'est dans ce but […] que nous entrons en lice aujourd'hui, et que nous publions le premier numéro de La Gazette des Familles canadiennes.

Adalbert me demanda :

— Dis-moi au moins si tu crois que ce nouveau journal est appelé à une longue vie.

— Il faudrait d'abord que je sache ce qu'on compte y publier.

— Ce bon abbé le précise : *Nous aurons donc pour but de nourrir la piété, d'encourager à la pratique du bien, et de détourner des lectures malsaines et remplies de dangers. Nous emprunterons beaucoup au* Rosier de Marie, *au* Messager du Sacré-Cœur, *au* Journal des bons exemples, *etc.*

— Probablement fera-t-il un bout de chemin, dis-je, car nos gens sont friands de tout ce qui sort de l'ordinaire. Ils ont soif de miracles. Et, d'après ce que j'entends, les pages de ce journal en seront certainement remplies.

— Permets-moi de différer un peu de ton avis, intervint Adalbert.

— À quel propos ?

— Il est vrai que nos gens sont fascinés par tout ce qui est miracle ou y ressemble. Ce qui jette un doute dans mon esprit sur la réussite de cette *Gazette des familles canadiennes* est tout simplement ce qui suit : *Ah ! nous connaissons dans* chaque paroisse un homme de bien qui prend plaisir à secourir tous les nécessiteux, un homme qui saisit toutes les occasions d'être utile à ses semblables, etc. Cet homme, vous l'avez déjà nommé : c'est monsieur le curé… C'est donc sous le patronage de monsieur le curé que nous soumettons notre petite gazette ; et nous sommes certains que ce patronage lui portera bonheur.

Je m'enquis :

— Ne trouves-tu pas qu'il s'agit d'un bon choix ?

— Après ce que Dessaules m'a fait lire de son *Petit Bréviaire des vices de notre clergé*, permets-moi d'en douter.

— Comment, ironisai-je, nos curés auraient-ils des vices ?

Adalbert joua l'indignation.

— Si notre évêque t'entendait, tu serais excommunié sur-le-champ !

— Je le suis déjà, tout comme toi et nos amis de l'Institut, et ça ne nous empêche pas de vivre.

— En effet, mais ça ne nous facilite pas la vie. Parlant de l'Institut, j'ai hâte d'entendre notre ami Arthur dans ce qu'il nomme sa dernière intervention entre ses murs.

— Et sûrement l'une des dernières d'ailleurs, vu tout ce qui se trame contre nous.

Chapitre 40

Une photo en cadeau

L'hiver régnait sur Montréal qui crachait de la fumée par toutes ses cheminées. Le temps des fêtes étant propice aux retrouvailles, Henriette invita Eulalie, Hubert et leurs enfants à célébrer la journée de Noël avec nous. Angélique apprécia beaucoup la compagnie des enfants d'Eulalie, car ses deux compagnes passaient le temps des fêtes dans leur famille. La petite Mélanie fut entourée comme jamais. Il faisait bon d'oublier nos soucis quotidiens tout en nous payant quelques gâteries. J'avais réfléchi aux cadeaux à offrir à Henriette, Angélique et Mélanie pour le jour de l'An. Il y avait partout des publicités qui énuméraient des listes de présents pour Noël.

Chez Gardner, rue Notre-Dame, on annonçait une boîte en bois de rose contenant des articles de toilette, parfum, brosse à cheveux et à dents. Je pensai en faire cadeau à Henriette. Puis, me ravisant, je me rendis plutôt chez J. E. D'Avignon avec idée d'y acheter un parfum de qualité. Quand j'en vis le prix, je changeai d'idée. Me demandant si Henriette ne serait pas heureuse de recevoir un livre, j'allai chez le libraire J. B. Rolland qui proposait des nouveautés. Une fois sur place, je ne sus trop quoi choisir entre un récit de voyage, une biographie ou un roman. Je ne connaissais pas cette dame Augustus Craven, auteur des *Récits d'une sœur*, ouvrage en deux tomes. Je me donnai la peine d'en lire quelques pages qui ne me plurent pas et je continuai à bouquiner, m'emparant brièvement des *Géants de la mer* de La Landelle. Je le reposai presque tout de suite, parce que mon regard fut attiré par un titre qui plairait peut-être à Henriette. Il s'agissait du *Manuel de santé du docteur Vabontrain*. Puis, réfléchissant davantage, je me dis que ce docteur inconnu proposait peut-être des remèdes sans valeur et je décidai de laisser tomber.

J'allais quitter la librairie quand un autre titre attira mon attention. Un nommé Wissenger avait écrit: *Pie IX est-il infaillible?* Je fus tenté de me procurer ce bouquin. Toutefois, un ouvrage vendu dans la librairie de monsieur Rolland ne pouvait qu'arriver à cette conclusion: le pape avait raison de se prétendre infaillible. Je me rappelai que nous avions un livre sur ce sujet à l'Institut. Je n'avais pas eu le temps de le lire, comment parviendrais-je à lire celui-ci dont je connaissais déjà la conclusion? J'y renonçai et quittai la librairie Gros-Jean comme devant.

J'avais mené toutes ces démarches pour rien et n'étais pas plus avancé dans mes idées de cadeaux. «Et si, pensai-je, nous ne nous faisions qu'un cadeau cette année?» Je jonglai avec cette possibilité, cherchant ce qui pourrait plaire à toute la famille. Comme je revenais bredouille à la maison, je proposai à Henriette:

— Chérie, plutôt que d'acheter des babioles aux enfants, si nous nous offrions un unique cadeau pour toute la famille?

— Quel genre de cadeau?

— Quelque chose que nous garderions longtemps, que nous ne nous payons pas sous prétexte qu'il y a des choses plus importantes à acheter. Un vrai cadeau, quoi!

Henriette était attentive à mes propos. Je voyais qu'elle se demandait où je voulais en venir.

— Un cadeau pour toute la famille ? reprit-elle. Je ne vois vraiment pas ce que ça pourrait être.

— Tu sais que mon salaire n'est guère faramineux. C'est à peine si je peux nous payer une nourriture convenable tellement tout est devenu extrêmement coûteux. Nous traversons des temps difficiles et on nous prédit un important ralentissement économique qui nous obligera sans doute à nous serrer encore davantage la ceinture.

— Je le sais bien. Chaque fois que je vais à l'épicerie, je dois accomplir des exploits pour revenir à la maison avec tout ce que je me proposais d'acheter. Les légumes sont très chers et que dire du bœuf et du poulet ?

— Voilà pourquoi je crois que, cette année, nous accorder un seul cadeau suffira.

— Qui serait quoi ?

— Une photo de famille.

Henriette ne sembla pas tout de suite gagnée à cette idée. À bien y penser, elle se rendit compte que j'avais raison. Pouvait-on souhaiter un cadeau plus durable, qui en plus réunirait toute la famille en un instant mémorable ? Elle demanda :

— T'es-tu informé au moins de ce que ça coûtera ?

— Bien sûr ! Je me suis arrêté en passant chez monsieur Bazinet, rue Notre-Dame. Il m'a assuré que pour cinq dollars on obtiendrait une grande photo à encadrer et une plus petite à mettre dans notre album.

— Cinq dollars ! C'est presque ton salaire d'une semaine !

— Voilà pourquoi j'appelle ça un cadeau.

Une fois Henriette ralliée à mon projet, nous préparâmes les enfants et sans plus tarder nous nous rendîmes au studio de monsieur Bazinet. Henriette fut étonnée, tout comme moi, de constater tous les préparatifs que nécessitait une bonne photo. Il ne suffisait pas de déclencher un appareil. Il fallait installer un décor et nous placer ensuite pour que chacun soit à son avantage. Comme nous ne devions pas bouger pendant une dizaine de secondes, ce ne fut pas facile de parvenir à calmer Mélanie pendant tout ce temps. La séance se déroula à la satisfaction du photographe et la photo tant désirée fut prête pour le jour de l'An. J'en fis encadrer le plus grand exemplaire, fort bien réussi d'ailleurs. Quand je sortis de l'armoire l'album de photos de famille en vue d'y glisser le deuxième cliché, j'eus la réflexion suivante à l'intention d'Henriette :

— Quelle différence existe-t-il entre l'album de photos d'une famille canadienne-française et celui d'une famille anglaise ?

— Il y a réellement une différence ?

Je la prévins :

— Il ne faut pas te fier au nôtre, il fait exception, j'y ai vu. Je sais pertinemment que celui des Canadiens français commence toujours par une photo du pape ou de l'évêque, et celui d'une famille anglaise, par celle de la reine Victoria, du prince Albert ou de la famille royale.

J'ajoutai :

— J'ai tout de même perpétué la tradition.

— Montre donc ! me pressa Henriette.

J'ouvris l'album et, à la première page, apparut la photo d'Ignace, le chien de la famille. Henriette n'en revint pas. Elle s'écria :

— Il n'y a qu'un grand fou comme toi pour penser à des choses de même !

Fier de mon coup, je substituai à la photo de notre chien le plus récent cliché de la famille. Henriette me questionna :

— Quand as-tu fait photographier notre chien ?

— Dernièrement. Profitant d'une sortie en sa compagnie, j'ai croisé dans le parc un photographe ambulant. Il a accepté pour quelques sous d'immortaliser notre Ignace. Si jamais nous le perdions une autre fois, nous pourrions avoir un portrait de lui à montrer. Bon, passons à notre album, il débutera avec notre photo de famille. Après tout, ne le méritons-nous pas ?

— C'est une excellente idée que ce cadeau, approuva Henriette, et j'aurai toujours plaisir à contempler dans l'entrée les visages de ceux que j'aime.

Je ne tardai pas à suspendre au mur faisant face à l'entrée notre cadeau des fêtes de cette nouvelle année 1870.

Chapitre 41

Le retour de Sa Grandeur

Il y avait presque un an que Sa Grandeur, notre saint évêque, était à Rome. Imaginez quelle fut la joie de ses fidèles et de tout Montréal à son retour. Une ville ne peut pas se priver si longtemps d'un pareil pasteur. Mon ami Adalbert avait horreur de toutes ces démonstrations futiles de louanges, d'encens, de fleurs et de processions à la gloire d'un personnage considéré, on ne savait trop pourquoi, comme une célébrité. Il ne manqua pas de m'arriver, un exemplaire de *La Minerve* sous le bras. Il claironna :

— Sa Grandeur est de retour ! *Alléluia !*

Il avait énoncé cela d'un ton si sarcastique que je devinai qu'il s'apprêtait à me faire part de ses commentaires enflammés à ce sujet. Je ne me trompais pas, car il enchaîna :

— J'avais besoin d'une oreille attentive comme la tienne. À la suite de la lecture que je me propose de te faire, tu me diras franchement si je suis détraqué ou si j'ai bien raison de me demander s'il faut en rire ou en pleurer.

Je me moquai :

— Le simple retour de notre évêque te bouleverse autant ?

— Ce n'est pas son retour qui me laisse un goût amer, ce sont les célébrations qui l'ont accompagné. Je désespère de voir un jour nos idées triompher. Cet homme a beau condamner de façon injuste, mentir sur les vrais motifs qui l'animent, les gens sont tellement aveugles qu'ils sortent l'encensoir dès qu'il se montre le bout du nez et donneraient tout l'or du monde pour ne serait-ce qu'apercevoir de loin le moindre pan de sa soutane.

Le voyant si monté, je voulus le détendre. Après tout, il n'avait pas assisté en personne au débarquement de notre évêque et ce que rapportaient les journaux ne pouvait être que les commentaires exaltés de journalistes à la solde de l'évêché. Le journal *La Minerve* ne devait-il pas son existence à l'aide substantielle et à l'appui inconditionnel qu'il recevait des autorités religieuses?

Mes paroles n'atteignirent pas leur but. Mon ami tint absolument à ce que j'entende les propos qui l'avaient autant remué. Prenant place sur le divan du salon, il déplia son exemplaire du journal et commença sa lecture:

Sa Grandeur est arrivée à Verchères mardi matin à trois heures.

Puis il s'arrêta.

— Tu m'excuseras, Valois, de m'interrompre ici. Entre nous, faut-il être assez orgueilleux et rempli de soi pour se laisser appeler Sa Grandeur sans sourciller. Sa Grandeur... Quel est l'imbécile qui, le premier, a eu cette idée saugrenue?

Se reprenant, il continua:

Au premier bruit de sifflet du vapeur, une centaine de personnes se retrouvèrent sur le quai pour le recevoir [...].

Il se tut de nouveau.

— Y songes-tu? Un petit village comme Verchères! Et le vapeur n'était pas encore à quai que déjà une centaine de personnes se tenaient prêtes à se prosterner. Vraiment, ça me fait penser au veau d'or dont parle la Bible. N'est-ce pas de l'idolâtrie ? Malheureusement, nous n'avons pas de Moïse pour condamner cette conduite.

J'avais peur de le vexer. Je n'en pensai pas moins : « S'il continue de la sorte, nous allons nous coucher tard. » Je l'encourageai à poursuivre, ce qu'il s'empressa de faire :

Le village avait été parfaitement décoré. On avait érigé quatre arcs de triomphe, sur lesquelles on lisait les inscriptions suivantes : Vive Monseigneur – Pie IX infaillible – Honneur à un Père du concile – Salut à notre évêque.

Adalbert pestait.

— Et quoi encore ? "Gravons à tout prix dans le béton les marques de ses pas !" "Faisons de saintes reliques de ses larmes !" "Captons la fumée de son encensoir !" "Encadrons ses gestes de bénédiction !" Quand on y pense : "Pie IX infaillible" !

Il se prit la tête entre les mains comme un homme désespéré ne voulant pas croire ce qu'il vient d'apprendre. Il mit encore quelque temps avant d'enchaîner :

À Montréal les fidèles étaient également à l'œuvre dès sept heures du matin. L'arrivée fut splendide. Les gens venaient tour à tour se jeter aux pieds de Sa Grandeur. Les cordons des têtes animées qui couvraient toute l'étendue du trottoir entre Bonsecours et la place Jacques-Cartier, l'affluence extraordinaire des fidèles postés à toutes les fenêtres de l'hôtel de ville ou groupés sur le quai présentaient un aspect saisissant.

Il s'esclaffa.

— Je vois ça d'ici, le troupeau bêlant au pied de son pasteur. C'est à désespérer de notre peuple !

Constatant à quel point il était amer, et afin d'alléger quelque peu l'atmosphère, je lui offris de prendre un verre qu'il ne refusa pas. Quand je le lui tendis, je proposai en riant :

— Trinquons à Sa Grandeur !

— À sa déchéance! lança-t-il. Je ne pourrai jamais lever mon verre à autre chose.

Cette diversion fit son effet. Quand il reprit sa lecture, il était plus calme et y allait de remarques moins acerbes à l'exception de celles, pas piquées des vers, qu'il réserva à monsieur Ouimet, le président de la Société Saint-Jean-Baptiste, qui avait lu à Sa Grandeur une adresse.

— Ça devait être toute une adresse! s'écria-t-il. Quoique le journaliste avoue n'avoir rien pu entendre de la réponse de Bourget, il écrit: *Sa Grandeur répondit à cette adresse de l'abondance de son cœur.* N'est-ce pas touchant? Quelle abondance et quel cœur! ne put-il s'empêcher de rugir.

Puis, il reprit sa lecture.

À la suite de cette cérémonie, Sa Grandeur monta dans un superbe carrosse traîné par quatre chevaux […]. La foule était énorme à place Jacques-Cartier et des centaines de personnes encombraient les croisées ou regardaient le défilé de la procession du haut des toits élevés des maisons. La rue Notre-Dame était parfaitement pavoisée. Drapeaux aux couleurs pontificales, françaises et anglaises y flottant, parmi lesquels étaient inscrits les mots: «Vive Pie IX! Vive le Pape infaillible!»

Mais il ne put se retenir d'ajouter:

— Pie IX infaillible! Allez raconter ça à d'autres!

— Comment cela?

— S'il l'était, il aurait destitué Bourget depuis longtemps.

Se souvenant de ce qu'il avait dit en entrant, il me demanda:

— Dois-je en rire ou en pleurer?

— Ni l'un ni l'autre, fis-je. Comme nous ne pouvons rien y changer, gardons nos rires et nos larmes pour quelque chose de plus valable.

Il me regarda d'un air dépité avant de rappeler :

— Je t'ai épargné, tu sais, j'ai passé par-dessus l'adresse de Ouimet. Tiens ! Si tu veux en lire le résumé.

Il me le tendit, puis insista :

— Fais-moi plaisir et prends-en connaissance.

Je m'exécutai :

La Providence a comblé nos vœux en nous permettant de saluer de nouveau le retour de Votre Grandeur au milieu de ses ouailles. C'est un grand bonheur pour les catholiques de Montréal d'avoir cette occasion de renouveler l'expression de leurs sentiments de respect, de vénération profonde, et d'attachement inaltérable à votre personne et de soumission parfaite à l'autorité qu'elle représente.

Il m'arrêta.

— Tout est dit. Inutile d'aller plus loin, insista-t-il, tout en finissant son verre.

❧

Cette vénération à outrance s'exprima encore quand on célébra ce qu'on appelait dans les journaux les noces d'or de monseigneur Bourget, ce qui me valut la boutade suivante de la bouche d'Adalbert.

— Ses noces d'or ! grommela-t-il. Avec qui est-il marié ? Avec Dieu ?

— Ce sont ses cinquante années de prêtrise, précisai-je. Ça se fête !

Il fit celui qui avait mal entendu :

— Cinquante ans de bêtises ? Tu as tout à fait raison.

Là encore, les célébrations furent grandioses et les journaux saluèrent cet événement comme suit :

C'est la plus solennelle des démonstrations qui aient eu lieu au Canada jusqu'à cette époque. C'est une démonstration immense dont l'éclat rejaillira sur tous les catholiques du diocèse et dira d'une façon bien éloquente combien les sentiments religieux sont vifs chez nous et combien nous sommes attachés au vénérable prélat dont les vertus et le dévouement ont tant servi la cause de la religion dans notre pays.

Adalbert avait son exemplaire du journal *La Minerve* dont il me lut un extrait:

Monseigneur de Montréal s'est montré aussi grand citoyen que grand évêque. Il a écrit son nom sur toutes ces belles institutions où rayonne le flambeau de la foi et de la science.

— De la foi, passe encore, rageait-il, mais de la science? Je n'ai jamais connu quelqu'un de plus rébarbatif à toute science. Ce journaliste ne sait vraiment pas de quoi il parle.

Ça continuait de la sorte sur une longue colonne et Adalbert s'attarda sur certains passages. Il releva celui-ci:

Comme ses prédécesseurs, il a vu que notre existence comme peuple dépendait de notre attachement à la religion.

Il m'observa, livide.

— Notre existence comme peuple... cracha-t-il. On aura tout vu.

Il termina sa lecture par les dernières lignes de cet article.

Monseigneur de Montréal appartient donc à cette glorieuse lignée de prélats qui ont fait du peuple canadien, le peuple le plus religieux du monde et le plus attaché à l'Église.

Adalbert eut un sourire en coin.

— J'aurais souscrit à cette dernière affirmation, commenta-t-il, si le journaliste avait ajouté: "Et le peuple le plus borné de la terre."

— Tu n'y vas pas un peu fort?

— Absolument pas! Additionne à cela que les bons frères qui font de nos jeunes des ignorants et qui quêtent partout pour survivre lui ont remis cent dollars en or. Sans compter qu'à cette occasion, près de trois mille élèves furent réunis dans la cathédrale, et ces pauvres enfants donnèrent à Sa Grandeur la somme de cinq cents dollars en or. Qui leur a soutiré cette somme?

Il m'apprit qu'il y avait eu ensuite un banquet à l'hôtel de ville et que les célébrations dureraient trois jours.

— Trois jours, tu entends! Même les Carabiniers Mont-Royal sont allés porter leur offrande à l'évêque.

Cependant, ce qui mettait mon ami le plus en rogne était le don des pauvres gens de Saint-Henri qui avaient à peine de quoi manger. Comme il y avait parmi eux un habile carrossier, les paroissiens décidèrent d'offrir à Sa Grandeur le plus élégant et le plus magnifique carrosse jamais fabriqué en Amérique. Il valait mille six cents dollars.

— Il n'y a rien de trop beau pour son éminent postérieur, gronda Adalbert. Je ne peux pas croire que nos pauvres gens puissent se cotiser pour lui donner un pareil cadeau. Ça me dépasse. La poignée de rebelles que nous sommes ne viendra jamais à bout du troupeau bêlant, à plat ventre devant cet homme!

Rarement avais-je vu Adalbert si pessimiste. Je le lui fis observer et il me répondit:

— Il y a des jours comme ça où ton vieil ami désespère vraiment de l'humanité. Tu dois le lui pardonner.

Chapitre 42

Henriette et sa maison pour sourdes-muettes

Maintenant que Mélanie l'accaparait moins, Henriette rêvait de nouveau d'ouvrir une maison pour jeunes sourdes-muettes. Elle avait bien réussi avec Angélique qui s'exprimait désormais dans un langage compréhensible. Ses deux autres protégées avaient fait des progrès immenses et Henriette comptait les mettre à contribution auprès des nouvelles jeunes filles qu'elle avait l'intention d'instruire. Elle voulait tout d'abord que l'Institution des sourdes-muettes approuve son enseignement. Elle décida de s'y faire inviter avec ses trois protégées. Je le lui avais déconseillé. Elle réussissait très bien avec les moyens dont elle disposait, pourquoi fallait-il que d'autres s'en mêlent ? Je l'avais prévenue :

— Tu peux être certaine que tes méthodes seront critiquées, peu importe les excellents résultats obtenus. Tu ne t'y prends certainement pas de la même manière que les religieuses et de plus, ton enseignement est plus ouvert que le leur parce qu'il n'y est pas toujours question de prières, de sacrifices et de chapelets. Est-ce qu'Angélique peut seulement réciter son chapelet ?

Ma question l'ébranla quelque peu. Comme elle s'intéressait à tout, son enseignement ne tenait pas qu'aux choses religieuses. Je savais qu'en se rendant à l'Institution des sourdes-muettes, sa façon de procéder risquait d'être critiquée, et cela, non pas au regard des résultats obtenus, mais plutôt à cause de son contenu. Henriette emmenait les enfants à l'église le dimanche. Les petites étaient familières avec les cérémonies religieuses. Or, à part Angélique parce qu'elle avait fréquenté l'Institution, les deux autres ne connaissaient pas par cœur toutes les prières, et encore moins l'histoire sainte.

Malgré mes préventions, Henriette qui, avec raison, était très fière de ses résultats tint à se rendre quand même à l'Institution. Une fois sur place, après avoir rencontré mère Marie de Bonsecours, heureuse de revoir Angélique, elle lui présenta Françoise et Anastasie. La religieuse les interrogea et elles s'en tirèrent honorablement, tant que les questions ne portèrent pas sur l'histoire sainte. Dès qu'apparurent les noms de Noé et de Moïse, les jeunes filles commencèrent à bafouiller. Si elles n'avaient pas de difficulté à comprendre et répéter Noé, elles ne savaient trop comment prononcer Moïse et la bonne sœur attribua leur confusion à une lacune dans la méthode d'Henriette. Dès lors, elle s'acharna à leur poser des questions plus difficiles auxquelles elles ne surent répondre.

Triomphante, la religieuse s'adressa à Henriette :

— Je dois admettre que vos protégées sont parvenues à se débrouiller assez bien. Nous saisissons ce qu'elles disent parce que nous sommes familières avec le parler des jeunes filles comme elles. Imaginez ce qu'un pur étranger pourrait comprendre de leur charabia. Elles ont encore beaucoup de chemin à faire jusqu'à ce qu'elles puissent se débrouiller

seules dans la vie. Quand on pense qu'elles sont incapables de prononcer des noms comme Aaron, Melchisedek,
Mathusalem et Nabuchodonosor. Vous savez, la bonne
volonté ne suffit pas à qui veut enseigner à des sourdes-
muettes. Ce n'est pas pour rien que nous devons étudier
dans des écoles spécialisées et présentement, au pays, nous
ne sommes que quelques-unes en mesure de former ces
malheureuses enfants. Vous ne devriez pas vous aventurer
dans un domaine que vous ne connaissez pas suffisamment
pour obtenir des résultats convenables. Confiez-nous l'avenir de ces jeunes filles.

Voilà ce que me raconta Henriette à son retour de
l'Institution. Elle était furieuse.

— Seulement parce qu'elles n'ont pas pu répéter des
noms impossibles comme Nabuchodonosor... Tu en connais
toi, des Nabuchodonosor qui se promènent dans les rues
de Montréal ?

Ne voulant pas la vexer en lui rappelant que je lui avais
conseillé de ne pas se rendre à l'Institution, je pensai la
calmer en insistant sur les résultats qu'elle avait obtenus
auprès de Françoise et d'Anastasie, qui ne prononçaient pas
un seul mot à leur arrivée parmi nous.

— La sœur a prétendu qu'elle avait de la difficulté à les
comprendre.

— Tu n'as pas songé qu'elle avait tout intérêt à parler de
la sorte ? N'a-t-elle pas pris le temps de te rappeler qu'elle
et ses consœurs sont les seules capables d'enseigner aux
sourdes-muettes ?

Je la vis se rebiffer. Je sus qu'elle se préparait à combattre
de pied ferme. Elle n'allait pas abandonner son enseignement pour si peu. Françoise et Anastasie étaient parmi nous
depuis deux ans. Leurs parents se montraient satisfaits de

leurs progrès et désiraient les reprendre, ce qui incita Henriette à passer une nouvelle annonce dans *La Minerve*.

Quand Angélique apprit qu'elle allait perdre ses deux compagnes, elle fut bouleversée au point de se retirer seule dans sa chambre et de ne plus vouloir nous adresser la parole. Henriette dut argumenter avec elle pour lui faire comprendre que les parents de Françoise et d'Anastasie avaient hâte de les ravoir à la maison, tout comme nous étions impatients de la ramener chez nous après les années qu'elle avait passées à l'Institution.

Lorsque Henriette lui eu promis que nous prendrions bientôt deux autres pensionnaires, elle revint à de meilleurs sentiments. J'avais peine à m'imaginer ce qui pouvait se passer dans sa tête. Même si Henriette était parvenue à l'extraire de son monde de silence, il y avait encore en elle des coins obscurs dont il n'était pas facile de la tirer. Quand nous mesurions le chemin parcouru depuis qu'Henriette avait réussi à l'apprivoiser jusqu'à ce qu'elle était maintenant devenue, Henriette avait bien raison d'en être fière.

L'annonce dans *La Minerve* atteignit son but, car trois semaines après le départ de Françoise et d'Anastasie, nous avions en Odette et Marise deux nouvelles pensionnaires qu'Henriette et Angélique allaient sortir de leur univers clos.

Chapitre 43

Nos zouaves à la rescousse du pape

Monsieur le chanoine Édouard Moreau, l'aumônier militaire de nos zouaves, fit organiser un banquet pour célébrer le départ d'un dernier contingent pour Rome. Il obtint des frères de le faire dans la grande salle de l'école Saint-Laurent. Ce sont les bons frères eux-mêmes qui, avec l'argent que nous leur donnions pour vivre, payèrent à peu près tous les frais de la réception.

Un petit peuple insignifiant comme le nôtre, comme l'écrivait un journaliste, *expédie des jeunes gens à la défense du pape. Ce sont des héros.*

— C'est sans doute parce que nous ne signifions rien dans le monde que nos zouaves deviennent des héros, se moqua Adalbert. Un petit peuple comme le nôtre a besoin, pour enfin être fier de quelque chose, ou mieux de quelqu'un, de héros qu'il idolâtre. C'est pour ça qu'un simple évêque devient Sa Grandeur et qu'on lui baise les pieds et que le simple fait d'expédier des jeunes hommes à la guerre devient l'attraction du siècle. Nous avons réellement l'air d'une belle bande d'arriérés. Nous pavoisons parce que des cadets qui savent à peine tenir un fusil partent en guerre pour défendre un pontife qui occupe des territoires sur lesquels il n'a aucun droit.

Même s'il exagérait un peu, je ne pouvais pas donner entièrement tort à Adalbert. Nous avions le culte du héros et, faute de compter parmi nous des personnes se démarquant vraiment, nous nous faisions une fête de voir l'un des nôtres réussir dans un domaine quelconque. Il en allait ainsi de la cantatrice, madame Albani, qui faisait un malheur en Italie avec une voix hors de l'ordinaire et dont les journaux nous rapportaient régulièrement les succès. Tous espéraient son retour au pays afin de l'acclamer. Imaginez, une petite fille née à Chambly qui faisait parler d'elle dans le monde entier!

Rares étaient ceux de nos contemporains dont nous pouvions avoir raison de souligner les faits d'armes. Bien sûr, nous avions nos hommes forts, entre autres Jos Montferrand qui savait mater les Anglais du côté de Hull. Quant à nos orateurs et nos hommes politiques, ils n'avaient guère la cote, à l'exception de Papineau, considéré comme notre plus grand chef politique et pour lequel la population éprouvait une certaine admiration. On lui reconnaissait une intelligence supérieure en disant, à propos de choses faciles à comprendre, qu'on n'avait pas besoin, pour y arriver, de la tête à Papineau. Après s'être exilé aux États-Unis, il était revenu en politique puis s'était retiré depuis plusieurs années pour terminer ses jours en paix dans son manoir de Montebello. Quant aux autres, les libéraux surtout, ils étaient honnis par notre évêque et nos prêtres qui tenaient le haut du pavé. Il n'était pas question d'organiser des défilés en leur honneur.

Nous avions peu d'écrivains. Seul Louis Fréchette, vu comme notre poète national, ressortait du lot. Cependant, pour les gens du peuple, rien ne pouvait égaler une soutane et celle de monseigneur Bourget attirait tous les regards. N'était-ce pas lui qui, courageusement, s'était levé pour exhorter nos jeunes à partir défendre le pape?

Par curiosité, je m'intéressai au départ du dernier contingent de zouaves pour Rome. Ce qu'on lisait dans les journaux comme *La Minerve* tenait presque du délire.

Pour la sixième fois, nous venons d'être témoins d'un spectacle aussi beau que touchant, celui du départ de braves enfants du Canada [...] pour se rendre à Rome, où les appelle leur noble dévouement à la cause de l'Église catholique.

Aujourd'hui plus que jamais, le pape a besoin de défenseurs et ils sont partis pour aller se regrouper autour de Pie IX et défendre de leurs vaillantes épées son trône menacé.

Sa Grandeur prononça une courte allocution et remercia les zouaves pour leur grand sacrifice. Après le banquet organisé en leur honneur, des milliers de personnes les accompagnèrent à la gare Bonaventure et ils quittèrent Montréal le 26 août sous les acclamations. Or ils ne combattraient même pas, puisque le pape allait capituler le 20 septembre suivant.

— Tout cet argent gaspillé pour rien! s'indigna Adalbert. Tu verras, à leur retour ils seront adulés comme des héros. Je crois que je vais faire passer une annonce dans les journaux.

— Que dis-tu là?

— J'y inscrirai: "Nous sommes en manque de héros, nous avons besoin de zouaves afin d'organiser un défilé monstre."

Je souris sans rien ajouter. Il avait raison. Il se passait si peu de choses chez nous, toutes réjouissances étant interdites par le clergé, qu'il fallait susciter quelque chose afin de nous assurer que nous étions bien vivants.

QUATRIÈME PARTIE

ÇA SENT LA FIN

(1870-1877)

Chapitre 44

Du nouveau sur l'affaire Guibord

Quand nous réfléchissons à ce qu'est notre vie, nous nous rendons vite compte qu'avant tout c'est le travail et le besoin de nous nourrir qui mènent tout. Nous nous laissons facilement emporter par le rythme que nous impose la vie, à tel point que nous nous arrêtons rarement pour réfléchir. Voilà les pensées qui m'habitaient à cette époque. Quand les autorités religieuses refusèrent à mon ami Guibord une sépulture en terre chrétienne, je fus indigné et ce fut l'occasion pour moi de tenter de comprendre ce qui se passait vraiment. Je me demandai encore pourquoi monseigneur Bourget, que je ne portais déjà pas dans mon cœur, agissait de la sorte envers Guibord. J'en discutai de nouveau avec Adalbert et mes amis de l'Institut. La réponse fut unanime.

Voyant son autorité défiée, monseigneur Bourget voulait faire un exemple. Nous assistions en réalité à une lutte à finir entre l'Église et l'État. Qui des deux possédait en priorité le pouvoir de diriger le peuple? Convaincu de détenir le sien directement de Dieu, monseigneur Ignace Bourget, craignant plus que tout de perdre cette autorité, voulait mettre tout le monde au pas. Joseph Guibord n'était qu'un pauvre homme qui avait eu le malheur de mourir au moment où Sa Grandeur avait besoin d'un coup d'éclat pour asseoir son autorité menacée. Il était loin de penser qu'il aurait autant d'opposition, à commencer par Henriette Brown, la veuve de Guibord.

Le procès suscité par cette affaire se déroulait sans que je puisse y assister. Par contre, mon ami Adalbert y était présent. Il me faisait des comptes-rendus fidèles et détaillés de ce qui s'y déroulait, s'arrêtant chez moi chaque soir pour me résumer la journée. Plus le procès avançait, plus il se montrait confiant. Il me répétait :

— Notre ami Joseph devrait bientôt trouver son dernier repos en terre chrétienne.

— Qu'est-ce qui t'en assure ?

— Le juge Mondelet me paraît ouvert aux idées libérales. Il a prêté une attention particulière aux interventions de Doutre, d'Émery-Coderre et de Dessaules, qui ont tous les trois mis en lumière la mauvaise foi de Bourget contre l'Institut canadien. Je te fais grâce de tout ce qu'ils ont révélé. C'était fort sensé. Doutre en particulier a démontré que l'excommunication de Guibord n'était basée sur rien et qu'elle n'avait jamais eu lieu. Il laissa même entendre que l'Index et l'Inquisition étaient sans autorité au pays.

Quelques jours plus tard, un Adalbert triomphant arriva à la maison. Il entra en proclamant :

— Le juge Mondelet a rendu son verdict. Comme je l'avais prédit, il nous est favorable !

Il prit plaisir à me commenter ce jugement. Il s'agissait d'une vraie charge contre l'évêque de Montréal. Le juge commençait par dire que nous étions devant une cause d'un brûlant intérêt. Il y allait de ce qu'un catholique peut attendre dans la vie et de ce qui pourrait advenir de ses restes après sa mort. Il réfuta l'argumentation voulant que le droit ecclésiastique ait préséance sur le droit civil. Puis, il rappela que l'évêque de Montréal n'en était pas à une première cause du genre. En 1854, en vue d'empêcher un marchand de devenir marguillier, il avait ordonné au curé de Châteauguay de refuser les sacrements « à la vie à la mort » à ceux qui voteraient pour lui. Dans le cas présent, l'évêque refusait la sépulture chrétienne à un catholique pour le fallacieux prétexte qu'en tant que membre de l'Institut il se voyait refuser « à la vie à la mort » l'absolution de ses fautes. Le juge ne manqua pas de s'en prendre à l'évêque lui-même en ces termes : « Aucun homme sensé ne prétendra que désobéir à l'évêque, surtout lorsqu'il a tort, est un péché considérable : ce n'est pas même un péché véniel. »

Il expliqua ensuite pourquoi l'évêque de Montréal avait tort. Il avait condamné injustement l'Institut canadien en abusant de son autorité et avait oublié d'en faire autant pour d'autres bibliothèques possédant également des livres à l'Index. Il se demandait pourquoi l'évêque s'en était pris seulement à l'Institut canadien. L'évêque avait-il agi de façon partiale ou arbitraire ? N'avait-il pas procédé de la même manière en appuyant le curé de Beauharnois désireux d'interdire à ses paroissiennes le port de robes à crinoline ? N'avait-il pas recommandé au curé de leur refuser l'absolution ?

De plus, il était écrit dans le *Rituel romain* qu'aucun service ne pouvait être célébré pour un criminel mort sur l'échafaud. Comment l'évêque expliquait-il alors que, contre le droit romain, il ait chanté le service de l'infâme Marie Crispin et du non moins crapuleux Antoine Desforges, qui avait expié sur l'échafaud le meurtre horrible de son épouse, Catherine Prévost ? Comment pouvait-on accorder la sépulture chrétienne à des criminels, quand on la refusait à un bon catholique comme Joseph Guibord ? N'y avait-il pas là deux poids, deux mesures ? Le juge exigea que la dépouille de Joseph soit enterrée au cimetière de la Côte-des-Neiges comme le demandait sa veuve.

Je poussai un long soupir.

— Il y a une justice sur terre.

— C'est ce que tu crois ? s'enflamma Adalbert. Regarde bien ce qui va suivre. Penses-tu que Sa Grandeur, qui joue son autorité dans cette cause, va accepter ce jugement ?

Comme il fallait s'y attendre, l'évêque interjeta appel. Les juges, sous prétexte de vices de procédure, annulèrent la sentence précédente. Ce jugement fut de nouveau porté en appel et, le 2 décembre 1870, cinq juges confirmèrent la décision de la cour de révision. Une fois de plus, Adalbert me fit part de ses commentaires là-dessus.

— Malgré l'invraisemblance de la chose, commenta-t-il, Bourget triomphe et les bons catholiques hurlent leur joie. Consolons-nous, ils se réjouissent trop vite, car Joseph Doutre fait présentement une collecte de fonds afin de permettre à la veuve Guibord de faire appel devant le Conseil privé de Londres. On verra bien ce qui en sortira. Pour lors, afin de souligner à quel point cette affaire occupe toujours l'esprit des gens, apprends que le journal *La Minerve* vend, au coût de cinquante cents, une brochure de cent quatre-vingt-six pages sur le sujet. On y publie les textes et toutes les plaidoiries des avocats lors du procès.

J'en avais assez de toutes ces disputes et ne me procurai pas cette brochure. Tout ce que je souhaitais était de voir enfin mon bon ami Joseph reposer en paix. Je me disais : « L'autorité est une drogue dangereuse, certains sont prêts à tout pour ne pas la perdre. » L'évêque de Montréal venait d'en faire la démonstration.

Chapitre 45

Le Dieu vengeur

Chaque fois qu'Adalbert se présentait chez nous, nous passions de bons moments. Certaines personnes n'ont rien à dire. Lui, il avait toujours quelque chose d'intéressant à nous apprendre. À chacune de nos rencontres, nous étions alors si préoccupés par monseigneur Bourget que nous ne manquions pas de casser du sucre sur son dos. Sa façon de se conduire nous facilitait les choses. Nous nous libérions ainsi des frustrations que ses agissements nous causaient. Nous échangions sur ce sujet qui nous tenait à cœur et que nous avions baptisé d'un titre révélateur : *Les dernières frasques de Sa Grandeur*.

Je me souviens en particulier d'un jour de printemps où Adalbert, ayant à peine mis les pieds dans la maison, m'apostropha :

— Connais-tu la dernière ? Quoiqu'elle ne date pas d'hier, je viens tout juste de l'apprendre. Notre cher évêque, comme il l'écrit, *mène une croisade contre le luxe et contre les coiffures malséantes dont font usage dans les églises certaines personnes du sexe.* Il précise : *Il serait temps de travailler à introduire dans l'église l'usage du voile pour que toutes les personnes du sexe n'y paraissent que la tête modestement voilée. Les élèves des couvents peuvent faire la leçon là-dessus.*

J'informai mon ami :

— Henriette m'avait fait part de cette lubie. Il semble bien que Sa Grandeur n'avait pas d'autres combats à mener par les temps qui courent et qu'il avait de la difficulté à obtenir les résultats escomptés.

— Il peut bien exiger ce qu'il veut des fidèles, s'ils sont assez moutons pour lui obéir. Ce que je n'apprécie guère de qui que ce soit, ce sont des imprécations comme celles qu'il a lancées. *À l'avenir et sous peine de damnation, il est ordonné à nos chères filles en Jésus-Christ d'imiter les dames romaines et de ne se présenter dans le temple du Seigneur qu'avec un voile.* Remarque que formulée ainsi, son invitation laisse presque croire qu'il incite nos compagnes à se présenter à l'église sans rien d'autre qu'un voile. Passons. Ce qui m'horripile, c'est qu'il parle de damnation pour imposer son point de vue. En quoi, dis-le-moi, une femme qui entre à l'église sans voile sur la tête risque-t-elle l'enfer ?

— Je me le demande bien…

— Or, si nous voulons demeurer dans la sainteté, il faut nous soumettre à la volonté de Sa Grandeur parce que *notre saint évêque est un digne fils de notre saint Père.* Notre bon pape Pie le neuvième lui-même, pour nous contraindre à croire à son infaillibilité, s'est senti obligé d'ajouter : *Qu'il ne soit permis à qui que ce soit de détruire ou d'attaquer ou contredire, par une audacieuse témérité, cet écrit de notre déclaration, décision et définition. Si quelqu'un avait la présomption d'y attenter, qu'il sache qu'il encourrait l'indignation du Dieu Tout-Puissant et des bienheureux apôtres Pierre et Paul.* Si on se fie à ce qu'écrit Sa Grandeur, Dieu tout comme le Saint-Père est un être irascible toujours sur le point de se venger et de nous condamner. J'ai relevé des propos antérieurs de notre saint homme. Sais-tu qu'il impute tous les malheurs à la colère de Dieu ?

— Vraiment ?

— Oui ! Je ne sais pas si tu te souviens de la fameuse invasion de sauterelles d'il y a quelques années. Sa Grandeur l'avait attribuée à la colère de Dieu qui, par ce moyen, avertissait son peuple du malheur qui pesait sur lui. Il a invoqué la même raison pour expliquer le choléra de 1848. Je le cite : *Il s'agit d'un de ces fléaux que Dieu de temps en temps tire du trésor de ses vengeances pour punir son peuple coupable.*

Je commentai :

— J'ignorais que Dieu avait un "trésor" de vengeances.

— Et moi de même ! Tu te souviens sans doute également que pour justifier le grand incendie de Montréal en 1852, il a écrit en toutes lettres que c'était là *le souffle de la colère de Dieu dont la cause était l'ivrognerie.* Il emploie continuellement ce genre de menace pour faire peur aux fidèles. Ainsi, il n'a pas à expliquer les vraies raisons de tels malheurs. J'ai encore lu dernièrement ceci venant de sa plume enflammée : *L'écu que nous dépensons au théâtre fait tomber sur nous un anathème qui se fera sentir jusqu'à la dernière génération.* Il évoque encore la colère du ciel dans une lettre circulaire. *Nous espérons nos très chers frères, et nous demandons, avec d'instantes prières, que cette bonne et tendre mère [la Vierge Marie] éloigne de nous toutes les causes qui pourraient nous attirer la colère du Ciel.* Décidément, nous sommes menacés de partout.

— Il doit bien parler quelque part des bienfaits que nous rapporte l'obéissance aux préceptes divins ?

— Voilà en effet un autre pôle de ses écrits. D'un côté il promet le ciel, de l'autre il brandit l'enfer. En même temps qu'il nous chante que Dieu s'est plu à nous combler de toutes ses bénédictions, il nous prévient que nous ne devons pas cesser de prier afin d'éloigner de nous la colère du ciel. Un catholique à ses yeux est toujours menacé, un peu comme s'il marchait constamment sous un ciel chargé d'électricité. Puis, dans un de ses beaux jours, il nous jure que nous faisons partie des peuples les plus heureux du monde. Connais-tu les commentaires de notre ami Arthur à ce sujet?

— Non pas.

— Arthur soutient que si, aux yeux de Sa Grandeur, nous sommes le peuple le plus heureux de la terre, c'est parce que nous payons bien les dîmes et expédions des zouaves à Rome. Pourtant, notre population travailleuse, rongée par la misère, émigre à contrecœur aux États-Unis.

Une fois de plus, l'évêque constituait notre sujet de conversation. Il nous dérangeait vraiment beaucoup. Nous avions de la difficulté à comprendre comment il pouvait être autant adulé. Adalbert m'avoua:

— J'ai plusieurs choses sur le cœur contre cet homme. D'abord son travail pour saborder notre Institut, ensuite ses mensonges pour faire bâtir sa cathédrale et, surtout, cette lutte pour empêcher notre ami Joseph d'être inhumé en terre chrétienne. Il y a trop de haine en cet homme pour que je ne cherche pas un moyen de me venger.

Je m'empressai de l'avertir:

— La vengeance n'est pas bonne conseillère.

Il me reprit vivement:

— Elle apporte parfois de grandes satisfactions ou à tout le moins la consolation d'avoir tenté quelque chose contre l'injustice. Or, c'est précisément contre le comportement de cet homme que j'en ai. Je ne supporte pas l'intolérance d'où qu'elle vienne. Je saurai bien trouver le moyen de la combattre. Quant au Dieu auquel je tente de croire, si jamais il existe, il ne peut être que bon.

Il se passa quelques jours avant que j'aie l'occasion de revoir Adalbert. Durant tout ce temps, je me demandai ce que pouvait bien mijoter mon ami. Quelle serait sa vengeance ? N'avait-il pas utilisé ce mot ? Le connaissant comme je le connaissais, j'étais certain qu'il penserait à quelque chose d'original, ne serait-ce que pour tenir tête à son ennemi juré. J'eus l'occasion de le lui demander un peu plus tard. Il me répondit tout simplement :

— Chaque chose en son temps.

Chapitre 46

À la maison

La vie allait son petit bonhomme de chemin. Notre fille Mélanie grandissait sans même que je m'en rende compte. La petite s'était beaucoup attachée à moi et quand je rentrais de mon travail, elle se précipitait pour que je la prenne dans mes bras. Elle aimait se faire bercer et je n'y manquais pas. C'était devenu comme un rituel dès que je mettais les pieds dans la maison. Je m'occupais d'abord et avant tout d'elle. Je la savais choyée et fort bien entourée avec Henriette et les trois filles à la maison pour s'occuper d'elle. On ne pouvait souhaiter mieux pour elle que ce milieu où l'amour régnait.

Le matin, je partais tôt et ne revenait qu'à l'heure du souper. Je n'avais jamais à me préoccuper de quoi que ce soit. La maison était parfaitement tenue, les repas toujours prêts. Je n'avais qu'à m'asseoir et à manger en écoutant Henriette, Angélique et ses deux compagnes me raconter leur journée. Les deux nouvelles progressaient vite dans l'apprentissage de la langue parlée. Angélique, en particulier, se faisait entendre aussi bien que n'importe quelle personne ne souffrant pas de surdité. Toutes trois lisaient sur les lèvres et s'entendaient à merveille. J'admirais Henriette de parvenir si rapidement à d'aussi bons résultats et, surtout, d'avoir la patience de mener son rêve à si bonne fin. Elle ne se contentait pas d'enseigner aux filles à parler, elle leur donnait des cours de français et de mathématiques, en même temps qu'elle les initiait aux arts ménagers, les préparant réellement, malgré leur handicap, à affronter la vie avec assurance.

Je mesurais à quel point la vie d'Henriette différait de la mienne. Par mon travail, je me heurtais aux grands problèmes de la société. Quand je lui parlais de mes préoccupations, Henriette me taquinait :

— Monsieur veut régler le sort du monde !

— Je suis constamment aux prises avec ces questions.

— La vie est bien moins compliquée que tu ne le crois. Pour se sentir bien, il suffit d'un travail qu'on aime.

— Tu es heureuse dans ce que tu accomplis ?

— Très heureuse. J'ai l'impression que je sers à quelque chose.

— Je ressens la même chose dans mon travail, à la différence qu'il est décrié par qui tu sais. Tout cela m'oblige à m'interroger sur ce qui se passe autour de nous et à me remettre en question.

Fort heureusement, quand je revenais à la maison, je pouvais chasser de mon esprit ces sujets troublants et oublier pendant quelques heures les grands problèmes du monde. Mais dès que je me trouvais au travail, tous ces enjeux refaisaient surface. Les journaux du monde entier servaient à alimenter les conversations. Nous vivions de profonds bouleversements. Les scientifiques découvraient toutes sortes de choses et arrivaient même à expliquer certains phénomènes considérés jusqu'alors comme des miracles, notamment certains passages de la Bible. Par exemple, la manne dans le désert n'était rien d'autre qu'un phénomène naturel, des plantes laissant couler un liquide sucré qui figeait sur le plant durant la nuit et fondait au soleil le matin, d'où la nécessité de le recueillir avant son lever. Même chose quand la mer Rouge s'était divisée en deux murailles d'eau pour laisser passer les Hébreux. Il ne s'agissait là aussi que d'un phénomène naturel, de grands vents ayant poussé l'eau et ainsi dégagé un passage à sec.

Ces explications déplaisaient beaucoup au pape, opposé à tout ce qui s'appelait science. Comme il arrive souvent, au moment même où il devait avec le plus d'ardeur soutenir les positions de l'Église, il avait également à défendre militairement les territoires occupés par ses armées. Les yeux du monde entier, et en particulier ceux de notre évêque, étaient tournés vers ce qui se passait en Italie.

Chapitre 47

L'épreuve papale

Avec son armée, le pape régnait depuis des siècles sur une grande partie de l'Italie. Des rebelles avaient résolu de libérer Rome et de redonner aux Italiens les régions de leur pays occupées par l'armée papale. Appuyé pendant quelques années par l'armée française de Napoléon III, le pape ne craignait pas de perdre ses État. Mais lorsque l'empereur français lui retira son appui et rappela ses troupes, le règne de Pie IX fut aussitôt fragilisé. Ses soldats combattirent avec plus ou moins de succès. Nous pouvions suivre dans les journaux tout ce qui concernait ces batailles. Évidemment, tous les ennemis du pape furent excommuniés et on se scandalisait en haut lieu que des impies puissent s'en prendre à Sa Sainteté.

Au pays, le pape reçut l'appui inconditionnel d'un de ses plus grands admirateurs, monseigneur Ignace Bourget. En plus d'avoir expédié à Rome cinq cents zouaves, ce pour quoi il avait soutiré cent mille dollars aux pauvres, il se mit à quêter pour le souverain pontife qui, affirmait-il, en était rendu aux extrémités. À l'entendre, l'homme avait à peine de quoi manger. C'était à pleurer de voir dans quelle misère il baignait. Arthur Buies me fit ces réflexions:

— Sa Grandeur tente de nous attendrir le cœur avec la situation du pape. Il a même le front de venir solliciter notre aide financière. Selon lui, le souverain pontife a de la misère à survivre. Le pauvre, il n'a qu'à vendre une des statues d'or de la basilique Saint-Pierre, en mentionnant qu'elle conserve des ossements du saint, pour en obtenir de quoi vivre comme un roi jusqu'à la fin de son règne. Ne porte-t-il pas le titre de roi de Rome?

Buies m'apprit encore que lorsque Sa Grandeur s'était rendue à Rome au concile qui avait élevé l'infaillibilité papale au rang de dogme, il avait apporté plusieurs milliers de dollars, résultat de multiples quêtes. Notre saint homme déposa cette somme au pied du pape qui nous gratifia de ses bénédictions. Il me raconta ensuite le fait suivant, auquel j'eus peine à croire.

— Notre évêque est si impressionné de voir que l'armée papale recule sur tous les fronts et que son bon ami le Saint-Père va perdre ses territoires italiens, qu'il a fait appel à l'esprit de sacrifice de nos jeunes filles pensionnaires.

— Que racontes-tu là?

— Imagine-toi qu'il a expédié une circulaire aux élèves des couvents et des académies et aux institutrices.

— Qu'est-ce qu'il y recommandait?

Buies tira son calepin de sa poche pour me lire les paroles mêmes de Sa Grandeur:

Je vous envoie de la Myrrhe qui comme vous le savez est une gomme odorante qui coule d'un arbrisseau qui pousse sur le Calvaire et est arrosé du Sang du Sauveur mourant et des larmes de sa Mère navrée de douleurs.

Comme si cela n'était pas suffisant, il lut encore:

Vous avez certainement pris vos habits de deuil en apprenant cette triste nouvelle (celle que l'armée du pape était battue). Vous

les porterez au jour de l'An de telle sorte que vous ne pourrez pas
vous rendre célébrer dans vos familles.

— Il n'a pas fait ça ? Empêcher ces pauvres enfants pensionnaires de se rendre célébrer chez eux le jour de l'An ?

— Bien pire, il les a incités, pour soulager le pape que
la révolution a dépouillé de tout, d'appliquer en sa faveur
le fruit de leurs épargnes.

— Pas vrai !

— Rien de plus vrai ! C'est dire combien cet homme n'a
pas de jugement. De toute façon, au point où certains en
sont rendus avec la religion, on peut se demander jusqu'où
on ira.

— Aurais-tu d'autres exemples aussi édifiants ?

— Des centaines, aussi aberrants que celui-là. Pour n'en
mentionner qu'un, figure-toi qu'un journal du Havre rapporte qu'à un kiosque, une charmante jeune fille catholique
vend, le plus cher possible, tu ne devineras jamais quoi ?

— Je ne suis pas devin.

— Rien de moins que de l'eau de toilette de l'Immaculée
Conception.

— Tu te moques de moi ?

— Jamais de la vie. Réfléchis, mon ami, de l'eau de
toilette de l'Immaculée Conception. Faut le faire !

— À quel usage cette eau peut-elle être employée ?

— Je vais te l'expliquer. Elle sert à enrichir les congré-
gations avec l'argent des vieilles femmes, exactement comme
l'huile de Notre-Dame-de-Pitié, ici à Montréal. Cette huile
miraculeuse et inépuisable est débitée dans l'église Saint-
Joseph. Elle n'a aucune senteur, si ce n'est l'odeur de sainteté
laquelle, comme chacun sait, ne s'évapore pas. L'argent
retiré de cette vente, cher ami, se dépense en bonnes œuvres,
comme celles de procurer du tabac à nos zouaves pontificaux

et d'acheter des cordons de saint Thomas, enroulés trois fois autour du corps, pour rester chaste.

Comme chaque fois qu'il se lançait dans pareil discours, Arthur suffoquait d'indignation. Je lui demandai :

— À propos, que vont devenir nos zouaves pontificaux ?

— Ils seront probablement rapatriés sous peu. Je te prédis qu'ils vont être reçus ici comme des héros. Pourtant, ils n'ont strictement rien fait pour venir en aide au pape. Dans cette belle aventure, nous avons englouti plusieurs centaines de milliers de dollars, et cela, grâce à notre cher évêque.

— Pourquoi penses-tu qu'il y aura de grandes célébrations lors du retour des zouaves ?

— Tout bonnement parce que je me réfère à celles qui eurent lieu à leur départ pour Rome, tout comme à celui de Sa Grandeur, l'an dernier. Je te rappelle que quand Bourget est parti, une enquête fut instituée afin de découvrir ce qu'étaient devenus les cinq cent mille dollars destinés à l'érection de sa cathédrale. Est-ce que tout cela a changé quelque chose dans l'esprit de nos bons concitoyens ? Absolument pas. Lors de son départ, les rues étaient remplies par une foule agenouillée et en larmes sur le passage de son évêque bien-aimé. Les femmes et les enfants couraient pour solliciter une dernière bénédiction. Il fallut faire appel aux autorités de la Ville pour escorter le saint homme en sécurité jusqu'à la gare Bonaventure. Alors, ce genre de démonstration risque fort d'avoir lieu au retour de nos zouaves. Notre bon peuple a besoin de héros. Notre évêque en est un, nos zouaves en sont. Sans doute y aura-t-il autant de monde pour applaudir que si l'on faisait défiler un animal rare dans nos rues. Je te le dis, nos gens adorent les processions.

Chapitre 48

Le retour de nos zouaves

Arthur avait vu juste et Adalbert avait raison de désespérer du bon jugement des nôtres. Il se passait si peu de choses à Montréal qu'on célébrait avec faste le moindre événement sortant quelque peu de l'ordinaire. Les zouaves revenant de Rome furent accueillis en héros, alors qu'ils avaient complètement failli à la tâche, n'ayant pas eu d'autre choix que de déposer les armes. Depuis quand célèbre-t-on le retour de vaincus comme s'ils étaient des vainqueurs ? Le seul fait de s'être rendus à Rome méritait-il autant de célébrations ? Chaque petit village se réjouissait de compter un ou deux zouaves. Dès que le jeune homme se montrait, on déroulait le tapis rouge. Toute la paroisse applaudissait son retour.

Ces jeunes hommes, pour la plupart partis pour Rome en 1868 à la défense de notre bon et infaillible Pie IX, ne se battirent à peu près pas. Aucun d'eux ne fut tué. Comment d'ailleurs auraient-ils pu l'être ? À peine savaient-ils se servir d'un fusil. Or, des lettres nous parvenaient de Rome et *La Minerve* s'empressait de les publier. On y attribua à un secours particulier du ciel le fait qu'aucun de nos zouaves n'était mort au combat.

En réalité, ces jeunes hommes auxquels on avait vendu l'idée d'aller mourir à la défense du pape en furent quittes pour séjourner là-bas à nos frais. Il fallait lire la lettre d'un dénommé Lussier dans le journal *La Minerve* pour se faire une idée de la folie et de l'inutilité que constitua l'envoi de ces zouaves à Rome. En parlant d'eux, cet homme écrivait : *Ils ont tous fait noblement et bravement leur devoir. C'était un plaisir de les voir affronter le danger, marchant à travers les balles et la mitraille, comme de vieux troupiers de vingt ans.*

Il faut croire que ce correspondant n'avait guère réfléchi avant d'écrire ces lignes. Personnellement, je me demandais quel plaisir il y avait à regarder des jeunes hommes risquer de se faire tuer. Bien pire, cet homme précisait : *Et pourtant plusieurs parmi eux n'étaient des soldats que depuis sept jours.* Autant dire, donc, qu'ils n'étaient pas soldats. Pourquoi s'étonner alors qu'ils aient subi la défaite ? Voici d'ailleurs ce qu'ajoutait ce monsieur :

Si nos zouaves ont été braves dans le combat, ils ont été grands, sublimes, surhumains dans la défaite [...]. Il y avait à Rome des êtres vomis par l'enfer, des lâches qui ont insulté à l'honneur et à la bravoure [...]. Ils ont osé, les infâmes, cracher à la figure des zouaves désarmés, en les appelant assassins. C'est là que nos zouaves se sont montrés grands.

Je fis quelques réflexions à Adalbert, venu m'entretenir sur le retour de nos zouaves.

— Quelle grandeur y a-t-il, quand on est désarmé, à se laisser cracher à la figure sans réagir ? Ces jeunes hommes savaient bien qu'à la moindre réplique, ils mettaient leur vie en danger. Je ne saisis pas comment on peut être sublime et surhumain dans la défaite ni comment les ennemis peuvent tous être des lâches vomis de l'enfer. Ce monsieur a-t-il oublié que ces Italiens combattaient contre les armées papales, formées d'étrangers, et qu'ils ne faisaient que reconquérir les territoires de leur pays que s'étaient appropriés les pontifes ? Qu'on me démontre qu'un prétendu représentant de Dieu sur terre a raison de se mettre à la tête d'une armée !

Adalbert, tout comme moi, ne comprenait vraiment pas comment ils pouvaient être reçus ici en héros.

— As-tu eu l'occasion de te trouver quelque part sur le défilé en leur honneur ? lui demandai-je.

— Une vraie folie !

— Raconte !

— À deux heures, le train est entré à la gare Bonaventure. On ne s'entendait plus parler. Des hourras poussés par les milliers de personnes sur place couvraient tous les bruits. Ces acclamations frénétiques furent suivies par la musique des fanfares et le tam-tam des tambours. La procession mit beaucoup de temps à se mettre en branle tant la foule était dense. Le cortège semblait interminable sous les vivats de milliers de spectateurs enthousiastes.

J'intervins :

— J'en ai lu le compte-rendu dans *La Minerve*, et j'ai peine à croire tout ce qui s'est écrit là-dessus.

J'avais sous les yeux une des adresses lues à cette occasion. Je demandai à Adalbert s'il avait eu le temps d'en prendre connaissance. Comme ce n'était pas le cas, je lui en fis la lecture :

La spontanéité et la splendeur de la démonstration de dimanche sont l'une des choses que la plume ne saurait décrire. À la nouvelle de l'arrivée du dernier contingent de zouaves canadiens, toute la population française, oserions-nous dire, était accourue pour leur souhaiter la bienvenue et leur donner un éclatant témoignage de sa joie et de sa profonde sympathie. Elle était heureuse de les voir revenir sains et saufs et elle se sentait fière de ces deux cent dix compatriotes qui ont protesté à Civita Castellana et sur les

remparts de la Ville éternelle contre l'envahissement sacrilège des
États pontificaux.

Adalbert s'insurgea :

— Je suis toujours atterré de voir avec quelle facilité les
autorités en place peuvent parvenir à persuader les gens
qu'une cause est juste. Tu sais comme moi que les Italiens,
désireux de reconquérir les territoires de leur pays où
régnait la papauté depuis des siècles, avaient toutes les
raisons du monde de le faire. Les papes avaient toujours
prétendu que ces territoires couvrant tout le centre de
l'Italie leur appartenaient parce qu'ils avaient été donnés
par nul autre que l'empereur Dioclétien au pape Silvestre
premier. Pour se justifier de posséder de la sorte une grande
partie du pays, ils exhibaient à ceux qui contestaient un
document datant de la seconde moitié du VIIIe siècle. Or,
Lorenzo Valla avait démontré en 1440 qu'il s'agissait là d'un
faux, écrit par la chancellerie papale. Garibaldi et les
Piémontais le savaient et depuis 1860, ils avaient décidé de
récupérer ces territoires. Imagine-toi comment réagiraient
nos gens si des envahisseurs venaient s'installer au milieu
de Montréal.

— Connaissant nos bons Canadiens français, sans doute
qu'ils applaudiraient, surtout si Bourget le leur demandait.

— Les Italiens avaient assez enduré cette situation. La
papauté et le clergé occupaient une grande partie du pays.
N'étaient-ce pas eux les envahisseurs? Pourtant, nos évêques
et Bourget en premier sont parvenus à convaincre nos bons
catholiques que les ennemis du pape et de ses armées étaient,
comme l'affirme notre évêque, "des vomissures de l'enfer".

— Bien plus, ajoutai-je, voici ce qu'a déclaré Sa Grandeur
à nos zouaves pour les motiver à leur départ: "Vous partez
pour aller combattre les ennemis de l'Église. Cette guerre

n'est pas une guerre ordinaire, mais une guerre sainte, et tous ceux qui succomberont seront comptés au nombre des martyrs." Voilà comment il est parvenu à monter la tête de quelque cinq cents naïfs jeunes hommes. Il les a convaincus de risquer leur vie pour que notre bon pape puisse conserver ses palais et ses richesses matérielles. Qu'à cela ne tienne, s'ils étaient tués, nos chers jeunes hommes deviendraient des martyrs. N'est-ce pas merveilleux? Aussi incroyable que cela puisse paraître, cette simple promesse les a incités à prendre les armes.

Adalbert se leva de son fauteuil et fit remarquer, avec tout le cynisme dont il était capable:

— Sa Grandeur doit être très malheureuse, aucun de ces zouaves n'a perdu la vie. Nous voilà privés de martyrs.

— N'oublie pas, ajoutai-je en riant, que nous le devons au secours du ciel. Dans sa grande bonté, Dieu a veillé à ce qu'aucune balle ni aucun morceau de mitraille n'atteignent nos vaillants défenseurs. Je te le dis: comme autrefois les Juifs, nous sommes aujourd'hui le peuple choisi. Un grand avenir nous attend.

Chapitre 49

La dernière
conférence d'Arthur Buies

Il y avait foule chaque fois que mon ami Arthur donnait des conférences à l'Institut. Les gens appréciaient son éloquence et son franc-parler. La dernière fois qu'il s'était adressé avec fougue à nos membres, il avait parlé du progrès. Auparavant, il avait tenté de démontrer que la Confédération n'avait pas sa raison d'être. Il ne baissait pas les bras et dénonçait ce qui lui paraissait devoir l'être, critiquant vertement notre système d'éducation en ces termes : « La jeunesse sort des collèges, bouffie de prétentions, mais vide de science. » Il déplorait le peu de rigueur qu'on mettait à enseigner le français et les sciences, attribuant ces carences à l'ignorance des enseignants et en particulier à celle des religieux.

Depuis qu'il avait été contraint de cesser la publication de son journal, il n'était plus le même. Je le voyais de plus en plus désespérer d'éveiller nos concitoyens. Ce n'était pourtant pas faute de s'y employer. Il se faisait maintenant entendre par des chroniques dans le journal *Le Pays* et même dans *La Minerve* qu'il avait si souvent dénoncée. À ceux qui lui en faisaient la remarque, il répondait spontanément :

— Avez-vous besoin de manger ? Moi oui ! Eh bien !
Sachez que *La Minerve* paye bien, et pour cela je lui par-
donne tout le reste.

On ne comptait plus ses interventions sur des sujets aussi
brûlants que la politique, la religion, l'éducation et la bêtise
humaine. Il expliquait ainsi l'immobilisme des Canadiens
français :

*Dans les pays montagneux, les hommes sont plus conserva-
teurs, plus soumis aux traditions, plus difficiles à transformer que
partout ailleurs. Les idées pénètrent difficilement dans les mon-
tagnes, et, quand elles y arrivent, elles s'y arrêtent, s'enracinent,
logent dans le creux des rochers, et se perpétuent jusqu'aux dernières générations sans subir le moindre mélange ni la moindre
atteinte de l'extérieur […]. Si une bonne partie du Canada
conserve encore les traditions et les mœurs du dernier siècle, c'est
grâce aux Laurentides.*

Par contre, il appréciait la joie de vivre manifestée par
certains de nos compatriotes, contrairement aux Anglais. Il
en donnait pour preuve le mauvais temps qui avait perturbé
notre été. De passage à Cacouna, il écrivit :

*C'est la mode de s'ennuyer à Cacouna ; aussi tout le monde y
court. Entendons-nous ; tout le monde, ici, ce sont les Anglais,
peuple né pour la contrainte. Mettez cent familles canadiennes
[françaises] dans Cacouna, et le village est bouleversé ; parties de
plaisir, piqueniques, promenades sur l'eau, bains, bals, ce sera un
divertissement, un tapage continuel… Vous sentirez une vie
bruyante, la mêlée des plaisirs, l'union de toutes les joies, des
hommes et des femmes qui se cherchent au lieu de se fuir dans un
repos monotone… Vous verrez des amourettes, des fleurettes, des
ariettes, des riens, des matrones indulgentes, des pères bons comme
le pain bénit, des réunions intimes de cent personnes, tout le
monde se connaissant, jouissant, riant, sautant, embrassant la vie*

par tous les pores… Au lieu de cela, vous avez dans Cacouna des gens qui ressemblent à la pluie ; ils ont le visage comme les nuages. Quand ils sourient, c'est signe de mauvais temps, et quand ils marchent, on se sent inquiet et on regarde l'horizon. Les Canadiens [français] savent s'amuser ; hélas ! que sauraient-ils s'ils ignoraient cela ? Jouir vite et rapidement des quelques heures que le ciel nous mesure ; aimer et sentir, se répandre au-dehors, fouetter l'aile souvent lente du temps, s'oublier soi-même en oubliant les jours, voilà le secret de la vie !

Il donnait donc une conférence à l'Institut. Nous ignorions alors que ce serait la toute dernière qu'il y prononcerait. Il l'avait intitulée : *Ce qui est et ce qu'il faut.* Louis-Antoine Dessaules y assista, lui qui, une dizaine de jours auparavant, nous avait mis au courant de sa correspondance avec le cardinal Barnabo dont les propos nous avaient fort contrariés.

Buies exprimait toujours ses idées clairement. Il parla de la situation dans laquelle nous étions, dominés par le clergé et gardés volontairement dans l'ignorance afin que, comme peuple, nous demeurions soumis pour la plus grande gloire de Dieu et le triomphe de l'Église sur l'État. Ce qu'il fallait faire pour s'en sortir s'avérait fort simple : informer les gens de ce qui se passait réellement dans le monde et les tirer de cette noirceur dans laquelle on les maintenait.

Ce pauvre Arthur admit un jour s'inquiéter de l'avenir de notre peuple :

— Valois, il n'y a pas de race inférieure. Il y a cependant dans le monde un peuple qui fait tout en son pouvoir pour démontrer que cette race existe, et ce peuple est le nôtre. À force de nous faire dire par d'autres ce que nous devons être, nous en oublions ce que nous sommes. Nous nous fermons les yeux pour ne pas voir le niveau d'abaissement où nous sommes descendus et nous nous considérons comme privilégiés de n'avoir plus la charge de nos destinées.

— Tu as tout à fait raison.

— En réalité, nous, Canadiens français, nous croyons nés pour un petit pain. Si nous ne voulons pas disparaître comme peuple et conserver notre identité, il nous faut apprendre à nous élever à la même hauteur que les autres nationalités, ne pas nous contenter d'une place à l'ombre quand tous les autres prennent leur place au soleil.

Je l'approuvais entièrement. Il attribuait, avec raison, notre situation à la trop grande influence du clergé sur nous. Il ajouta ainsi :

— Notre population se divise à peu près également en deux classes, les prêtres et les mendiants. Nous sommes exploités par le clergé. Pendant qu'ils nous disent de mépriser les biens de la terre, les évêques se font construire des palais et les curés habitent des presbytères qui passent pour des châteaux aux yeux de leurs paroissiens. Dire qu'ils sont les représentants de Celui qui n'avait même pas une pierre où poser sa tête. J'en ai vraiment assez de tout ça. Nous sommes décidément trop tolérants. Cela, hélas ! ressemble parfois à de la lâcheté. Comme peuple, nous nous prosternons devant des soutanes tout en vénérant les images que nous vendent nos libraires. Voilà tout ce qui se passe à Montréal que nous pouvons qualifier de ville morte.

Je m'attristai. Son discours était devenu celui d'un homme qui en avait assez de lutter. Sans lui, sans Dessaules, sans l'apport de nos libres penseurs, qu'allions-nous devenir ?

Chapitre 50

Un inspecteur
rue Sainte-Élisabeth

La vie est curieusement faite : quand les choses se mettent à aller de travers, on dirait que tout s'enchaîne. Les rangs de l'Institut se clairsemaient. Comme *La Lanterne*, et auparavant *L'Avenir*, le journal de combat *Le Pays* fermait ses portes. Mon ami Buies nous quittait pour aller vivre à Québec et Louis-Antoine Dessaules était au bord de la faillite. Adalbert, me semblait-il, conservait tout de même un certain optimisme. Il espérait, comme nous tous, un heureux dénouement pour notre ami Joseph Guibord, dont la dépouille, par la mauvaise foi de monseigneur Bourget, croupissait toujours dans le charnier du cimetière protestant.

Henriette, bien secondée en cela par Angélique, continuait l'éducation de ses deux élèves. Quand j'en avais l'occasion, j'avais plaisir à assister à ses mises en scène. J'admirais avec quelle patience elle reprenait ses leçons jusqu'à ce que le son qu'elle désirait entendre finisse par sortir de la gorge d'Odette ou de Marise. Elle prenait chaque fois exemple sur Angélique à qui elle faisait prononcer le son désiré. Ses jeunes protégées tentaient de l'imiter en plaçant leurs lèvres et leur langue comme elle le faisait. Elles finissaient par y parvenir après maints essais. Apprendre à parler à ces jeunes sourdes s'avérait un très long processus. Il fallait des semaines sinon des mois pour qu'Henriette arrive à des résultats encourageants. J'échangeais souvent là-dessus avec elle.

— Quelle sorte de journée avez-vous eue aujourd'hui ?

— Rien de très motivant. Odette me semble plus douée que Marise. Cette dernière m'étonne parfois.

— N'est-ce pas cela que l'on appelle un apprentissage ?

Heureusement qu'Henriette pouvait compter sur Angélique pour s'occuper de notre chère Mélanie, sinon jamais elle n'aurait pu parvenir à faire avancer nos pensionnaires. Il y avait bien trois mois maintenant que les petites s'évertuaient à tenter de communiquer par le son. Henriette leur apprenait en même temps à lire et écrire.

— Plus elles avanceront dans leur apprentissage de la lecture et de l'écriture, plus elles progresseront rapidement dans celui du langage.

Tout allait comme nous le souhaitions quand un jour, alors que je mettais les pieds dans la maison, je constatai que quelque chose de grave s'était produit. J'avais rarement vu Henriette aussi furieuse. J'étais à peine entré qu'elle m'apprit d'une voix rageuse :

— Imagine-toi que j'ai eu aujourd'hui la visite d'un homme se disant inspecteur de l'Instruction publique.

— Que voulait-il ?

— Il a d'abord prétendu avoir reçu des plaintes de personnes laissant entendre que je n'étais pas apte à enseigner à de jeunes sourdes.

— D'où peuvent bien provenir ces plaintes ?

— Tu te poses la question ? Je vais te donner la réponse. Il doit y avoir quelqu'un quelque part qui croit de la sorte pratiquer la charité chrétienne. Je ne serais guère étonnée qu'il s'agisse d'une religieuse. Tu sais comme moi que l'Église veut s'arroger tous les pouvoirs en matière d'enseignement. Et paraît-il que ton travail n'aide pas ma cause…

J'étais atterré de constater qu'une fois de plus, mon épouse se voyait brimée parce que je faisais partie de l'Institut canadien. On ne pouvait pas m'empêcher de faire ce que je voulais et de mener la vie qui me convenait. On s'en prenait donc à Henriette. Parce que je marchais hors des sentiers battus, de bonnes âmes sentaient de leur devoir de me rappeler à l'ordre. Je voulus connaître le nom de cet inspecteur. Malheureusement, il ne s'était pas nommé et, sous le choc, Henriette avait omis de le lui demander. Je décidai de retracer l'individu en question.

Dès que je pus me libérer pour quelques heures de mon travail, je me rendis directement au bureau de l'Instruction publique. L'édifice me semblait aussi austère que les personnes qui y travaillaient. On me fit passer d'un bureau à l'autre sans pouvoir me préciser le nom de ce mystérieux inspecteur. Personne, selon eux, ne s'était rendu rue Sainte-Élisabeth. Pourtant, une semaine plus tard, Henriette recevait un avis par lequel on la prévenait qu'elle ne serait plus autorisée à enseigner à de jeunes sourdes-muettes. En colère, elle s'écria :

— Je veux des explications et j'en aurai !

Confiant la garde de Mélanie, d'Odette et de Marise à Angélique, elle se précipita au bureau de l'Instruction publique, avis en main. On la fit attendre un long moment avant de daigner la recevoir. Elle usa de toute sa patience pour informer l'homme qui l'accueillit de ce qui se passait. Après maintes explications, le fonctionnaire daigna jeter un coup d'œil à l'avis en question. Il tenta de lire la signature indéchiffrable apparaissant au bas, puis, se ravisant, il examina de plus près le papier et finit par déclarer qu'il n'émanait pas de leur bureau. Henriette comprit qu'elle avait été bernée par un faux inspecteur et n'en fut que plus vexée.

Qui pouvait bien s'être donné la peine d'intervenir de la sorte ? Quand je racontai la chose à Adalbert, il ne s'en montra pas étonné.

— Plus de gens nous haïssent que nous ne le pensons. Nous sommes pour eux comme un reproche à leur inertie. Ils sont, face à la religion, comme ces mouches qui se laissent prendre à un serpentin couvert de colle et ne peuvent plus s'en dépêtrer. Ils finissent par renoncer et acceptent leur sort comme s'il allait de soi. Ils envient au fond ceux qui ont le courage de leurs opinions et sont assez lucides pour rejeter ce qui n'a pas de sens. À l'Institut, malgré les menaces de Sa Grandeur, nous continuons nos activités et nous osons lire des ouvrages défendus par l'Église. Les bien-pensants tentent-ils seulement de savoir pourquoi la lecture de tel ou tel livre est prohibée ?

— Les gens sont souvent jaloux du succès des autres.

— Aux yeux de certains, il fait toujours plus beau dans la cour du voisin. Ils envient ceux qui ne portent pas de carcan. Comment Henriette se remet-elle de cette démarche de mauvais goût ?

— Elle est la vaillance même. Elle a redoublé d'ardeur auprès de ses protégées afin de faire la preuve, sans équivoque, de ses capacités d'enseignante. Le progrès des petites reste pour elle la meilleure des consolations.

Au beau milieu de la conversation, Adalbert me parut soudain distrait. Il me confia être très inquiet pour l'avenir de tout ce qui nous tenait à cœur. L'étau de l'incompréhension se resserrait de plus en plus sur nous et il se demandait si un jour, notre peuple sortirait de la fange dans laquelle on voulait à tout prix le maintenir.

—J'ai beaucoup d'admiration, précisa-t-il, pour ce qu'ont réalisé nos ancêtres. Je désespère toutefois de voir un jour leurs descendants sortir réellement la tête de l'eau et se prendre enfin en mains. Maintenir quelqu'un dans l'ignorance, n'est-ce pas la meilleure façon de le dominer? Et le meilleur moyen d'y parvenir, n'est-ce pas de l'empêcher de voir clair dans le jeu de ceux qui le dominent? Quand je lis les interventions hargneuses de Bourget contre tout ce qui ne correspond pas à sa façon de penser, j'ai beaucoup de difficultés à accepter ce culte qu'on lui voue. Où allons-nous, à suivre les directives d'hommes qui sont les ennemis jurés de tout progrès?

J'avais rarement entendu Adalbert parler de la sorte. Après Dorion, Buies et les autres, était-il en train lui aussi de baisser les bras? Valait-il la peine de continuer à se battre, quand le combat était livré à armes si inégales?

Chapitre 51

Buies nous quitte

Depuis qu'il avait donné sa dernière conférence à l'Institut, Arthur n'y avait pratiquement plus remis les pieds. N'ayant plus son journal *La Lanterne* ni *Le Pays* pour s'exprimer, il collaborait à d'autres journaux. Je lisais ses chroniques avec intérêt. Il avait toujours une aussi belle plume, mais moins de mordant. Était-ce bien lui qui avait écrit : *Sur la route du temps, on n'en peut jamais revenir ; il faut marcher, marcher sans cesse [...]. Tu n'as rien, rien, si ce n'est l'espérance, plus trompeuse encore que tout le reste, puisqu'elle fait croire à un bonheur que jamais tu ne pourras saisir.*

Ces phrases, il ne les aurait pas écrites quelques années auparavant. Je m'étais laissé dire qu'il y allait passablement fort sur la bouteille et qu'en peu de temps, il avait beaucoup changé. Lui qui avait toujours été si prompt à monter aux barricades devenait moins vindicatif. Je me souvenais de notre première rencontre. J'avais été séduit par son intelligence vive et cette force émanant de lui. Les rebuffades subies et les combats menés l'avaient usé avant son temps. Il ne se battait plus et s'intéressait maintenant à la colonisation des régions inexploitées du Québec. Comme nous, il s'inquiétait de voir partir nos compatriotes par centaines chaque année vers les États-Unis. Il répétait avec raison :

« Pour éviter l'exode des nôtres, il faudrait développer une partie du pays qui ne l'est pas. »

Ce fut ce dont il me parla, avant de quitter définitivement Montréal, quand il vint une dernière fois à l'Institut. Je croyais, comme autrefois, passer de bons moments en sa compagnie. Ce fut tout le contraire. Il me confia :

— Sais-tu qu'à trente-quatre ans, je me demande quel avenir m'attend ?

— Tu es tout jeune encore.

— Détrompe-toi. J'ai déjà passé l'été de la vie. De plus, je cherche en vain maintenant le soleil qui l'a réchauffé.

Le voyant si triste, je tentai de l'encourager.

— Allons, souviens-toi du temps de *La Lanterne* !

— Elle s'est éteinte depuis longtemps. Aujourd'hui, il ne me reste rien à espérer.

Non, je n'avais plus devant moi l'Arthur Buies que j'avais connu. Je lui demandai :

— Que t'arrive-t-il ?

— La vie m'a appris qu'il ne faut rien attendre ni espérer d'elle.

Que répondre à pareille affirmation ? Il est vrai qu'entier comme il l'était, quand il entreprenait un combat, il n'y avait rien pour l'arrêter. Par contre, je m'avisais que lorsqu'il essuyait une défaite, rien non plus ne pouvait lui redonner du courage. Je connaissais maintenant les deux visages de mon ami. J'étais triste de le voir nous quitter dans de telles dispositions. Il finirait bien par prendre une autre voie, laquelle lui redonnerait le goût de se battre. Il me le laissa lui-même entrevoir quand il me parla du développement du chemin de fer et des possibilités que pouvaient offrir les bateaux à vapeur pour les régions éloignées du Québec.

Il me raconta avec enthousiasme le projet de construction d'une ligne de chemin de fer jusqu'au Saguenay.

— L'avenir, m'assura-t-il, est aux audacieux.

— Je te crois, Arthur, mais te comptes-tu encore dans cette catégorie d'hommes?

— Bien sûr, mon ami. J'ai encore en moi des ressources dont je saurai me servir.

— Je suis heureux de te l'entendre dire.

Pour la première fois depuis longtemps, il esquissa un semblant de sourire. Je vis à nouveau briller dans ses yeux, pendant un court instant, cette flamme qui l'animait autrefois. Je me rendais compte cependant que le temps avait fait sur lui, comme sur nous tous, des marques indélébiles. Je voulus lui parler de notre ennemi commun, Sa Grandeur monseigneur Bourget. Me posant la main sur l'épaule, il m'interrompit:

— Je n'ai plus une minute, que dis-je une minute, une seconde! à consacrer à cet homme. C'est gaspiller son temps, que de se préoccuper de lui. Il est tout près de la fin de son règne. Quand il disparaîtra, le monde ne s'en portera que mieux.

Je l'invitai à passer souper à la maison.

— Henriette serait si heureuse de te voir.

— Tu la salueras de ma part, en l'assurant que je garde un très bon souvenir d'elle. Je pars cet après-midi pour Québec. Je ne crois pas revenir à Montréal de sitôt. Considère donc cette visite comme un adieu, à toi, à l'Institut et à notre passé que hélas! nous ne pouvons pas refaire.

Il reprit son chapeau, déposé sur mon bureau, me tendit la main et s'en fut d'un pas hésitant. Arthur n'était décidément plus l'homme que j'avais connu. La vie lui avait infligé des ravages irréversibles. Je le vis tendre une main vers une de ses poches, en sortir une flasque dont il dévissa le bouchon et prendre une bonne rasade. Puis il poursuivit son chemin en clopinant. Je ne le savais pas alors, mais ce devait être la dernière fois que je le voyais. Son départ me laissa l'impression que l'Institut vivait ses derniers moments.

Chapitre 52

Une balade à Montréal

Pendant que nous nous préoccupions des frasques de notre évêque et que se déroulaient à Rome les combats de l'armée papale forte des soldats les plus valeureux du monde, nos cinq cents zouaves, notre ville s'était transformée sans que nous nous en apercevions. Nous avions pris l'habitude Henriette et moi de nous rendre chaque année, un peu comme en pèlerinage, sur les lieux qui avaient vu naître notre amour, une occasion pour nous de mesurer les progrès réalisés pendant que nous vaquions à nos occupations quotidiennes. Cette année-là, nous décidâmes de nous balader dans Montréal à pied.

Après nous être assurés que Mélanie et les protégées d'Henriette étaient en parfaite sécurité avec Angélique, nous nous accordâmes une journée de congé. Les activités de l'Institut avaient beaucoup diminué en même temps que le nombre de ses membres, ce qui me laissait plus de loisirs. Partant de la rue Sainte-Élisabeth, nos pas nous menèrent directement vers le marché que nous avions toujours plaisir à parcourir tant il tenait une place importante dans notre vie. Après y avoir flâné un moment, je proposai à Henriette :

— Que penserais-tu si nous allions voir les nouveaux édifices en construction dans la vieille ville ?

— Je dirais que voilà une excellente idée. Nous en entendons parler, sans trouver le moyen d'aller les voir. C'est le temps ou jamais.

Je suggérai de nous rendre d'abord rue Notre-Dame, à proximité du Château Ramsay, afin de constater où en étaient rendus les travaux de construction du nouvel hôtel de ville. Il sortait à peine de terre et couvrait un immense espace, laissant présager un édifice très imposant. Le plan affiché sur un panneau non loin de là nous renseignait sur ses dimensions et sa hauteur : quatre étages flanqués d'une tour à chaque bout, sans oublier une tour principale très impressionnante au centre.

Après quelques instants à observer les ouvriers qui s'affairaient à monter la structure de l'édifice, nous décidâmes de nous rendre, rue Victoria, admirer l'Académie de Musique dont on venait de terminer la construction. Là encore, nous fûmes impressionnés par la beauté de cet édifice de pierres grises de trois étages, dont la façade, percée de dix fenêtres à chaque niveau, se terminait, comme celle de l'hôtel de ville, par deux tours, elles-mêmes ornées chacune de deux grandes fenêtres. Ce qui impressionnait le plus au rez-de-chaussée était l'alignement de magnifiques et larges fenêtres surmontées chacune d'une arche. Le tout conférait au bâtiment un air de légèreté, comme celui de la musique qui tous les jours l'animait.

Henriette, tout comme moi, était enchantée de ce qu'elle voyait.

— Jamais, apprécia-t-elle, je n'aurais imaginé qu'on puisse construire de si beaux bâtiments.

— Les architectes d'aujourd'hui ne craignent pas d'innover et finissent par donner à notre ville un visage qui lui est propre.

En passant devant la Victoria Skating Rink, comme nous désirions nous reposer un peu, nous entrâmes nous asseoir. Sur un babillard était affiché un article de journal dont je m'empressai de prendre connaissance. Il s'agissait d'un reportage sur une partie d'un nouveau sport appelé le hockey, qui s'était déroulée ici le 3 mars précédent. Je connaissais cette grande patinoire. Elle existait depuis plus de dix ans. Je n'y venais guère toutefois, parce qu'elle était située dans le quadrilatère Drummond, Stanley, Sainte-Catherine et Dorchester, en plein quartier anglais, et je ne le fréquentais pas. Quant à ce nouveau sport, c'était bien la première fois que j'en entendais parler.

Quand je revins m'asseoir près d'Henriette, elle me demanda :

— De quoi était-il question dans ce journal ?

— D'un nouveau sport qui se joue en patins à glace. Il consiste, à l'aide d'un bâton muni d'une palette, à lancer un disque de bois entre deux poteaux afin de marquer un point.

Elle commenta :

— Les gens sont vraiment ingénieux pour inventer de nouveaux jeux.

Je me promis de venir un jour assister à une de ces joutes. Après ce petit repos, rebroussant chemin vers l'est, nous nous rendîmes chez Dupuis et frères, rue Sainte-Catherine. Si j'en avais eu les moyens, j'aurais bien acheté un petit présent à Henriette. Mon salaire suffisait à peine à nous faire vivre. Heureusement qu'Henriette touchait quelques sous grâce à nos nouvelles pensionnaires et aux revenus de sa maison de Sainte-Angèle, sinon nous n'aurions jamais joint les deux bouts.

Notre journée n'avait pas été vaine. Les étalages et les vitrines de Dupuis et frères nous en mirent plein la vue. En sortant de ce magasin, je mesurais toute la différence entre les riches et les pauvres. Je me demandai comment il pouvait exister tant d'écarts entre les bien nantis et ceux que la vie ne gâtait pas. Si cette situation perdurait, les oubliés de la vie ne finiraient-ils pas par se révolter, comme la chose était arrivée en France quand les gens s'étaient élevés contre la monarchie ? À voir la docilité et l'inertie des Canadiens français, je conclus que ce n'était pas demain la veille qu'on les verrait se révolter.

En revenant chez nous, une autre curiosité nous frappa. Des ouvriers s'affairaient à transformer l'éclairage des rues qui, jusque-là au gaz, serait désormais alimenté à l'électricité. Notre ville se métamorphosait à une vitesse folle. En si peu d'années, elle n'était plus la même, s'avérant toujours en progression au point qu'en la découvrant comme nous venions de le faire, nous ne pouvions que nous y attacher et l'aimer davantage. Vraiment, nous vivions dans une belle cité qui n'avait rien à envier aux autres grandes villes.

Chapitre 53

Henriette décide
de se battre

La visite du prétendu inspecteur eut des effets néfastes. Comment les parents d'Odette et de Marise en entendirent-ils parler ? Je l'ignorais. Les mêmes bonnes âmes qui avaient expédié cet homme chez nous s'étaient sans doute chargées de les menacer. Ils vinrent chercher leur fille et Henriette se retrouva le bec à l'eau. Elle fulminait :

— Ça n'en restera pas là !

Je me souvins d'une visite de notre ami Arthur, qui lui avait exposé ce que plusieurs saints de l'Église avaient écrit au sujet des femmes. Elle nous avait alors juré qu'elle prouverait qu'ils avaient eu tort.

Maintenant qu'on lui causait injustement des problèmes, elle cherchait comment procéder pour tracer la voie aux femmes désireuses de remplir des tâches supérieures toujours réservées aux hommes. Comme elle comptait largement sur mon aide, sans trop que je me méfie, elle me prit réellement par surprise quand, un bon matin, elle demanda :

— Si l'homme évolue, pourquoi la femme ne le ferait-elle pas ?

— Que veux-tu insinuer ?

— Tu m'as répété si souvent que tu étais dans une grande période de réflexion. Eh bien! Moi aussi.

— Ne me fais pas de mystère, veux-tu! Confie-moi ce qui te tracasse.

— J'ai décidé de m'instruire pour cesser d'être ton esclave!

À peine avait-elle terminé sa phrase qu'elle éclata de ce rire clair qui m'avait conquis autrefois. Elle l'utilisait chaque fois qu'elle voulait me faire avaler quelque chose de difficile. Henriette, comme toutes les femmes, possédait plusieurs atouts. En plus d'être belle et vive, elle avait un charme fou. J'aurais tout fait pour ses beaux yeux. Elle le savait fort bien. Aussi, quand elle voulait obtenir quelque chose de moi, elle jouait sur tous les tableaux à la fois : le rire, le charme, les gestes et le regard. C'est précisément ce qu'elle exploita ce matin-là.

— Vraiment? Tu te considères comme mon esclave?

— Les femmes sont les esclaves de l'homme comme l'homme l'est de ses passions.

— Veux-tu bien me dire où tu veux en venir?

— Avoue, insista-t-elle, que la femme est la conquête de l'homme.

— Qu'est-ce qui t'incite à dire ça?

— N'est-ce pas un homme, et un saint en plus, qui a laissé entendre que la femme devait être soumise à son mari?

— Saint Paul, il est vrai, a écrit quelque chose du genre.

— Depuis ma naissance, tout ce que j'ai entendu en tant que femme tourne autour de ces paroles. Voudrais-tu par hasard que je te rafraîchisse la mémoire sur ce sujet brûlant?

Elle émit cela avec tellement de douceur dans la voix et le regard que je m'entendis répondre oui sans la moindre hésitation. Elle avait déjà la Bible en main, ouverte à la page incriminante où saint Paul faisait cette recommandation aux gens de Corinthe. Elle s'empressa de la lire :

Je vous félicite de vous souvenir de moi en toute occasion, et de conserver les traditions telles que je vous les ai transmises. Je veux pourtant que vous sachiez ceci : le chef de tout homme, c'est le Christ ; le chef de la femme, c'est l'homme ; le chef du Christ, c'est Dieu. Tout homme qui prie ou prophétise la tête couverte fait affront à son chef. Mais toute femme qui prie ou prophétise tête nue fait affront à son chef ; car c'est exactement comme si elle était rasée. Si la femme ne porte pas de voile, qu'elle se fasse tondre ! Mais si c'est une honte pour une femme d'être tondue ou rasée, qu'elle porte un voile ! L'homme, lui, ne doit pas se voiler la tête : il est l'image et la gloire de Dieu ; mais la femme est la gloire de l'homme. Car ce n'est pas l'homme qui a été tiré de la femme, mais la femme de l'homme, et l'homme n'a pas été créé pour la femme, mais la femme pour l'homme.

Henriette me dévisagea.

— Si ça, commenta-t-elle, ce n'est pas une invitation à l'esclavage, j'ignore alors ce qu'est la servitude.

Comme je ne réagissais pas, elle lut cet autre passage de saint Paul :

La femme n'a pas d'autorité sur son corps, mais c'est le mari ; et pareillement, le mari n'a pas d'autorité sur son propre corps, mais c'est la femme.

Puis, sans me laisser le temps de placer un mot, pastichant la phrase de saint Paul, elle s'empressa de clamer d'une voix triomphante :

— Et moi, sainte Henriette, voici ce que je dis : "La femme n'a pas d'autorité sur son esprit, mais c'est son mari ; et pareillement, le mari n'a pas d'autorité sur son propre esprit, mais c'est sa femme." En conséquence, poursuivit-elle, j'ai décidé, puisque j'ai de l'autorité sur l'esprit de mon mari, qu'il va me permettre de m'instruire.

Je ne pus m'empêcher de rire. J'avoue que j'avais de la difficulté à la suivre. Mais je n'étais pas dupe. Elle avait préparé cette mise en scène uniquement afin de me soutirer l'autorisation de tenter, par des études, de troquer sa vie de ménagère pour une tâche plus noble.

— J'irai chercher un diplôme, promit-elle. Il me permettra, pauvre femme que je suis, d'exercer une honorable profession. Pourquoi pas avocate, médecin ou juge ? Je ne me laisserai certes pas enfermer à vie entre les quatre murs de la maison, à faire le ménage, le lavage, le repassage, le raccommodage, le tricotage et pas de tapage.

Il fallait voir sa mimique quand elle plaidait sa cause de la sorte. Elle était irrésistible. Je lui demandai :

— Quels arrangements comptes-tu mettre en place pour Mélanie ?

—J'ai déjà Angélique qui va la garder durant mes absences.

— Comme je vois, tu as su te préparer de longue date.

— Douterais-tu des capacités de ta tendre épouse ?

— Où comptes-tu étudier ?

— Certainement pas à la succursale montréalaise de l'Université Laval qui ouvrira bientôt ses portes, puisque les femmes n'y seront pas admises. Il n'y a rien d'étonnant à cela, vu ce que notre sainte Église pense de nous !

Elle se précipita vers la cuisine et en revint avec une coupure de journal qu'elle s'empressa de me lire :

La femme est destinée par sa nature aux travaux domestiques, qui sont l'activité la mieux à même de préserver sa pudeur et de favoriser la bonne éducation des enfants et le bien-être de la famille.

Henriette s'interrompit.

— Avec des principes comme ceux-là, il ne me resterait qu'une chose à faire : m'asseoir et attendre que la vie passe. L'Église nous prend pour des moins que rien. Nous n'avons pas le droit de voter. Elle nous recommande de nous soumettre à nos maris. Est-ce que ça fait de nous pour autant des idiotes ?

— Oh ! Rassure-toi. Je te sais capable de tout, ma chérie, voilà pourquoi je t'ai choisie. Que comptes-tu faire ?

— Des études supérieures qui prendront le temps qu'elles prendront.

— Où ?

— Chez les Anglais, à McGill. Les protestants, eux, ont l'esprit beaucoup plus ouvert. Ils assurent que, selon la Bible, la femme est égale à l'homme et ne doit aucunement être considérée comme sa servante.

— Chérie, tu ne parles même pas anglais.

Elle me regarda d'un air condescendant en secouant la tête et lâcha :

— Pauvre Valois ! Tu sais bien que ça s'apprend !

Tout était dit, je n'eus d'autre choix que de m'incliner. En réalité, j'étais plein d'admiration devant sa détermination et son courage à toute épreuve. Je savais qu'elle aurait à surmonter un tas d'obstacles. S'il y en avait une qui pouvait y arriver, c'était bien elle. Dans l'esprit de la plupart des hommes, les femmes n'avaient en général que trois choix dans la vie : se marier et demeurer à la maison, toute dévouée à son entretien et au soin des enfants, entrer au couvent, ou travailler en usine ou dans une boutique quelconque. Il était de mise de considérer les femmes comme des êtres fragiles.

La mienne ne faisait pas partie de cette catégorie. Elle avait plus d'énergie que moi. Sa décision allait chambouler tout le quotidien de la famille. Elle en était bien consciente.

— Ce que je vais réaliser, je le fais d'abord et avant tout pour Mélanie. Notre fille ne sera pas brimée dans ses désirs comme je l'ai été moi-même. Il n'y a pas moyen, comme Canadienne française, de songer ne serait-ce qu'à pouvoir occuper un poste autre qu'institutrice ou femme de ménage. Je vais commencer par le commencement.

— C'est-à-dire ?

— Apprendre l'anglais et, en temps et lieu, l'enseigner à notre fille. Si jamais, le temps venu, les portes de l'Université française lui sont toujours fermées comme elle est femme, elle connaîtra la langue anglaise et pourra s'inscrire à McGill.

Je ne pouvais que l'encourager dans cette voie, sachant fort bien que ça ne valait rien de la contrarier. Si elle avait décidé de changer sa vie, personne ne l'arrêterait. Je savais déjà ce qu'elle me répondrait si jamais je soulevais des objections :

— Veux-tu permettre, je t'en prie, à ta digne épouse d'évoluer. Darwin que tu aimes tant serait certainement de cet avis.

Chapitre 54

L'enseignement
entre les mains du clergé

Voilà, ça y était, l'enseignement passait entre les mains du clergé. Je n'en fus pas étonné. Sa Grandeur préparait ses prêtres, ses religieux et ses religieuses à cette éventualité depuis longtemps. Adalbert m'en avait glissé un mot, tout comme mon ami Arthur et après lui monsieur Dessaules. Ce dernier m'avait exposé les intentions de notre évêque :

— Il a un plan bien établi depuis nombre d'années. Religieux et religieuses vont envahir les écoles et seront tenus de garder nos enfants dans l'ignorance de tout ce qui n'est pas le petit catéchisme. A-t-on idée de mêler les choses de Dieu aux matières scolaires ? As-tu déjà jeté un coup d'œil aux livres produits par les bons Frères des Écoles chrétiennes ?

— J'avoue que non.

Il insista pour que je le fasse.

— Arthur a raison de nous rabâcher les oreilles avec ses plaintes au sujet de son cours classique. Il n'a pas tout à fait tort de dire qu'il n'a pas appris grand-chose des découvertes récentes ! Nos ecclésiastiques et religieux, quelque habit qu'ils portent, ne manifestent aucune ouverture d'esprit.

Ils croupissent dans leur petit monde et refusent systématiquement de regarder ailleurs. Il ne faut donc pas nous étonner que nos gens soient si terre à terre.

Avec la disparition du ministère de l'Instruction publique, les religieux auraient désormais la main haute sur l'enseignement primaire et secondaire. Il ne restait plus à Sa Grandeur qu'un dernier échelon à gravir, celui de l'enseignement universitaire. Nous suivions depuis longtemps sa lutte pour créer une université à Montréal. Il avait jadis contribué à la fondation de l'Université Laval de Québec avec, derrière la tête, une idée bien arrêtée : cette université devait être provinciale et sous la juridiction de tous les évêques de la province, donc également de la sienne. Il pensait créer sa propre université à Montréal et l'affilier à sa guise à celle de Québec. Au fond, il désirait pouvoir diriger son université selon ses propres principes.

Louis-Antoine Dessaules, pourtant si affable, ne portait guère notre évêque dans son cœur. Il m'en donna les raisons un jour qu'il vint à l'Institut.

— Notre homme, affirma-t-il, se prend pour le nombril du monde. À ses yeux, il n'y a que ses idées qui sont valables. Aussi s'est-il fait des ennemis même au sein du clergé. Lui et l'évêque de Québec sont deux coqs dans le même poulailler. Ils ne sont pas capables de se voir et c'est à qui des deux chanterait le plus fort.

Je le coupai :

— En somme, il a mal manœuvré ?

— En effet, il s'est fait jouer un tour. Les autorités ecclésiastiques ont décidé que l'université fondée à Québec ne dépendrait que d'une seule autorité, celle de son ennemi, l'archevêque de Québec. Sa Grandeur n'allait pas lâcher facilement le morceau. Bourget a tenté et tente encore par tous les moyens de faire accepter par Rome qu'une seconde université catholique soit fondée chez nous.

— Lui qui obtient tout ce qu'il veut de Rome, comment expliquer qu'il ne puisse pas être autorisé à en ouvrir une à Montréal?

— La réponse est très claire. Il a trop d'ennemis dans le clergé et notamment du côté de Québec. De plus, il est parvenu à monter les sulpiciens de Montréal contre lui. Nous ne sommes pas les seuls à nous méfier de cet homme. Il veut bien sûr éviter que l'élite des jeunes fréquente une université anglaise comme McGill.

Nous n'avions pas fini de le voir se débattre pour gagner sa cause. Nous n'avions plus notre ami Joseph pour nous fournir au fur et à mesure de leur parution les textes de monseigneur Bourget. Nous savions, néanmoins, qu'à défaut d'une université, il était question d'une école catholique de niveau supérieur. Une circulaire datant déjà de quelques mois me tomba entre les mains à l'Institut. Sa Grandeur s'y exprimait ainsi :

C'est un bonheur pour moi de voir se fonder une École qui s'attache cordialement aux enseignements du Saint-Siège, qui approuve tout ce que le Pape approuve, et qui condamne tout ce que le Pape condamne; qui en conséquence rejette le libéralisme, le philosophisme, le césarisme, le rationalisme, l'indifférentisme et toutes les autres monstrueuses erreurs qui, comme des serpents venimeux, se glissent dans tous les rangs de la société. Cette École se fait la gloire de suivre en tous points les enseignements de l'Église et ses membres prouvent par les faits qu'ils sont vraiment sincères.

Une fois de plus, notre évêque partait en guerre. Ce qu'il ne pouvait obtenir d'une main, il tentait de se l'approprier de l'autre. Adalbert comme Arthur m'avaient bien fait comprendre que cet homme, non content de régner sur son diocèse, cherchait à dominer partout. Il était parvenu à assujettir l'enseignement primaire et secondaire à l'autorité de l'Église catholique. Il ferait tout désormais pour atteindre le même résultat dans les universités. Tout cela transparaissait dans ses écrits et précisément dans le texte de cette circulaire :

Parmi ses membres nous comptons de nombreux zouaves. Ils appartiennent à de bonnes familles et brilleront par leurs talents et leurs connaissances dans les salons et cercles littéraires et dans des charges qui dans tout le pays n'appartiennent qu'à des gens importants. Il faut espérer qu'on en trouvera dans la législature, la magistrature et les autres situations importantes. La voix de l'Église par eux se fera entendre partout.

Voilà donc en quoi consistait son nouveau champ de bataille. À défaut de diriger une université, ce serait une école de haut niveau dans laquelle seraient formés des individus destinés à occuper des postes supérieurs au nom de l'Église, et l'Institut demeurait le seul obstacle à se dresser sur son chemin. Me voyant soucieux, Henriette me demanda de lui expliquer ce qu'on entendait par ultramontanisme.

— Je vois bien, confia-t-elle, qu'Adalbert et toi vous réagissez vivement quand ce mot parvient à vos oreilles. J'aimerais bien en connaître la raison.

— Il n'y a rien de plus simple, ma chérie. Nous vivons des moments cruciaux pour notre avenir. Des individus comme monseigneur Bourget sont convaincus que dans le monde entier les forces du mal se lèvent pour abattre l'Église catholique. Depuis que le pape a perdu ses États et son armée, il ne prêche qu'une seule chose : les domaines spirituel et temporel ne doivent faire qu'un, de telle sorte que le spirituel domine le temporel. En d'autres termes, il prétend que l'Église, qui reçoit sa mission de Dieu, doit devenir la seule à diriger le monde. Pour y parvenir, il condamne à peu près toutes les sciences, il s'oppose à tout ce qui est progressiste et rationnel. Il poursuit son rêve de domination de l'Église catholique et du clergé partout et met tout en place pour que ça se réalise chez nous. Voilà ce que prêche l'ultramontanisme.

— Crois-tu que les ultramontains vont atteindre leur but?

— Fort probablement, maintenant que l'enseignement est entre les mains du clergé.

Chapitre 55

Le théâtre

Henriette tenait toujours à fréquenter l'église le dimanche. Je respectais son choix. J'avais plaisir à rester à la maison avec Mélanie pendant qu'Henriette et Angélique se rendaient à la messe. À son retour de l'église, Henriette m'informait de ce qui avait été lu ou déclaré en chaire.

Ce dimanche-là, je perçus dans sa voix une vive déception.

— Monsieur le curé nous a communiqué une annonce de monseigneur notre évêque.

— Bourget! Qu'avait-il encore à défendre?

Quand je m'exprimais de la sorte, la pauvre Henriette se taisait. Elle n'aimait pas que je manque de respect à notre évêque. Elle m'apprit que des acteurs français s'apprêtaient à venir jouer une pièce à Montréal et que Sa Grandeur avait jugé bon de prévenir les fidèles qu'il leur était défendu d'y assister.

Non content de s'en prendre à l'Institut, le seul organisme qui, sans parti pris, ouvrait une fenêtre sur ce qui se passait ailleurs dans le monde, Sa Grandeur pourfendait sans raison tout ce qui aurait permis à nos concitoyens de s'ouvrir l'esprit aux arts en général, à la peinture, au théâtre et à la musique.

Je voulus en apprendre davantage sur cette histoire. Je finis par mettre la main sur le communiqué de l'évêque à tous les prêtres du diocèse :

Ces acteurs français ont juré de ravir le précieux trésor de l'innocence à ceux qui assistent à ces honteuses représentations. Il est interdit aux catholiques de fréquenter le théâtre, ce lieu de perdition et de scandale, où règne Satan avec un empire absolu et qui est vraiment le vestibule de l'enfer.

Voyant avec quelle virulence notre évêque s'en prenait à ce théâtre, je mis la main sur le dernier exemplaire de *La Minerve* afin de comprendre de quoi il en retournait quant à ces acteurs et à la pièce qu'ils s'apprêtaient à jouer chez nous. Comme je m'y attendais, ce journal tout dévoué à l'évêque ne parlait nulle part de ces acteurs et encore moins de leur pièce. J'en fus quitte pour m'informer à gauche et à droite, et j'appris qu'ils allaient présenter au Théâtre populaire *Le Tartuffe* de Molière. Qu'est-ce qui dans cette pièce pouvait tant déplaire à Sa Grandeur ? Se voyait-il lui-même en Tartuffe et craignait-il que les gens reconnaissent ses agissements à travers ceux de ce personnage ?

Je pensai proposer à Henriette d'y assister. Il y avait si longtemps que nous n'avions pas mis les pieds dans un théâtre. Je me souvenais comme elle adorait s'y rendre au temps d'Eustache de Chantal. Toutefois, après les menaces proférées par Bourget, j'hésitais à le lui offrir. Allait-elle accepter de venir ? J'usai d'un stratagème. Dans *La Minerve*, on annonçait à l'Académie commerciale catholique une conférence par l'abbé Martineau. Il s'agissait du seul genre de spectacle auquel nous pouvions assister. Je donnai donc le choix à Henriette. Ou nous allions à la pièce de théâtre *Le Tartuffe*, ou nous nous rendions à cette conférence de l'abbé Martineau.

— En connais-tu le programme ? s'enquit-elle.

— Certainement, *La Minerve* l'a détaillé. En première partie, nous aurons droit à la marche *Delta Kappa* jouée par un orchestre. Lequel ? Je l'ignore. Il y aura ensuite un tableau vivant représentant l'Assomption de la Vierge. Suivra la conférence de l'abbé Martineau et un solo de chant dont le titre est *Rappelle-toi*. De nouveaux tableaux nous permettront d'admirer les statues de la Foi, de l'Espérance et de la Charité, et l'orchestre terminera cette première partie par l'air *Rounds from Home*.

Au fur et à mesure que je lui faisais part de ce programme, je voyais se dessiner sur le visage d'Henriette une moue qui exprimait ses réticences. Je ne tardai pas à lui lire le contenu de la deuxième partie.

— Un duo de piano nous attend pour débuter la suite. Le tableau intitulé *Le rêve d'une mère* devrait nous enchanter, car il sera suivi du duo de chant *To vivo E l'Amo*. Puis, un tableau de statues, le solo de chant *Si j'étais roi*, la *Marche des troubadours* par l'orchestre du début et un tableau improvisateur : *Dieu sauve la reine*, compléteront le tout. Qu'en penses-tu ?

Henriette voulut se donner du temps pour prendre sa décision. Je la sentais hésitante et tiraillée au simple fait d'y penser. Au bout de deux jours, elle m'avoua :

— Pour le spectacle, je préfère *Le Tartuffe*.

— Tu ne crains pas d'être excommuniée ?

Le regard qu'elle me lança en disait long. Connaissant toutes les épreuves par lesquelles nous étions passés, en raison de mon refus de me plier à des directives que je n'admettais pas, et après tout ce qu'elle avait subi au temps de son bénévolat et maintenant à cause de son enseignement aux jeunes sourdes, elle avait décidé de tenir tête tout comme moi.

Cette soirée au théâtre fut mémorable et devait marquer un tournant dans notre vie. Adalbert et Irma nous y accompagnaient. Le contenu de cette pièce nous toucha profondément et bouleversa particulièrement Henriette. Molière y dépeignait les dévots comme des hypocrites qui, derrière leur masque de piété, étaient de véritables lâches. Au sortir du théâtre, je rappelai à Henriette :

— Sais-tu que du temps même de Molière, le roi Louis XIV, à la demande de l'archevêque de Paris, lui interdit de donner des représentations publiques de cette pièce ? Comme tu vois, rien n'a changé. Pourquoi penses-tu que Sa Grandeur a défendu avec tellement de véhémence aux catholiques d'y assister ? Il craignait tout simplement que les gens se rendent compte que tout est toujours pareil en ce bas monde et que derrière nos dévots catholiques se cachent de dangereux hypocrites.

Adalbert et Irma partageaient mon avis. En réfléchissant à tout ce qui nous était arrivé et en remontant au temps de sa jeunesse où on l'avait contrainte à devenir religieuse, Henriette pouvait mesurer la justesse des propos de Molière. Combien pouvions-nous dénombrer d'imposteurs ou de Tartuffes, non seulement parmi les fidèles, mais également au sein du clergé ? Henriette n'avait qu'à se rappeler de l'agression de l'abbé Chiniquy. Tout cela, j'en suis certain, lui trotta dans la tête. À partir de ce moment, elle devint de plus en plus critique vis-à-vis ce qui se passait autour de nous, et se montra plus compréhensive à mon égard, acceptant facilement mes remises en cause des décisions de notre évêque.

Chapitre 56

Dessaules en exil

Adalbert m'apporta la triste nouvelle. Notre ami Louis-Antoine Dessaules avait dû s'exiler. En lui, l'Institut perdait son plus virulent et fidèle défenseur, et la province, un de ses esprits les plus brillants. Quant à nous, nous voyions disparaître un complice comme il n'en existait guère. Cet homme très instruit défendait posément ses causes point par point. L'Église et en particulier Sa Grandeur l'évêque de Montréal s'étaient fait en lui un redoutable ennemi à l'esprit aiguisé, toujours parfaitement bien documenté et renseigné, allant droit au but sans crainte de dire la vérité. Ne commençait-il pas, dans sa brochure *La Grande Guerre ecclésiastique*, par affirmer à notre évêque : *Personne dans votre entourage immédiat et dans le cercle des laïcs qui vous approche n'ose vous dire les choses telles qu'elles sont. Eh bien moi, je vais le faire.* Sa Grandeur n'allait pas laisser aller les choses comme ça. Les catholiques ne devaient sous aucun prétexte prendre connaissance des vérités énoncées contre lui et le clergé dans cette brochure. Aussi s'empressa-t-il, dans une lettre circulaire, de déclarer qu'il fallait traiter ce texte comme nos deux annuaires de 1868 et de 1869, et qu'en conséquence, sa possession, sa vente ou sa lecture entraîneraient le refus des sacrements.

L'honnêteté de Dessaules lui valut la désapprobation et la haine de ceux qui craignaient de regarder la vérité en face. Aussi fut-il contraint de se défendre continuellement contre ce qu'il appelait la réaction : «Je dois dire de suite ce que j'entends par réaction, non le clergé comme corps religieux, mais ce parti composé de prêtres et de laïcs qui veut tout contrôler dans le domaine temporel au nom de la religion.» Il s'attaquait là au nerf sensible des catholiques : la domination de l'Église sur l'État, et on le lui fit largement payer.

— Il devait s'attendre, commenta Adalbert, à ce qu'on tente de lui faire regretter un jour sa trop grande franchise. Tu sais qu'à l'occasion des noces d'or de Sa Grandeur, il n'y alla pas de main morte. Tu connais, tout comme moi, l'animosité qui existe entre Bourget et les sulpiciens, et celle qu'il nourrit contre l'archevêque de Québec.

— En effet, ce sont là des choses notoires.

— Dessaules n'a pas manqué Sa Grandeur sur ce point. Tu sais comment notre évêque avait travaillé pour faire disparaître le journal *Le Pays* dont Dessaules était le rédacteur en chef. Notre ami n'a pas raté sa chance de souligner habilement de quelle façon lui, un simple évêque, travaillait contre son archevêque.

— Vraiment ? À ce point ?

— Il a commencé par lui rappeler qu'un de ses futurs prêtres venait de publier le volume *La Comédie infernale* où il accusait l'archevêque de Québec et l'évêque de Saint-Hyacinthe de *céder beaucoup trop facilement à certaines suggestions qui leur viennent en droite ligne de l'empire des ténèbres.*

— Un futur prêtre a osé proférer de telles accusations ?

— Sa Grandeur, qui comme tu le sais est le promoteur du journal *Le Nouveau Monde*, n'intervint pas pour le rappeler à l'ordre. Dessaules soutint : *"Qui ne dit mot consent,* ainsi vous l'approuvez. *Le Nouveau Monde*, ce journal de votre évêché, soutenu depuis six ans par vos prêtres, se permet de calomnier et d'injurier l'archevêque de Québec, le plus haut dignitaire ecclésiastique du pays et vous laissez faire. Ne venez pas vous plaindre ensuite que nous manquions de respect pour vos prêtres !"

— L'évêque n'a pas dû digérer ses propos !

— Que non, et surtout, il profita du fait que Dessaules dans son journal *Le Pays* s'élevait contre l'habitude des prêtres de s'arroger le droit d'indiquer aux fidèles pour qui voter, pour le traiter d'impie, d'infidèle et de pécheur public, défendant aux catholiques de lire son journal sous peine de péché mortel. De là vint la fin du journal *Le Pays*.

— Sa Grandeur avait en lui un ennemi juré.

— Qu'il n'aimait pas parce que très brillant et connaisseur de la Bible, des Évangiles de même que du droit canon, et mieux que la plupart des ecclésiastiques. Il ne se privait pas de lui dire ses quatre vérités. Comme le journal *Le Nouveau Monde* avait laissé entendre que l'archevêque de Québec était un fourbe, Dessaules rappela à Sa Grandeur que si l'archevêque de Québec était un fourbe, un simple évêque comme lui pouvait l'être également. À cet argument, Sa Grandeur ne sut quoi répondre. Dessaules lui avait fermé le clapet.

Adalbert s'arrêta avant de rappeler :

— Je pourrais te parler encore bien longtemps de tout ce que notre ami a servi aux ultramontains dont Sa Grandeur est le chef. Je me contenterai de rappeler qu'il était trop franc. Il démontra, même après que le pape Pie IX se fut déclaré infaillible, et tous ses prédécesseurs sur le trône de Saint-Pierre avant lui, qu'un bon nombre d'entre eux étaient loin de l'être. Comme c'était un érudit, il se permit d'énumérer plusieurs décisions et condamnations. Quand un pape donnait les biens d'un excommunié au premier occupant et les déclarait propriété légitime de celui qui s'en emparerait, il se trompait certainement, car il faisait ou autorisait une chose immorale. Quand un pape permettait de réduire les excommuniés en esclavage, il se trompait certainement encore, car la personne est beaucoup plus importante qu'un bien. Quand un pape déchargeait les catholiques de l'obligation de rembourser leurs dettes aux hérétiques, il se trompait, car il les autorisait à voler. Je pourrais t'en énumérer bien d'autres encore. Je m'arrête, je crois que j'en ai assez dit.

Je désirais savoir ce qui à la fin avait bien pu se passer pour que notre ami soit contraint de s'exiler. J'ignorais à peu près tout de ce qu'était sa vie hors de l'Institut. Adalbert m'expliqua :

— Tu sais que les parents de notre ami étaient les seigneurs de Saint-Hyacinthe. Louis-Antoine hérita donc du domaine. S'il était bon orateur et possédait une intelligence supérieure, il n'avait pas les mêmes facilités en administration. Il misa beaucoup sur l'arrivée de la voie ferrée à Saint-Hyacinthe et engagea pratiquement tous ses avoirs là-dessus, en espérant faire fortune dans la production de bois et de chaux, de même qu'avec une entreprise de transport sur rails de bois. Tout cela avorta, si bien que lui qui avait tant combattu la Confédération, reçut le jour même de son entrée en vigueur un mandat judiciaire de vente aux enchères. Il a perdu sa seigneurie et n'est pas parvenu à refaire fortune. Devant l'ampleur de ses dettes et son incapacité à les rembourser, il n'a eu d'autre choix que de s'exiler.

Ce pauvre homme avait tellement d'ennemis qui se réjouirent de voir à quelles extrémités il avait été poussé.

Son *Petit Bréviaire des vices du clergé* avait monté contre lui les gens d'Église. On voulait sa tête et on était parvenu à l'avoir. Les ultramontains comptaient un ennemi de moins. Ils ironisèrent sur le compte de Dessaules dans les journaux, pensant de la sorte justifier leurs propres lâchetés. Je ne pus m'empêcher de songer à la morale de la fable de Lafontaine intitulée *Les Animaux malades de la peste* : «Selon que vous serez puissant ou misérable, les jugements de cour vous rendront blanc ou noir.»

Le départ de Dessaules laissa un grand vide dans nos rangs que personne d'autre, hélas! ne vint combler.

Chapitre 57

Guibord enfin à son dernier repos

Il y avait maintenant six ans que Joseph était mort. Sa dépouille se trouvait toujours au charnier du cimetière protestant. L'affaire avait traîné en longueur. Malgré un jugement en sa défaveur, Sa Grandeur n'avait pas baissé les bras. Il contraignit nos amis à se rendre jusqu'à Londres pour obtenir justice. Et ceux-ci eurent gain de cause.

Adalbert fit un saut chez moi simplement pour m'apprendre :

— Il y a du nouveau à propos de Joseph.

— Quoi donc ? On va pouvoir l'enterrer ?

Il était pressé et ne put m'en dire davantage, mais promit de le faire à la première occasion.

Entre-temps, comme il avait piqué ma curiosité, je m'informai, par les journaux, afin de connaître le fin mot de cette curieuse histoire. J'appris que les démarches de monsieur Doutre à Londres avaient été fructueuses. Le Conseil privé statuait tout simplement que Joseph Guibord, qui, selon eux, n'était sous le coup d'aucune sentence ou censure ecclésiastique valide, n'avait pas à être privé d'une sépulture dans un cimetière catholique. Les autorités religieuses pouvaient toutefois l'y enterrer sans les cérémonies d'usage, un prix de consolation pour Sa Grandeur.

Le jugement de Londres ordonnait au curé de faire procéder à l'inhumation au cimetière catholique, ce qui déplaisait au suprême degré à notre évêque qui perdait la face. Bien plus, par la voix de son subordonné, il confia aux paroissiens que Guibord serait inhumé dans la nouvelle partie du cimetière, laquelle n'était pas encore bénie. Quant aux frais du procès – au-delà de cinq mille dollars –, devant le mécontentement de ses paroissiens, le curé laissa entendre que l'évêque les rembourserait et non pas la fabrique Notre-Dame. Sur ce point, il se trompait, car le tribunal de Londres décrétait que les frais de cinq mille dollars devaient être assumés par la fabrique, puisque c'était le curé de cette paroisse qui avait refusé la sépulture chrétienne à notre ami. Nous savions pourtant fort bien que depuis le début, l'évêque faisait porter l'odieux de l'affaire sur le dos du curé et de la fabrique.

La date de l'enterrement fut donc fixée au 2 septembre 1875. Malheureusement, Henriette Guibord était morte entre-temps. Sa sœur réclama le corps de son beau-frère. Je décidai d'assister à la cérémonie en compagnie d'Adalbert. Deux jours avant, sans doute en manière de vengeance, les évêques déclarèrent excommuniés ceux qui avaient fait traduire des ecclésiastiques devant une cour civile, ce qui visait directement Joseph Doutre et Rodolphe Laflamme. Le service devait avoir lieu au cimetière de la Côte-des-Neiges. Voulant accompagner notre ami dans ce qui devait être son dernier repos, Adalbert me proposa :

— Nous allons nous rendre au cimetière protestant et nous accompagnerons notre pauvre Joseph jusqu'à celui de la Côte-des-Neiges.

Vers deux heures, trois cents personnes attendaient le départ du cortège. Le cercueil fut donc placé dans un corbillard recouvert d'un drapeau anglais. En route vers le cimetière, je confiai à Adalbert :

— J'ai l'impression d'assister à quelque chose d'irréel. Comment expliquer pareil événement ?

— Rien de plus facile, répondit-il. Voilà sur quoi il fallait compter avec un évêque orgueilleux comme le nôtre.

À notre arrivée au cimetière, pas moins de deux mille personnes nous attendaient. Ces bons croyants haineux avaient décidé qu'on ne laisserait pas enterrer un impie en terre consacrée. Ils firent fermer les portes du cimetière et se mirent à hurler et à lancer des pierres, contraignant monsieur Doutre à demander le retour de la dépouille au cimetière protestant. Adalbert me fit remarquer :

— Sans la sagesse de monsieur Doutre, tu peux être certain qu'il y aurait eu une émeute et des morts. Au nombre qu'ils étaient, ces bons catholiques, encouragés par l'attitude de Sa Grandeur, auraient pratiqué sur nous la charité chrétienne à coups de poings et de bâtons et à grands jets de pierres.

Cette saga n'était pas finie et une fois de plus, j'en suivis le cours avec mon ami. Quelques jours après, notre bon évêque écrivit une lettre pastorale dans des termes où il rappelait son pouvoir et fustigeait ceux qui s'opposaient à son autorité. Je gardai un extrait de sa lettre.

Nous n'avons pas besoin de vous prouver ici que, dans l'acte solennel de notre consécration à Dieu, tout pouvoir Nous a été donné de lier et de délier, de bénir et d'anathématiser, de consacrer des personnes, des lieux et des temples et de les interdire, de séparer du corps de l'Église les membres qui le déshonorent ou l'outragent, de livrer à Satan ceux qui n'écoutent pas l'Église.

Bien plus, il était tellement rempli de hargne qu'en mauvais perdant, il ajouta :

Nous déclarons, par la présente, que le lieu du cimetière où serait enterré le corps de feu Joseph Guibord, si jamais dans la suite, il y est inhumé d'une manière quelconque, sera de fait, et demeurera, ipso facto, *interdit et séparé du reste du cimetière.*

Que pouvions-nous attendre d'un pareil illuminé ? Aussi, quand Adalbert me prévint qu'une nouvelle tentative aurait lieu le mardi 16 novembre, j'hésitai à y aller. Je m'interrogeais : est-ce que cette fois encore tout ne se terminerait pas en queue de poisson ou à coups de poings et de fusils ? En fin de compte, je promis à Adalbert que je l'accompagnerais de nouveau.

Cette fois, les autorités de la Ville prirent les grands moyens pour que l'inhumation ait lieu. Nous étions du cortège, composé d'environ deux cents personnes, ce qui nous rassura quelque peu sur ce qui allait se passer. Un détachement d'une centaine d'hommes de la police nous rejoignit rue Mont-Royal et nous accompagna jusqu'au cimetière de la Côte-des-Neiges. Pas moins de huit cents soldats étaient postés près du cimetière pour en assurer l'accès.

Comme il fallait s'y attendre, lorsque nous arrivâmes à l'entrée du champ des morts, des fiers-à-bras voulurent de nouveau s'interposer. Ils tentèrent de fermer les portillons de fer. Le gardien, monsieur Desportes, prit une décision intelligente. Il fit tout simplement enlever les portes de leurs gonds. Sans difficulté, nous nous retrouvâmes près du lot où l'inhumation devait avoir lieu. Le curé avait toujours soutenu que la fabrique, ou en d'autres termes les paroissiens de Notre-Dame, n'avaient rien à voir dans cette histoire. Il s'arrangea pour arriver en retard. Le cercueil était déjà au fond de la fosse quand il se montra. Il s'assura qu'il s'agissait bien du corps de Joseph Guibord et s'en alla. Un sarcophage en pierre pesant seize mille livres avait été préparé pour y mettre le cercueil de notre ami. Les ouvriers renoncèrent à l'utiliser. Ils préférèrent couler du ciment sur le cercueil et en remplirent la fosse. Il pleuvait. En dépit du mauvais temps, on comptait tout autour du cimetière environ deux mille personnes et de ce nombre, des journalistes venus d'aussi loin que Toronto, New York et Boston.

Je garde de cette journée le souvenir d'une profonde tristesse. Pendant plus de vingt-quatre heures, des agents de police surveillèrent l'endroit pour éviter qu'il ne soit vandalisé avant que le ciment ne soit complètement durci.

— C'est le plus désolant des spectacles auquel il m'a été donné d'assister, déclara plus tard Adalbert. Aurions-nous cru qu'un jour, un homme, qui se prétend le représentant de Dieu sur terre, manque à ce point à la charité qui devrait l'animer? Sais-tu ce qu'il s'est empressé d'écrire le jour même de l'enterrement?

— Non. Je ne doute pas que ce soit encore quelque chose d'insensé.

— Il a laissé entendre qu'il s'était pilé sur le cœur pour laisser se dérouler l'enterrement. Une chose l'a empêché d'intervenir: le souci qu'il avait d'éviter le tumulte et l'effusion de sang tout en sauvegardant les droits de l'Église. Quel menteur et quel mauvais perdant! Il ne s'est pas privé de souligner que si Joseph a été enterré ce n'est pas grâce à la croix, mais bien aux fusils. Il va même plus loin. Dans cette lettre pastorale lue dans toutes les églises du diocèse, il se permet de mettre des mots dans la bouche de Guibord lui-même, lui faisant dire qu'il aurait été mieux de n'être jamais né. Et cet homme invite ensuite les gens à pratiquer la charité chrétienne!

— Faites ce que je dis, et non ce que je fais, soufflai-je.

Adalbert acquiesça avant de conclure :

— Ainsi, par la stupidité d'un homme dont le pouvoir a fait tourner la tête, notre ami Joseph Guibord, un pauvre pécheur sans défense, repose sous une tonne de ciment.

Nous aurions pu croire qu'enfin tout était bel et bien terminé. Il fallait compter sans l'entêtement proverbial de Sa Grandeur, blessé dans son orgueil parce qu'il n'avait pas eu le dernier mot dans cette affaire. Le pouvoir civil avait largement fait la démonstration de sa préséance sur le pouvoir religieux. Guibord reposait près de son épouse dans une terre chrétienne.

Mauvais perdant, l'évêque ne s'avoua pas vaincu. Ne pouvant plus s'adresser aux tribunaux, il utilisa ses prérogatives et, dans un geste de charité chrétienne exemplaire, il désacralisa le lot où se trouvait la tombe de Joseph Guibord.

Chapitre 58

La démission de Bourget

Depuis quelque temps, les choses ne tournaient pas aussi rond pour Sa Grandeur, qui s'était sentie humiliée par l'histoire de l'enterrement de notre ami Joseph. On mettait beaucoup de temps à construire sa cathédrale. L'argent manquait et les quêtes ne lui rapportaient pas ce qu'il en attendait. Voilà maintenant qu'on osait lui tenir tête sur d'autres points. On ne se gênait pas pour s'en prendre aux curés qui se mêlaient d'élections. De plus, un bon nombre d'entre eux avaient perdu la face, après les révélations de Dessaules dans son *Petit Bréviaire des vices du clergé*.

S'il n'était plus parmi nous, Dessaules, fort bien documenté, avait laissé derrière lui cet ouvrage lu en cachette par plusieurs. Ils y apprenaient l'incartade du curé Marsolais qui, après avoir rendu une fille enceinte, s'était empressé de la marier à un de ses paroissiens. La fille, ne se gênant pas, dénonça le curé. Usant de son autorité, ce dernier força le mari à avouer par écrit qu'il avait eu des relations avec elle avant de l'épouser. Se ravisant, ce pauvre homme alla tout raconter à monsieur Doutre. Celui-ci fit ce qu'il devait faire et alla rencontrer le curé Marsolais pour lui apprendre qu'il était au courant de toute l'affaire et qu'il en informerait monseigneur Bourget. À la suite de quoi l'évêque, n'écoutant que son grand cœur, donna un certificat de bonnes mœurs au curé.

Le *Petit Bréviaire* contribuait à ouvrir les yeux de bien des gens sur leurs pasteurs. Ainsi, il confirmait ce que plusieurs soupçonnaient, à savoir que le curé de Saint-Charles et celui de Saint-Marc se renvoyaient les filles les plus faciles entendues en confession. N'avait-on pas expédié le curé de Saint-Charles en mission à Malone dans l'État de New York! Il avait tenté de violer deux jeunes filles de la paroisse, lesquelles en avaient informé leur père. Quant à l'abbé Chiniquy, du temps où il était le protégé de monseigneur Bourget, ne faisait-il pas ce qu'il voulait avec les femmes? Il couchait avec l'une ou l'autre, les confessait dans sa chambre tout en les caressant. Il profitait des servantes dans les endroits où il couchait, se faisant apporter des bouillons dans sa chambre. L'une d'elles ayant osé raconter qu'elle avait été agressée par lui se fit rabrouer. On ne put en faire autant du médecin chez qui il dormit un soir et qui le surprit au lit avec une de ses servantes. Et que dire des Frères de la Doctrine chrétienne que les paroissiens venaient de chasser de Kamouraska parce qu'ils abusaient des enfants, tout comme d'ailleurs l'abbé Joseph-Fortunat Beaudry du Séminaire de Québec?

Sa Grandeur avait beau tenter d'effacer tout ça, ces événements venaient constamment le hanter. Il se sentait obligé de défendre ses prêtres. Il s'en prenait donc à ceux qui osaient insulter leurs curés en rappelant que ces derniers méritaient leur respect et leur obéissance. «J'écoute mon Curé, mon Curé écoute l'Évêque, l'Évêque écoute le Pape, le Pape écoute Notre-Seigneur Jésus-Christ.» Il avait beau prêcher de la sorte, les gens étaient de moins en moins dupes. Même dans son entourage, on se posait des questions. Un jour, Adalbert arriva en me disant:

— Apprends la dernière ! Tu connais peut-être l'abbé Paquet, il n'hésite pas à dire que monseigneur Bourget est devenu complètement maboul !

— Oh ! fis-je, les coups viennent même de son clergé.

— Nos évêques, par les temps qui courent, passent de mauvais quarts d'heure.

— Monseigneur Taschereau de Québec vient de prévenir ses prêtres de ne plus manifester de préférence pour un candidat en particulier lors des élections.

— Il a tout à fait raison. Figure-toi que le curé de Saint-Fidèle de Charlevoix a déclaré, lors d'un sermon, qu'on commet un péché mortel en votant libéral. Le Parti libéral du Canada conteste l'élection dans ce comté pour influence indue de la part du clergé local. Comme monseigneur Bourget tolère que ses prêtres refusent l'absolution aux hommes qui votent pour les libéraux, le voilà dans ses petits souliers.

Les journaux nous apprirent la venue prochaine d'un délégué de Rome : monseigneur Georges Conroy. Nous n'avions plus notre ami Dessaules pour aller aux sources. Cependant, cette visite coïncidait avec trop de choses et nous savions que pour Sa Grandeur, la soupe commençait à être particulièrement chaude. De plus, un autre sujet cher au cœur de monseigneur Bourget refit surface, celui d'une université à Montréal. Il s'était rendu plus d'une fois à Rome pour vendre cette idée. Chaque fois, il avait frappé un mur.

— Ce qui le chicote le plus, me confirma Adalbert, c'est que l'université qu'il désirait tant fonder à Montréal a plutôt été créée à Québec. Il l'a encore sur le cœur et intrigue toujours pour son université à Montréal. Alors qu'à Québec l'Université Laval existe depuis 1852 et qu'elle possède une faculté de médecine, Montréal reste le bec à l'eau. Remarque qu'il a bien raison de vouloir une université. Toutefois, nous savons fort bien, et à Rome également, qu'il voudrait en être le recteur. Doutre pourrait te dire que même dans la cité papale, il compte plusieurs ennemis.

Je demandai à Adalbert :

— Ne vient-il pas de se rendre une nouvelle fois à Rome pour obtenir cette université ?

— Oui ! Selon ce que nous apprennent les journaux, il a fait chou blanc. Les autorités du Séminaire de Québec, dont dépend l'Université Laval, ont, paraît-il, fait la démonstration que cette université comblait amplement les besoins de toute la province. La seule concession qu'il a obtenue est qu'on ouvre une succursale de cette université à Montréal.

— Ça ne doit pas faire son bonheur.

— Pas du tout, et cela d'autant plus qu'il n'a aucun pouvoir sur cette succursale de Montréal. Pareil échec, ajouté au triste portrait que nous donne le clergé, déteint sur son orgueil. Il va sûrement se défiler.

Peu de temps après, nous apprenions que Sa Grandeur avait donné sa démission.

— Ne nous réjouissons pas trop vite, conseilla Adalbert. Cet homme a la couenne dure. Attendons-nous, malgré son âge avancé, à le voir traverser de nouveau à Rome. D'ici là, il devra travailler fort et se servir de tout son charisme pour réduire la dette du diocèse.

— Elle est importante ?

— Une fortune ! Tout près de neuf cent mille dollars. Voilà l'héritage laissé par cet homme orgueilleux et ambitieux. Pourtant, certains parlent de le faire béatifier dès qu'il ne sera plus de ce monde. Réellement, il y en a qui ont des yeux pour ne rien voir.

— Sérieusement ? Il n'est pas mort et on parle déjà de sa béatification ?

— Absolument. On lui attribue des miracles.

— Comme quoi ?

— Il paraît qu'il a guéri des aveugles et fait parler des muettes.

Je ne pus m'empêcher de plaisanter :

— Henriette aussi en a fait parler !

Adalbert, avec son ironie coutumière, reprit :

— Homme de peu de foi, tu dois savoir tout comme moi que monseigneur Bourget est, sinon supérieur à Jésus-Christ, à tout le moins son égal. Il a comme lui le pouvoir de guérir les aveugles et de redonner vie aux mourants. Il n'y a que les pécheurs de ton espèce qui osent prétendre le contraire. Ne sommes-nous pas privilégiés d'avoir connu un pareil saint ? Nous pouvons nous attendre, même s'il a pris sa retraite, à l'avoir encore longtemps dans les pattes. Rendons-en grâce à Dieu.

Chapitre 59

L'agonie
de l'Institut canadien

Quiconque eut mis les pieds à l'Institut n'aurait pas soupçonné, en raison de la beauté de l'édifice et de l'ordre qui y régnait, à quel point sa survie était devenue précaire. Sa Grandeur n'avait pas cessé de l'attaquer depuis des années. Il avait atteint son but. Peu à peu, le nombre des membres avait diminué, plusieurs craignant de se voir rejetés du reste de la société, une fois exclus de l'Église. Ils rentraient dans les rangs.

Depuis 1871, les portes de la Salle de conférences étaient demeurées fermées. Les revenus de l'Institut n'avaient fait que décroître. Chose étrange, alors même qu'il avait le plus besoin d'argent, une modification à sa constitution fit que ses membres n'eurent plus à payer une cotisation annuelle. Le bateau dérivait sans gouvernail. Nous n'entendions plus résonner dans nos murs les paroles ardentes des conférenciers, non plus que celles des débatteurs. Je voyais la fin s'approcher. J'avais beau tenter d'attirer l'attention sur cette situation, on aurait dit que plus personne ne se sentait concerné ou n'avait encore le courage de tenir le fort. De plus, nous étions en pleine récession économique et nos leaders avaient disparu du paysage un par un. L'inévitable fin s'amorçait. Tout comme moi, Adalbert le pressentait. Me prenant à part, il me proposa :

— Tu es celui qui connaît le mieux la bibliothèque de l'Institut. Efforce-toi donc de mettre de côté pour le futur les livres dont nous aurions le plus besoin si jamais nous voulons garder ouvert l'esprit de nos jeunes. N'oublie pas que l'Institut a été créé avant tout pour développer l'amour des sciences, des arts et de la littérature.

— Qu'est-ce qui te trotte donc dans la tête ?

— Je ne voudrais pas qu'une si belle collection soit éparpillée et certains ouvrages jetés aux orties sous le seul prétexte qu'ils sont à l'Index.

Je suivis le conseil d'Adalbert et retirai un bon nombre de bouquins des rayons. Mon ami précisa :

— Je les payerai le temps venu.

Lui-même se présenta plusieurs fois à l'Institut et fit un tri parmi les livres qui l'intéressait. Tout comme moi, il voyait mourir petit à petit la flamme portée si haut par l'Institut depuis tant d'années. Je le sentais pessimiste. Il déplora :

— Il y a des choses qu'on met des années à mettre sur pied et qui sont détruites en quelques jours. Ensuite, il faut attendre parfois jusqu'à un siècle pour les reconstituer.

Je jetai un coup d'œil aux journaux afin de voir comment on commentait la fermeture prévisible de ce joyau de Montréal, pour constater que tout se déroulait dans l'indifférence absolue. Les gens demeuraient insensibles à la catastrophe qui se passait sous leurs yeux. Ceux qui avaient fondé l'Institut avaient voulu en faire un haut lieu de savoir. L'ignorance, pour ne pas dire l'étroitesse d'esprit, sortait gagnante de ce combat.

Nous avancions lentement dans notre sélection de titres. Adalbert me demandait mon opinion sur les uns et les autres. Il tenait davantage à ce que nous choisissions des volumes dans les domaines de la philosophie, de la religion et de l'économie politique. De Renan, il retint le volume *Les Apôtres* et de M. Foiset, *Catholicisme et protestantisme*. Il ne voulut pas laisser disparaître le volume de Bossuet *Connaissance de Dieu et de soi-même*. Il garda encore de Montesquieu *L'Esprit des lois*, de William Cobbett, *Histoire de la réforme protestante* et de Fénélon, *De l'existence de Dieu*. J'avais mis de côté *Essai sur l'indifférence* de monsieur de La Mennais, et de M. Blanqui *Économie politique*. En ajoutant à cette sélection *Liberté de conscience* de Jules Simon, *Morale et politique* de E. Joney, un exemplaire du *Nouveau Testament* et *Vie de Jésus* d'Ernest Renan, ce volume tant décrié par monseigneur Bourget, Adalbert conclut que nous étions assez bien pourvus en ces domaines.

Il choisit quelques romans d'Alexandre Dumas, ajouta de Swift *Voyages de Gulliver* et d'Eugène Sue *Enfants de l'amour*. Je lui demandai pourquoi il retenait si peu de romans. Il m'expliqua :

— J'en possède de nombreux de différents auteurs qui feront très bien l'affaire, de même que des pièces de théâtre et des classiques. Et il sera beaucoup plus facile d'acheter éventuellement d'autres romans.

De nouveau, je l'interrogeai :

— Veux-tu me dire ce que tu comptes faire de tout cela ?

— Tu verras en temps et lieu.

Il mit la main sur divers dictionnaires, des volumes de géographie et d'histoire ainsi que des précis de grammaire grecque et latine. Il s'intéressa à quelques journaux de voyage et à des biographies, dont celle de Galilée. Je lui rappelai :

— Nous faisons sans doute ce tri pour rien. Je serais l'homme le plus surpris du monde si on nous laissait nous servir de la sorte dans les six mille livres de la bibliothèque.

— Qu'importe, répliqua-t-il. Notre travail n'aura pas été vain. Si jamais on nous refuse d'acheter ces volumes, nous en garderons les titres et nous tâcherons de nous les procurer ailleurs. Nous n'aurons jamais de meilleure occasion d'effectuer une sélection.

Quelques semaines plus tard arriva le moment tant redouté. Je fis pour la dernière fois le tour du magnifique édifice de l'Institut où j'avais passé de si bons moments. En parcourant les différents étages, j'avais en tête la visite que nous avions effectuée lors de l'inauguration. Il me semblait que c'était hier. Je ne cessais de me répéter que le temps passait vite et que les choses parfois changeaient rapidement. Quelques années auparavant, cet édifice grouillait de vie et accueillait entre ses murs les hommes les plus brillants et les plus progressistes de Montréal. Voilà que maintenant ces voix s'étaient tues et cet édifice mourait avec elles.

Une fois de plus, j'en étais réduit à me chercher un autre travail. On n'avait plus les moyens de me payer. Même si la bibliothèque continuait d'être ouverte à tout venant, les prêts de volumes avaient pratiquement cessé. J'avais le cœur lourd quand je quittai cet endroit. Fort heureusement, Adalbert eut la délicatesse de venir me chercher. Nous nous arrêtâmes prendre un verre et nous portâmes un toast à l'avenir. Adalbert s'exclama :

— Mon cher Valois, je ne veux pas être casse-pied, mais pardonne-moi de le rappeler, j'en connais un qui doit se réjouir aujourd'hui.

CINQUIÈME PARTIE

LE STRATAGÈME

(1878-1890)

Chapitre 60

La riposte

Une fois de plus, je me retrouvais sans gagne-pain. Henriette s'en désolait. Nous avions longuement réfléchi à ce que nous allions faire. Sans travail, je me voyais déjà dans l'obligation de mettre la maison en vente. Henriette, qui depuis quelque temps était plongée dans l'anglais jusqu'au cou, se désespérait de ne plus pouvoir continuer son apprentissage de cette langue, faute d'argent.

Fort heureusement, nous avions en Adalbert un précieux ami qui ne se laissait jamais abattre longtemps. Je ne fus pas surpris, au lendemain de mon licenciement de l'Institut, de le voir arriver chez nous, tenant en main quelques livres dont il commenta le contenu :

— Depuis qu'ils ont charge de l'éducation, les religieux multiplient les volumes scolaires. Si au moins ce qu'ils enseignent avait une certaine allure. Non ! Regarde ces ouvrages. Celui-ci, par exemple, pour apprendre aux enfants à lire. La première partie, la plus importante, traite de religion et de morale, elle s'intitule *Dieu*. Je n'ai rien contre ça, si au moins le reste parlait d'autre chose que de morale, d'histoire sainte et de vertu.

Il m'en montra un autre intitulé : *Nouveau traité des devoirs du chrétien envers Dieu par le bienheureux Jean-Baptiste de La Salle*.

— Ne te demande pas par qui cet ouvrage est répandu. Ces mêmes Frères des Écoles chrétiennes proposent comme livres de lecture des histoires de saints à n'en plus finir. Ce n'est certes pas avec ça que nos enfants vont s'ouvrir l'esprit aux réalités d'aujourd'hui.

Je voyais que par cette démonstration, il ouvrait le chemin à autre chose.

— Voici ce que nous allons faire, me confia-t-il. L'Église et ces esprits étroits d'ultramontains s'accaparent en exclusivité l'enseignement primaire et secondaire. Il est temps de réagir. N'oublie pas qu'ils t'ont fait perdre ton emploi à deux reprises. Nous allons prendre notre revanche à notre façon.

Il se pencha à mon oreille et me murmura quelque chose qui me fit m'écrier :

— Qu'est-ce que tu dis là ?

— Tu as bien entendu.

— Tu es sérieux ?

— Tout ce qu'il y a de plus sérieux et de plus décidé.

Je restai un moment silencieux.

— Que va en penser Henriette ?

— Quand il s'agit de te persuader pour un de ses projets, elle sait bien s'y prendre. Ne gagne-t-elle pas toujours ? Tu devras en faire autant.

— Ses projets ne sont rien à côté de ce que tu me proposes.

— Allons donc ! À première vue, ça peut paraître gros. Tu verras que ça va se révéler beaucoup plus facile que tu ne le penses.

— Laisse-moi tout de même le temps d'y réfléchir sérieusement.

— Pas trop longtemps. Souviens-toi de ce que je t'ai déjà dit et que je te répète aujourd'hui : l'avenir est aux audacieux.

Je ne dis rien, pour l'instant, de notre projet à Henriette. Je lui confiai seulement qu'Adalbert et moi cherchions à voir comment nous tirer de notre mauvais pas. Elle gardait confiance et me laissait me débattre, sachant fort bien qu'avec Adalbert rien n'était perdu.

Quelques jours plus tard, après mûre réflexion, Adalbert et moi partions en quête du terrain idéal à la réalisation de notre projet. Après avoir arpenté l'île de Montréal, nous n'avions encore rien déniché à notre goût. Adalbert eut la réflexion suivante :

— Au fond, tout ce que ça nous prend, c'est un champ à l'orée d'un boisé idéalement entrecoupé d'un ruisseau.

— Rien que ça ? me moquai-je sans réfléchir. Et avec ça, un lac ou un étang à canards et une rivière à truites ?

Puis, s'arrêtant, Adalbert clama d'une voix enthousiaste :

— Je l'ai ! Ce terrain idéal existe. N'est-ce pas du côté de Pointe-aux-Trembles que tu allais jadis avec tes élèves ?

Je me rappelai :

— Le boisé ? Qui nous dit qu'il est à vendre ?

— Tout est à vendre. Ça dépend du prix que nous voulons y mettre. Je suis persuadé que ce terrain nous rapportera bien des fois notre mise. Je suis prêt à y engager un bon magot. Allons voir le propriétaire.

— Ce fermier dont la terre s'étend jusqu'au fleuve ? Si j'en juge par la façon dont il nous a reçus la première fois, notre cause n'est pas gagnée d'avance. Toute sa terre est entretenue sauf ce boisé, qui n'est certes pas sa priorité. Il faut dire que depuis, cet homme a vieilli comme nous tous et il semblait passablement à l'argent. À bien y penser, peut-être n'aurons-nous pas à lui tordre le bras pour qu'il s'en départisse.

Nous allâmes frapper à la ferme en question. La petite femme qui vint nous répondre me faisait penser à une souris se démenant devant un fromage. À la façon dont elle nous dévisageait, elle ne jouissait certainement pas d'une bonne vue. Elle ne me reconnut pas. Adalbert lui dit tout de go :

— Nous aimerions parler à votre mari.

— Horace est à l'étable. Qu'est-ce que vous lui voulez ?

— Un simple renseignement à lui demander.

— Vous n'avez qu'à me le dire et vous repasserez demain.

— C'est que nous n'habitons pas tout à côté, ma petite dame. Demain nous ne serons plus ici. Il faut faire aujourd'hui ce que nous ne pourrions réaliser demain.

Je m'empressai d'ajouter :

— En d'autres mots, il vaut mieux que nous parlions à votre homme dès aujourd'hui.

La femme s'essuya les mains sur son tablier qu'elle dénoua et lança près de l'évier.

— Suivez-moi ! commanda-t-elle, d'une voix décidée.

Son mari était occupé à traire les vaches. Bien qu'il semblât me reconnaître, il se montra aussitôt contrarié et réticent.

— Cimiquière ! Qu'est-ce que vous voulez ? J'suis occupé, vous le voyez ben, simonac !

La femme retourna à ses occupations en se frottant les mains. Pour amadouer le bonhomme, Adalbert admit :

— Je vois que nous vous dérangeons. Si c'est comme ça, nous pouvons attendre que vous en ayez terminé avec les vaches.

— Parlez toujours, saint cimiquière, je les trais pas avec mes oreilles.

Je jugeai bon d'intervenir :

— Me reconnaissez-vous ? Je suis le professeur qui, il y a plusieurs années, emmenait ses élèves dans votre boisé. Mon ami se demande s'il ne serait pas à vendre.

— Pour en faire quoi ?

— Un endroit de visite.

— Ce qui veut dire, cimiquière, qu'on serait envahi à l'année par toute votre parenté.

Adalbert se montra désinvolte.

— Vous n'y êtes pas du tout. Comme mon ami l'a mentionné, vous savez que sur ce petit lot se trouve un bout de champ, un petit bois, un monticule et même un ruisseau. Nous vous en donnerions plus que sa valeur, vous savez. Mon ami est professeur de sciences. Comme il l'a déjà fait, il y emmènerait ses élèves une ou deux fois par année, l'espace d'une journée, afin qu'ils puissent observer les oiseaux dans leur milieu naturel, connaître les plantes et les arbres. Il ne serait pas question d'y construire quoi que ce soit. C'est seulement que le directeur du collège où il enseigne ne veut plus l'autoriser à venir avec des élèves que si ce bout de terrain nous appartient.

— Désolé, baragouina le bonhomme dans un grognement, il n'est pas à vendre.

— Est-ce à dire qu'il ne pourrait pas le devenir moyennant une somme rondelette ?

Il haussa les épaules en marmonnant quelque chose que ni Adalbert ni moi ne comprîmes. Mon ami ne baissa pas les bras pour autant.

— Prenez le temps d'y penser, mon cher monsieur. Faites-vous une idée du prix que vous voudriez en obtenir. Nous repasserons dans quelques jours.

Comme l'homme ne nous déconseilla pas de revenir, nous en arrivâmes à la conclusion que ce qui n'était pas à vendre un quart d'heure plus tôt risquait de le devenir sous peu. Nous laissâmes couler une semaine, puis, certains de trouver notre homme à l'ouvrage puisque les cultivateurs ne prennent guère de vacances, nous retournâmes le voir comme nous le lui avions laissé entendre.

Cette fois, il nous reçut plus aimablement, avec beaucoup d'hésitations et de questionnements.

— Je me suis rendu, confia-t-il, sur la part de ma terre qui semble faire votre affaire. Je ne vois pas ce que des étudiants peuvent y apprendre d'intéressant.

— Allons-y, je vous le montrerai, fis-je.

Je gagnai mon point puisque l'homme accepta d'arpenter les lieux avec nous. C'était l'endroit idéal pour notre projet. On pouvait avoir accès au champ par la route et gagner le petit bois en quelques minutes. Il était riche en arbres de toutes sortes et Adalbert y découvrit même une source que je n'avais jamais remarquée. Elle surgissait au pied d'un petit monticule.

— Voyez-vous, expliquai-je au propriétaire, mes étudiants en sciences ne connaissent rien de la vie à la campagne. Tout comme moi, ils seraient incapables de traire une vache. Ils ignorent tout de la nature. À part les pigeons et les moineaux, ils ne connaissent rien aux oiseaux. Ici, depuis que nous sommes arrivés, j'ai entendu chanter trois, quatre espèces de fauvettes et de grives, sans compter les pinsons et les goglus dans les champs. Il y a une multitude d'arbres différents. C'est cela que je tiens à leur faire découvrir.

Mes propos lui plaisaient. Lui qui savait traire les vaches se sentait soudainement supérieur à tous les ignorants de la ville. Il est vrai par ailleurs qu'il ne connaissait sûrement pas tous ces oiseaux dont je venais de parler. A-t-on besoin de cela pour cultiver une terre ? À part les hirondelles nichées dans sa grange, il n'avait guère le temps de se préoccuper de ces petites bêtes ailées. Il me demanda de préciser combien de fois dans l'année j'entendais y mener mes élèves.

— Ça dépendra des groupes qu'on me donnera. Je n'en ai ordinairement que deux ou trois. Nous ne viendrions qu'une fois tout au plus à l'automne et une autre au printemps.

Voyant que le bonhomme commençait à branler dans le manche, Aldabert renchérit :

— Vous serez gagnant en tout, insista-t-il. Vous n'aurez pas à vous inquiéter pour cette partie de votre terre. Nous verrons à garder l'endroit impeccable.

L'homme hocha la tête et jeta un coup d'œil autour de lui comme pour se faire une dernière idée de son prix. « Vraiment, m'avait assuré Adalbert, s'il en demande quelque chose de raisonnable, je délierai volontiers les cordons de ma bourse. » Il avait toutefois pris la précaution de s'informer de ce que pouvait valoir ce bout de terre, assez loin de la route principale, mais on ne peut mieux placé pour ce que nous comptions vraiment en faire. Quand, après avoir longtemps tergiversé, l'homme fit son prix, quelques centaines de dollars, Adalbert se montra un peu hésitant pour la forme. Puis il avança :

— Si ça vous convient, nous passerons devant le notaire dès demain. Nous allons, mon ami et moi, le rencontrer aujourd'hui afin qu'il puisse préparer les papiers nécessaires.

Il avait apporté un gallon à mesurer. Je l'aidai à arpenter les lieux au pouce près. En fin de compte, nous mettions la main sur un champ d'assez bonne dimension et sur un petit boisé de plusieurs milliers de pieds carrés. Je pris le temps de dessiner un plan de l'endroit afin de bien situer la portion de la terre que nous achetions. Pour montrer le sérieux de notre démarche, et afin de nous assurer que notre homme ne reviendrait pas sur son idée, Adalbert lui donna un acompte de cent dollars. Nous fîmes un dernier tour du propriétaire. Je faisais mine de prendre des notes et nous quittâmes les lieux, enchantés de notre transaction. Pour célébrer dignement cet achat, au retour, nous nous arrêtâmes dans une auberge. En sortant, une couple d'heures plus tard, nous chantions à tue-tête : « On a gagné nos épaulettes, maluron malurette. »

Chapitre 61

Le projet

Quand je parlai de notre projet à Henriette, elle ne voulut d'abord rien savoir.

— Que deviendront Angélique et Mélanie?

— N'est-il pas temps pour elles de passer à autre chose?

J'argumentai si bien qu'elle finit par me laisser carte blanche.

— C'est une idée folle. Par contre, comme je te connais, plus un projet est fou et plus tu tenteras de le réaliser. Tout ce que ça nous rapportera, ce seront des ennuis.

— *Qui vivra verra!* Par deux fois j'ai perdu mon travail. Ce n'est pas en restant les bras croisés à ne rien faire que je finirai par apporter du pain sur la table. Il me faut essayer quelque chose. Nous avons acheté ce terrain, nous y construirons ce qui deviendra notre école laïque et peut-être plus tard un campus universitaire.

— Peut-être bien. Tu oublies qu'on m'a interdit d'enseigner aux jeunes filles sourdes-muettes. Ce sera la même chose pour cette école laïque.

— Rien ne nous empêche d'accueillir des enfants qui ne souffrent pas d'infirmités. Tu t'occuperas d'instruire les filles, j'en ferai autant pour les garçons. Notre école sera d'abord modeste. Elle grandira et les enfants que nous formerons joueront plus tard un rôle important dans la société.

L'idée n'était pas mauvaise. Encore fallait-il la concrétiser par la construction d'une école sur notre terrain de Pointe-aux-Trembles. Fort heureusement, nous avions l'appui financier d'Adalbert. Puisque l'Institut ne pouvait plus jouer ce rôle, nous comptions, par notre enseignement, former des jeunes à l'esprit ouvert qui répandraient les idées libérales et finiraient par affranchir les Canadiens français du joug que faisait peser sur eux le clergé.

Adalbert avait bien travaillé. Il nous arriva peu de temps après avec les plans de ce que serait cette école. Au centre du bâtiment, on retrouverait les aires communes, la salle de récréation, la cuisine et le réfectoire. Au-dessus, au second étage, les dortoirs, et dans chacune des ailes greffées au bâtiment principal, les salles de classe, d'un côté celle des garçons, de l'autre celle des filles. À l'arrière de l'édifice seraient aménagés, à l'étage, les appartements d'Adalbert et Irma, et au rez-de-chaussée les nôtres.

Quand Henriette vit de quoi aurait l'air cette petite école où nous n'accueillerions qu'une dizaine de garçons et autant de filles aptes à réussir un cours classique, elle fut conquise. Il restait maintenant à établir le programme d'enseignement et à déterminer les rôles de chacun. Adalbert agirait comme directeur, Henriette enseignerait aux filles. J'en ferais autant pour les garçons et Irma serait la surveillante des dortoirs et verrait à l'animation. L'enseignement n'y serait pas gratuit. Les parents qui nous confieraient leurs enfants devraient débourser à la fois les frais de leur séjour et couvrir nos salaires. J'avais eu des hésitations à ce sujet et Adalbert m'avait vite rassuré.

— Si nous soutenons que leurs enfants recevront chez nous la meilleure éducation qui soit, les gens en moyens n'hésiteront pas à payer ce qu'il faut. Présentement, les jeunes Canadiens français de Montréal, s'ils veulent progresser dans la vie et atteindre le niveau universitaire, doivent fréquenter les collèges classiques tenus par des religieux et n'ont pas d'autre choix que de s'inscrire ensuite à l'Université McGill. Une école comme la nôtre pourrait éventuellement fournir à la succursale de l'Université Laval des étudiants de qualité. Ce n'est pas le cas des collèges classiques, qui mettent l'accent sur tout ce qui touche la religion afin de former le plus de futurs prêtres possible et qui négligent l'enseignement des sciences, de l'histoire et de la littérature. Quant aux jeunes filles que nous accueillerons, elles pourront, comme les garçons, se rendre aux portes de l'Université. Un jour, peut-être, s'ouvriront-elles à elles aussi.

Henriette ajouta :

— Je désire depuis longtemps préparer Mélanie à des études supérieures, vous pourrez compter sur moi pour que ces jeunes filles que nous suivrons tout au long de leurs études puissent s'inscrire en temps et lieu à l'université. Pour ma part, j'en fais le combat de ma vie.

Notre projet était très osé et avant-gardiste. Nous savions qu'en nous lançant dans cette aventure nous prenions de très grands risques. Toutefois, nous étions habitués à l'adversité et confiants de pouvoir faire face à la musique.

Avec le printemps débuta la construction de notre école. Le cultivateur dont nous avions acheté le terrain pestait, laissant entendre que nous l'avions obtenu sous de fausses représentations. Le pauvre ne pouvait pas revenir en arrière et l'accès à notre école par la route de rang ne lui nuisait aucunement. Ce qui le faisait grogner, comme me le fit remarquer Adalbert, était bien plus le montant qu'il avait demandé pour cette parcelle de terre.

Nous passâmes l'été à nous assurer, par des annonces dans les journaux, d'avoir des élèves. Adalbert fit paraître celle-ci :

« Vous avez un garçon ou une fille apte au cours classique ? Ne cherchez plus. La meilleure école du genre est située à Pointe-aux-Trembles. Nous sommes prêts à y accueillir dès cette année en Éléments latins dix garçons et dix filles dans des locaux séparés. Nous les accompagnerons tout au long de leurs études qui les mèneront jusqu'à l'université. Pour tout renseignement supplémentaire, prière de vous adresser à messieurs Adalbert Desruisseaux ou Valois Ducharme, au collège Du Ruisseau, à Pointe-aux-Trembles. Les premiers arrivés seront les premiers servis. Faites vite, les places sont limitées. »

Une fois cette annonce parue, nous n'avions qu'à nous croiser les doigts en espérant que certains s'y intéresseraient. En prévision de l'année débutant à la fin d'août, nous nous donnâmes corps et âme à la préparation de nos cours. Comme nous n'acceptions que des étudiants au stade de la première année du cours classique, il nous fut assez facile d'en dresser le programme, les filles ayant droit au même enseignement, à quelques variantes près, que les garçons. Je travaillai de concert avec Henriette. Nous voulions mettre l'accent sur les langues française et anglaise, les mathématiques, les sciences, la géographie, la lecture, l'écriture, la grammaire et l'histoire. Nous ne pouvions pas parler d'un cours classique sans le latin et le grec. Une fois cette première année passée, nous préparerions le programme de la deuxième et ainsi de suite. Comme nous n'aurions chacun qu'une dizaine d'élèves, il nous serait facile de suivre leurs progrès de près et de les mener jusqu'à des études universitaires.

Chapitre 62

La vente de la maison de Sainte-Angèle

Nous devions déménager à Pointe-aux-Trembles dès que l'école serait debout et que les pièces prévues pour notre logement seraient habitables. Tout cela impliquait de nombreux changements dans nos vies. Fallait-il vendre notre maison de la rue Sainte-Élisabeth ? Je le croyais. Henriette n'était pas de cet avis. Elle argumenta :

— Supposons que notre projet d'école ne fonctionne pas. Nous devrions sans doute revenir en ville. Si nous vendons la maison, où irions-nous ?

— Ailleurs en ville.

— *Un tiens vaut mieux que deux tu l'auras.* Je suis d'avis de conserver notre maison.

— Et où prendrons-nous l'argent pour faire la transition ? Déménager coûte cher.

— Si nous louons la maison, nous n'aurons pas de souci d'argent.

Les arguments d'Henriette n'étaient pas mauvais et elle y mit encore plus de poids en proposant :

— Si nous vendions plutôt la maison de Sainte-Angèle ?

Son idée me parut excellente. Aussi s'empressa-t-elle d'écrire au notaire Dumoulin afin qu'il procède à la vente. En touchant ce montant en plus des loyers de la dernière année, nous pourrions vivre tranquilles durant des mois. À cela s'ajouteraient nos salaires et les revenus mensuels de notre maison de la rue Sainte-Élisabeth. Nous pouvions dormir sur nos deux oreilles. Il y avait pas mal plus indigents que nous.

La réponse du notaire prit du temps à venir. Il attendit d'avoir une offre avant de communiquer avec nous. Quand il le fit, et comme l'offre convenait, je proposai à Henriette qu'elle se rende toucher l'argent qui lui était dû. Elle se moqua de moi.

— Crois-tu vraiment que ta pauvre esclave est en mesure de procéder seule à une telle transaction ? Tu sais très bien que rien ne sera valable si ta signature ne figure pas au bas de l'acte de vente.

Elle avait entièrement raison. La maison avait beau être la sienne, elle ne pouvait rien faire sans mon autorisation. Voilà pourquoi je proposai que nous nous rendions en famille à Sainte-Angèle afin de régler le tout. Cette fois, nous fîmes le voyage à bord d'un vapeur. Tout se déroula sous un beau soleil. La température idéale, le bon air du fleuve, les paysages nouveaux, la nature, la campagne nous donnèrent un avant-goût de ce qui nous attendait à Pointe-aux-Trembles. Ce fut là le plus beau moment de notre vie depuis la naissance de Mélanie.

À notre arrivée au quai de Sainte-Angèle, le notaire Dumoulin nous reçut aimablement. C'était un homme affable qui, derrière des airs réservés, affichait un bon sourire et se permettait même ce que j'appellerais quelques pointes de malice ou d'espièglerie. Il nous tendit la main.

— Bienvenue dans notre petit patelin de rien du tout, nous salua-t-il. Je dis cela, vous le comprendrez bien, comme chaque fois que j'ai le bonheur d'être en présence de gens de la grande ville qui descendent dans notre milieu si modeste. Il n'en reste pas moins que Sainte-Angèle a son église, son curé, son médecin et le pauvre notaire que je suis.

Il nous précéda jusqu'à son étude. Il nous lut le contrat de vente déposé sur son bureau et nous demanda si tout nous convenait. Comme nous avions hâte de procéder, il nous fallut peu de temps pour donner notre accord. Moins d'une demi-heure plus tard, les acheteurs arrivaient et la transaction fut complétée sans plus tarder. Henriette leur laissait tout ce qu'il y avait dans la maison. Elle voulut toutefois y faire un dernier tour afin que Mélanie et Angélique voient où elle était née et avait passé son enfance.

Par curiosité, je proposai à Henriette de rendre visite à madame Lespérance, la grand-mère d'Angélique, dont nous n'avions plus de nouvelles depuis notre retour à Montréal. Jamais elle ne s'était informée de la santé et des progrès de sa petite-fille. Henriette l'excusait volontiers :

— La pauvre, elle a eu à élever tellement d'enfants. Il ne faut pas s'étonner qu'elle ne se soit pas inquiétée d'Angélique.

— Peut-être bien. Il me semble que si nous lui emmenons Angélique et qu'elle est à même de mesurer tous les progrès qu'elle a faits, ça lui ferait plaisir.

J'étais curieux de voir si notre protégée se souviendrait d'elle, mais nos démarches n'aboutirent à rien puisque la vieille était morte depuis quelques années.

Un vapeur nous ramena du quai de Sainte-Angèle jusqu'à Montréal, non sans que nous ayons pu profiter d'une bonne nuit à la seule auberge du village. Pour Henriette et moi, ce voyage fut comme une bouffée d'air frais dans nos vies. Quelques semaines plus tard, nous nous installions dans notre nouvelle demeure, prêts à entreprendre l'année scolaire qui allait bientôt débuter.

Chapitre 63

Les débuts de notre école

Si la construction de l'école se fit dans les délais prévus, le recrutement des élèves mit plus de temps à se concrétiser. Adalbert s'occupa des démarches inhérentes aux inscriptions. En fin de compte, il parvint à nous emmener une douzaine d'élèves, six garçons et six filles.

Notre idée d'ouvrir une école laïque ne faisait pas l'affaire de tout le monde. Une école comme la nôtre, si petite fût-elle, dérangeait le clergé. On ne manqua pas d'en parler dans les journaux. Nous étions en droit de tenir une pareille école et rien n'allait nous empêcher de le faire.

Henriette n'avait pas oublié son idée d'apprendre l'anglais. Elle insista pour que nous ayons parmi nous un enseignant ou une enseignante de langue anglaise. Adalbert nous dénicha cette perle rare en la personne de Maureen O'Connor, une jeune irlandaise rieuse et décidée qui déplaçait beaucoup d'air. Elle était vive comme une fauvette et se fit tout de suite aimer des garçons et des filles avec lesquels elle s'amusait comme si elle avait eu leur âge.

Elle soutenait que la meilleure façon d'apprendre une langue est de la parler. Elle s'adressait à tout le monde en anglais et répétait ce qu'elle disait tant que son interlocuteur ou son interlocutrice n'avait pas compris. « On réussit un puzzle, précisait-elle, en plaçant les morceaux un par un. Il en va de même pour une langue. On l'apprend phrase par phrase. On commence par demander à manger dans cette nouvelle langue, puis on s'intéresse au présent et au passé, ensuite à ce qui est haut et à ce qui est bas, puis à ce qui est à droite ou à gauche, et ainsi de suite. On apprend quelques mots de vocabulaire chaque jour. On les place dans la conversation et le tour est joué. » Elle s'entretenait tous les soirs avec Henriette qui l'aimait bien et jamais elles ne prononçaient un seul mot de français. Henriette voyait son rêve se concrétiser. « Quand ils sortiront de notre école, soutenait-elle, nos élèves seront parfaitement bilingues, qu'ils soient garçons ou filles. Ils pourront choisir la profession qu'ils voudront. »

Mélanie n'était alors âgée que de dix ans. Après quelques mois, elle se débrouillait déjà assez bien en anglais, ce dont mon épouse se montrait très fière. Nous avions tous notre rôle à jouer auprès des jeunes dont nous avions la charge. Leurs parents voulaient les voir progresser rapidement. Nous nous efforcions de leur ouvrir l'esprit à toutes les sciences susceptibles de leur être utiles dans la vie.

Nous enseignions depuis un mois, nous partageant les matières. Je m'occupais du latin, du grec et des sciences, et Henriette, du français, des mathématiques, de l'histoire et de la géographie. Maureen enseignait l'anglais. Nous aimions beaucoup notre travail et nous avions des élèves doués et désireux d'apprendre. Adalbert accomplissait son travail de directeur, s'occupant du bon fonctionnement de l'école avec Irma qui avait dressé tout un programme d'activités récréatives. Elle s'intéressait au théâtre et nos jeunes garçons et filles préparaient une pièce à jouer devant leurs parents à la fin de l'année scolaire.

Tout allait pour le mieux et nous étions très fiers, Adalbert et moi, de l'idée que nous avions eue de créer une école laïque. Nous avions tous de quoi vivre et, enfin, nous pouvions mener notre barque à notre guise et sans entraves. Sauf que dans la vie, rien ne s'avère jamais vraiment simple.

Chapitre 64

L'apparition

Nous habitions l'endroit depuis maintenant un an. Cette première année scolaire s'était déroulée sans anicroche, à la satisfaction de chacun. Angélique s'occupait de la cuisine. C'était un plaisir de la voir se donner avec cœur à son travail et de constater tous les progrès qu'elle avait accomplis au cours des années. À part sa surdité, elle n'avait rien à envier aux autres jeunes femmes de son âge. Elle s'exprimait très bien. Nous n'avions pas de difficulté à la comprendre. Angélique avait l'habitude, tous les avant-midi, d'aller marcher du côté du ruisseau. Elle revenait souvent de ses promenades avec un bouquet de fleurs sauvages dont elle décorait sa chambre. Henriette était fière d'elle et de ce qu'elles étaient parvenues à réussir ensemble.

Un jour, elle nous revint à la fois excitée et bouleversée. Je lui demandai ce qui se passait.

— Une guêpe t'a piquée ?

— Non !

— Qu'as-tu ?

Elle ne voulut rien dire d'autre que : « maman ». J'allai donc chercher Henriette qui terminait un cours. Je lui décrivis l'état d'Angélique.

— Elle ne veut parler qu'à toi.

Elle s'était réfugiée dans sa chambre où Henriette alla la rejoindre. Au bout de cinq minutes, je les vis partir toutes les deux en direction du ruisseau et me demandai ce qui pouvait bien se passer. Je n'appris le fin mot de l'histoire qu'à leur retour, avant le dîner, quand Henriette me prit à part.

— Tu ne sais pas ce qu'Angélique raconte ?

— Quoi donc ?

— En se baladant cet avant-midi non loin du ruisseau, à l'endroit où il y a une butte et une source, elle a vu une dame tout habillée de rose qui lui a souri et lui a dit quelque chose qu'elle n'a malheureusement pas saisi, parce que cette femme était trop éloignée pour qu'elle puisse lire sur ses lèvres. La femme en question est ensuite disparue derrière un bosquet. Angélique a voulu la suivre, sans succès. Toutefois, à l'endroit où elle s'était tenue, Angélique a perçu un parfum de roses.

Je ne sus trop quoi penser de cette histoire. Je commentai :

— Ne me dis pas qu'elle commence à avoir des halluci-nations ?

Henriette m'assura qu'Angélique était certaine de ce qu'elle avait vu. Je fis part de cette histoire à Adalbert, qui nous conseilla de ne pas en parler.

— Peut-être a-t-elle un peu trop d'imagination. Une femme en rose. Pourquoi pas en jaune ou en vert ?

Ce genre d'histoire ne plaisait guère à Adalbert. L'affaire en resta là, mais pas pour longtemps, car deux jours plus tard, cette pauvre Angélique nous arriva en affirmant avoir de nouveau vu la dame en rose au même endroit. Elle lui avait souri comme la première fois et lui avait parlé. Cette fois, Angélique avait pu lire sur ses lèvres. La dame en question avait déclaré : «Ce lieu est voué au bien.» Voilà ce qu'Angélique raconta. Comme elle ne savait pas ce que voulait dire le mot « voué », elle en demanda la signification à Henriette.

Je voulus en savoir davantage et j'emmenai Angélique pour qu'elle m'indique exactement où elle avait vu cette dame en rose. Elle m'y conduisit sans hésiter. En approchant, je sentis une vive odeur de roses. Au détour du chemin, tout près de la source, à l'endroit que m'indiquait Angélique, je vis un rosier en fleurs, d'où provenait ce parfum. Je m'informai auprès d'Henriette, d'Irma et d'Adalbert s'ils n'avaient jamais remarqué un rosier à cet endroit. Ils furent unanimes à dire non. Comme, pour ma part, je n'en avais pas vu non plus, tout cela m'intrigua au plus haut point. Je n'osais pas m'avouer ce qui me venait à l'esprit. J'en parlai à Henriette.

— Angélique aurait-elle des visions ?

— Je ne saurais pas te le dire. Tout cela est très déroutant. Ce qui l'est plus encore, c'est qu'elle n'invente pas, elle répète tout exactement comme elle l'a vu.

La prudence nous dictait de ne pas divulguer cette histoire. Après avoir échangé sur ce sujet avec Irma et Adalbert, il nous fallut bien en conclure qu'Angélique n'avait pas d'hallucinations, sinon où aurait-elle été chercher cette phrase : « Ce lieu est voué au bien », dont elle ignorait la signification ? Comment également expliquer la présence de ce rosier qui semblait avoir mystérieusement poussé là depuis peu de temps ?

— Si nous étions en France, clama Adalbert, nous parlerions d'apparitions.

— Peut-être qu'en réalité, il s'agit bien de cela, avança Henriette.

Irma renchérit :

— Cette enfant infirme était peut-être prédestinée.

J'avais bien de la difficulté à accepter cette idée. Angélique serait une privilégiée comme Bernadette Soubirous et aurait des apparitions. Il fut convenu qu'avant d'ébruiter le tout, il fallait attendre que le phénomène se répète. Si Angélique retournait à cet endroit, il faudrait qu'elle soit accompagnée. Comme à l'heure où le phénomène s'était produit Henriette et moi étions occupés avec nos élèves, Irma s'offrit de tenir compagnie à Angélique au cours de sa prochaine promenade.

Voici ce qu'Irma nous conta à leur retour. Quand elles furent rendues à quelques pas du lieu où le phénomène se produisait, Angélique s'arrêta. Nous lui avions fait promettre, si elle voyait encore la dame, de lui demander son nom. Mais il ne se passa rien. Irma nous assura qu'elle n'avait rien vu ni entendu et Angélique confirma les faits. Elle n'avait pas vu la dame en rose. Ce qu'Irma remarqua toutefois, en continuant sa promenade avec Angélique, fut la phrase «Ce lieu est voué au bien», très clairement inscrite sur le sable humide au bord du ruisseau. Elle vint nous chercher pour nous la montrer. Cette fois encore, Adalbert fut d'avis de garder ça pour nous.

Pourtant, le lendemain, à la une des journaux on pouvait lire: *Apparitions de la Vierge à Pointe-aux-Trembles*. On y informait les gens de l'événement venant de se produire chez nous et on mentionnait même que le dimanche suivant, la jeune sourde se rendrait de nouveau à cet endroit.

Adalbert ne décolérait pas. Il voulut savoir qui de nous avait vendu la mèche. Il dut se faire à l'idée que personne n'avait parlé. Il en vint à la conclusion que la seule personne ayant pu informer les journalistes était la dame en rose elle-même. Qui était-elle?

Comme il fallait s'y attendre, une foule immense de curieux convergea vers nous. Ce fut un défilé sans fin sur le lieu des apparitions et les dons commencèrent à affluer. Même si Angélique ne revit pas la dame en rose, une foule évaluée à plus de mille personnes nous envahit. Des journalistes étaient du nombre. Oubliant que la jeune femme était sourde, ils posèrent tous ensemble un tas de questions auxquelles ils n'obtinrent aucune réponse. Il fallut les faire défiler un à un devant Angélique pour qu'elle puisse lire sur leurs lèvres et répondre à leurs interrogations qui, pour l'essentiel, tournaient toutes autour d'une description plus précise de la dame en question. Ils en furent quittes pour s'entendre répondre qu'il s'agissait d'une belle dame, qu'elle avait écrit dans le sable et fait fleurir un rosier.

Fort heureusement, nous avions fait entourer ce rosier de clôtures et des hommes en avaient défendu l'accès, sinon à la fin de la journée, il aurait entièrement disparu.

Un journaliste, et il en fit part ensuite dans son journal, posa à Angélique la question fatidique :

— Cette dame ressemble-t-elle à la Vierge Marie ?

— Je n'ai jamais vu la Vierge Marie, répondit avec sagesse Angélique.

Dans les journaux du lendemain, on pouvait lire des titres comme : *La Vierge apparaît à une jeune sourde à Pointe-aux-Trembles, Tout sur la Vierge rose, Mystérieuse apparition près de Montréal.* Les textes rapportaient assez exactement ce qui s'était passé. Ensuite les commentaires des journalistes se lisaient à peu près comme suit :

La Vierge Marie qui a visité Bernadette Soubirous à Lourdes a daigné honorer notre pays de sa présence. Elle l'a fait en s'adressant à une jeune sourde, laquelle fort heureusement, grâce à la

*patience de sa mère adoptive, a appris à parler. Cette jeune fille
a répondu aimablement à toutes nos questions. Elle a décrit avec
précision cette dame en rose qui portait un voile, lui a souri et ne
lui a pas mentionné son nom, comme la Vierge de Lourdes. Il est
bien facile d'en déduire qu'il s'agit de la Vierge Marie et tous
s'entendent pour l'appeler la Vierge rose. Il ne peut y avoir qu'elle
pour apparaître ainsi à une jeune fille dont le très lourd handicap
est l'assurance même que ce qu'elle rapporte est authentique.
Cette jeune fille ne peut avoir inventé ces apparitions et encore
moins cette phrase dont elle ne comprenait pas le sens: «Ce lieu
est voué au bien.» Les propriétaires du terrain où se sont déroulées
les apparitions dirigent une école pour jeunes garçons et jeunes
filles. Ils nous assurent qu'ils feront ce qui est en leur pouvoir pour
que ce lieu devienne un endroit où tout tournera autour du bien.
Sans les solliciter, ils ont déjà reçu de nombreuses aumônes. Ils
nous certifient que cet argent sera conservé et ne servira qu'au
projet auquel ils songent depuis que l'enfant leur a fait part de
ces apparitions et depuis qu'eux-mêmes, après les vérifications
d'usage, sont convaincus qu'elle a bel et bien vu cette mystérieuse
dame qui laisse derrière elle des odeurs de roses provenant d'un
rosier apparu là au moment même où le phénomène est survenu.
Déjà, dans plusieurs milieux, on parle du rosier miraculeux.*

*Nous vous informerons au fur et à mesure de tout développe-
ment nouveau concernant cet heureux phénomène. Si parmi vous
certains veulent verser un don pour ce qu'on convient d'appeler
les apparitions de la Vierge rose, ils peuvent le faire directement
à notre journal qui verra à acheminer cet argent à qui de droit.
On rappelle également qu'on peut le faire sur place à Pointe-
aux-Trembles. Il est inutile de vous décrire comment vous rendre
sur ces lieux, les gens de Pointe-aux-Trembles se feront un plaisir
de vous y conduire au besoin.*

Les journaux moussèrent la chose à un tel point que nous ne pouvions plus avoir une minute de tranquillité. Nous étions embarqués dans une galère qui allait nous tenir en haleine pendant des mois.

Chapitre 65

Les répercussions

Les reportages dans les journaux débordèrent d'enthousiasme. Le rosier existait vraiment. Il se pouvait fort bien que la jeune sourde ait vu la Vierge Marie, quoique ses parents laissaient entendre qu'elle avait seulement aperçu une dame en rose. Pour certains, il était indéniable que la jeune fille avait eu des apparitions de la Vierge et qui plus est de la Vierge Marie vêtue de rose. Puisque de semblables apparitions avaient eu lieu dans d'autres pays, pourquoi n'y en aurait-il pas chez nous? Vraiment, il fallait se réjouir de ce qui arrivait par l'intermédiaire de cette pauvre enfant infirme. Monseigneur l'évêque n'avait-il pas soutenu, il y a quelques années, qu'un sourd-muet avait eu l'apparition d'un ange? Pourquoi une jeune sourde n'aurait-elle pas celle de la Vierge Marie?

Il fallait s'attendre à ce que les choses n'en restent pas là. D'une journée à l'autre, l'idée d'une double apparition de la Vierge Marie fit son chemin. On parla tout de suite d'ériger un sanctuaire à la Vierge rose. Adalbert intervint: «Cette jeune fille, précisa-t-il, n'a jamais laissé entendre que cette dame était la Vierge Marie, elle nous a toujours parlé d'une dame en rose.» Quant à l'idée d'ériger un sanctuaire, il la repoussa d'emblée: «Si jamais nous construisons un édifice pour rendre hommage à cette dame, ce ne sera ni une chapelle ni un sanctuaire, mais un lieu de rencontre sous un grand toit où les gens viendront témoigner des bonnes expériences qu'ils ont vécues, rien de plus. Il n'y sera pas question de prières, de cantiques, de processions, etc. Le clergé n'y sera pas le bienvenu. » Il en profita pour annoncer qu'il avait déjà reçu plusieurs milliers de dollars en dons. Si des personnes voulaient continuer à verser des sous afin qu'un édifice soit construit à cet endroit, en tant que propriétaire des lieux, il ne s'y opposait pas. On pouvait remettre directement les oboles dans un tronc placé à cette fin à l'entrée de l'école érigée sur le même terrain. On pouvait également faire ces dons au nom de la dame en rose, au journal *La Minerve*. On signalait même qu'un bienfaiteur anonyme avait fait cadeau de dix mille dollars pour qu'une chapelle soit élevée à cet endroit. Comme il n'en était pas question, ce bienfaiteur, s'il était opposé à l'idée de laisser construire autre chose, devrait se manifester et, le cas échéant, la somme de dix mille dollars lui serait rendue.

Dès le lendemain de cet article, on pouvait lire dans les journaux l'avis suivant :

L'évêché fait savoir qu'on ne peut ériger de chapelle, de sanctuaire, ni d'église dans le diocèse sans sa permission. Par ailleurs, les propriétaires du lieu se sont empressés de rappeler à tout le monde qu'aucun édifice religieux ne sera construit à cet endroit. Ils ne veulent y voir aucune soutane. On n'y fera pas de prières. Sans doute qu'on y tiendra des rassemblements. Tout cela reste à voir. Les propriétaires réfléchissent là-dessus et communiqueront leur décision en temps et lieu. Ils tiennent à rappeler que la jeune sourde n'a pas eu d'autres apparitions que celles dont elle a parlé.

Il y avait un défilé continu au lieu des apparitions. Habitués à faire bénir des médailles et à rapporter de l'eau bénite, des images et des souvenirs des sanctuaires qu'ils visitaient, les gens insistaient pour rapporter quelque chose de leur pèlerinage. Voyant cela, Adalbert décida de faire photographier le rosier en fleurs, de même que le ruisseau et la source tout près où la dame en rose s'était manifestée. Les visiteurs pouvaient acheter ces photos, qu'on fit même reproduire de manière à être vues en trois dimensions avec un stéréoscope.

Comme nous avions aussi une école à diriger, nous décidâmes que les visites ne pourraient désormais se faire que les samedis et dimanches, afin que nous puissions continuer à donner nos cours. Angélique se présenterait sur les lieux durant une heure et il était inutile aux journalistes de tenter de l'interroger autrement qu'avec notre permission et selon nos conditions. Nous ne voulions pas qu'elle soit perturbée par toute l'attention qu'on lui portait. On s'excusait à l'avance auprès des gens qui, n'ayant pas été informés de ces décisions, se présenteraient en semaine. Les lieux étaient maintenus sous surveillance par des agents engagés pour y faire régner la paix.

J'échangeai longuement avec Adalbert, Irma et Henriette afin de décider ce que nous ferions pour répondre à l'invitation de la dame en rose et pour faire de ce lieu un endroit voué au bien. Il n'était pas question d'y ériger un hôpital ou un quelconque édifice du genre qui répondrait au souhait de la dame. Adalbert laissa entendre qu'il songeait à une façon d'exploiter convenablement la situation.

— Puisqu'il est très clair qu'aucun ecclésiastique ne sera le bienvenu ici, tout aspect religieux sera proscrit. Comme les gens sont habitués de se prosterner et de prier, je crois que nous aurons de la difficulté à faire valoir nos exigences. Nous ne tolérerons pas de processions, de prières, de cantiques, etc. Aussi devons-nous décider d'un commun accord ce que nous ferons.

Irma abondait dans le sens d'Adalbert :

— Un lieu de discussions me paraît une bonne idée, non ?

— Oui, approuva Henriette, à condition que ça ne tourne pas en pique-nique ou en foire.

Adalbert intervint.

— L'idée du pique-nique n'est pas si mauvaise. Il faut que tout s'y déroule dans une atmosphère de détente. Il n'y aura pas de place là pour des lamentations, des pleurs, pas plus que pour des célébrations à l'emporte-pièce. Tout devra se dérouler dans la simplicité la plus totale.

J'ajoutai mon grain de sel :

— Tu songes donc, si je comprends bien, à des rassemblements et des échanges quelconques ?

— Exactement.

— Ça pourrait prendre la forme d'entretiens sur des événements ou des choses qui nous ont fait du bien, proposa Henriette.

— Tu l'as ! s'enthousiasma Irma. L'idée est excellente. Les gens viendraient raconter leurs expériences heureuses. Cet endroit est voué au bien, ne l'oublions surtout pas.

— Donnons-nous encore quelques jours pour y réfléchir, conclut Adalbert. Je crois que nous avançons vraiment sur la bonne voie.

Chapitre 66

L'auditorium

Profitant de la fin de semaine et de l'abondante foule sur les lieux, Adalbert choisit de consulter les gens sur un projet qui lui trottait dans la tête. Nous fûmes chargés de procéder à un genre de sondage où il était question d'ériger sur place un auditorium où les gens viendraient témoigner de ce qui leur avait fait le plus de bien dans leur vie. « Des témoignages positifs, voilà tout ce que nous désirons », soutenait Adalbert. Nous eûmes à tâter le terrain auprès de tout ce beau monde, car réussirions-nous à tenir chaque fin de semaine ce genre de réunions ? Il n'était pas question de venir raconter des miracles ou des interventions du ciel ou des saints, mais bien de faire part de faits précis, par exemple que quelqu'un se trouvait dans la misère et qu'il avait été secouru par un bon Samaritain, comment une seule bonne parole était parvenue à transformer la vie d'un autre, ou comment l'entraide s'était manifestée lors d'une catastrophe. Bref, il fallait que ces témoignages édifiants marquent les gens.

Les réponses à notre sondage dépassèrent nos attentes. Nous étions assurés d'entendre dans les semaines et les mois à venir des récits très touchants qui ne manqueraient pas de souligner de façon particulière comment en réalité les gens sont bons et comment le bien se répand quand tous veulent se donner la main. À la suite de ces rencontres, Adalbert nous réunit.

— Une femme, commenta Henriette, m'a raconté ce qu'elle qualifiait de "la meilleure chose qui lui soit arrivée". Un tel témoignage serait le bienvenu.

Irma dit qu'à elle aussi on avait rapporté des histoires qui valaient la peine d'être entendues par bien des gens, en particulier ce témoignage d'un vieil homme qui avait reçu l'aide de ses voisins quand sa maison avait passé au feu.

— Nous retiendrons chacun de ces récits, proposa-t-elle, et nous les rapporterons dans une revue à laquelle les gens pourront s'abonner.

— Qui s'en chargera ?

— Moi, suggéra Irma, et je me ferai aider par nos élèves. Ils pourront de la sorte mesurer à quel point le bien rapporte à leur auteur.

Pour ma part, j'avais des doutes. Alors que nos journaux racontaient à pleines pages les malheurs de l'un et de l'autre, les guerres que se livraient les peuples, de même que toutes les catastrophes survenues ici et là, je doutais que les récits de nos pauvres gens, aussi édifiants et aussi intéressants soient-ils, puissent captiver longtemps l'attention du public, si on ne rapportait pas de miracles. On se fatiguerait bien vite de tout cela. Je me permis d'en faire la remarque. Henriette me reprit :

— Je ne crois pas qu'on puisse se tanner d'entendre le récit de choses positives.

Adalbert s'en mêla :

— Il faudra choisir des faits précis qui ne se ressemblent pas trop d'une fois à l'autre.

— Nous devons faire confiance à l'avenir, insista Irma. Il y a tellement de gens qui voudront témoigner qu'il sera impossible qu'il s'agisse toujours d'histoires du même genre.

Adalbert, qui avait les deux pieds sur terre, nous interrompit :

— Tout cela est bien beau, encore faut-il que nous puissions disposer d'un endroit propice.

— Un peu comme une église, murmurai-je.

— En effet, sans que c'en soit une.

— Il nous faudra donc une grande salle où les gens pourront se réunir.

— Je peux vous annoncer, tant les dons ont afflué, que la chose est déjà possible. Je crois qu'il faudra construire quelque chose comme un théâtre avec une tribune en avant.

— Tu veux dire un auditorium.

— Quelque chose de très simple où les gens vont se sentir chez eux, tout près les uns des autres et où, contrairement à ce qui se passe dans les églises, ils pourront s'exprimer.

— Il faudra que cet auditorium ait une bonne acoustique.

— Les Romains savaient en faire en plein air, nous devrions pouvoir y parvenir. Cet auditorium ne sera pas luxueux. Au moins les gens pourront-ils y échanger entre eux sans avoir à crier et comprendront-ils facilement les témoignages qu'on y fera.

Adalbert s'occupa de consulter des architectes et des spécialistes dans le domaine avant de faire dresser les plans d'un auditorium de deux mille sièges.

Il se réjouissait :

— Il a suffi de deux apparitions pour que tout cela devienne possible. Maintenant, à nous de voir comment nous pourrons faire fructifier le tout et en tirer le maximum pour le bien de tous.

Trois mois à peine après les apparitions, Adalbert fit paraître dans les journaux une notice à l'effet qu'une immense salle serait construite à Pointe-aux-Trembles, sur le lieu même des apparitions. On s'en servirait pour réunir les gens intéressés à entendre des témoignages d'actions de bienfaisance. Il ajoutait ceci :

Si certains veulent investir dans ce projet de façon à ce que cette salle soit assez vaste pour accueillir des milliers de personnes, leurs noms seront gravés sur une plaque à l'entrée. Cette salle ne servira à rien d'autre qu'au partage de témoignages positifs au sujet de faits vécus. La salle n'étant pas encore construite et la saison s'y prêtant, ceux qui désirent déjà entendre de tels témoignages peuvent se rendre tous les dimanches au lieu des apparitions. Des estrades ont été dressées à cette fin en plein air.

Le dimanche suivant, des centaines de personnes se rassemblèrent pour écouter un vieillard rapporter comment, tout au long de sa vie, il avait pu profiter de l'aide gratuite de ses voisins pour faire fructifier son jardin et sa terre. À l'automne, l'auditorium fut érigé comme promis. Il s'agissait d'une grande salle circulaire dont les sièges en gradins entouraient un podium central de la dimension d'une scène de théâtre. Je fus désigné pour jouer le rôle de maître de cérémonie. Je ne mis guère de temps à me rendre compte que tous n'étaient pas doués pour parler en public et qu'à ce rythme, il ne suffirait que de quelques séances pour voir l'auditorium se vider graduellement. Voilà pourquoi, à la suggestion d'Adalbert et des autres, je fus chargé de rapporter ces témoignages. Il me fallait d'abord rencontrer les personnes désireuses de témoigner et me faire raconter ce dont elles voulaient faire part. Je devins bien vite un spécialiste pour rendre vivants ces récits, à la manière d'un conteur.

Après quelques semaines, la formule étant toujours un peu la même et les témoignages se ressemblant, je constatai que l'intérêt des gens s'émoussait. Dès lors, je m'ingéniai à trouver des façons plus vivantes et plus animées de présenter les choses. J'y parvins en transformant ces récits en scènes ou en tableaux, auxquels je faisais participer Henriette et Irma de même que certains de nos élèves. L'auditorium était plein tous les dimanches et nous devions même en refuser l'entrée à des dizaines de personnes. Comme nous disions : « premiers arrivés, premiers servis ». Les spectateurs se faisaient de plus en plus nombreux et les places manquaient. Compte tenu du travail de préparation que tout cela exigeait, nous nous résolûmes à demander un modeste prix d'entrée. Les gens payèrent volontiers. Adalbert suggéra que les sommes ainsi recueillies me servent de salaire pour mes efforts à réaliser ces présentations sur lesquelles je travaillais parfois jusque tard en soirée et même la nuit.

Chapitre 67

Les rencontres
du dimanche

Chaque dimanche, je créais des scénarios à partir des témoignages reçus. Par exemple, une scène se passait dans un verger. Plusieurs de nos élèves, garçons et filles, y participaient, mimant une scène de cueillette de pommes. Arrivait une mendiante avec son enfant, rôles joués par Henriette et notre fille Mélanie.

— La charité s'il vous plaît, demandait-elle, en tendant une écuelle.

Je jouais le fermier propriétaire des pommiers.

— Ma bonne dame, j'aimerais bien vous donner des sous. J'en ai à peine pour nourrir les miens. Mon épouse est décédée et je dois faire vivre neuf enfants. Mon verger est à peu près tout ce sur quoi je peux compter.

— Mon enfant et moi n'avons rien mangé depuis deux jours. Nous avons dû coucher en plein champ.

Elle répétait :

— La charité s'il vous plaît !

— Je veux bien vous donner deux pommes, mais dans deux heures vous aurez tout aussi faim.

Un des enfants s'approchait et faisait le geste de remettre une pomme à la mendiante et une à sa fille, qui faisaient mine de se jeter dessus et de la croquer avec appétit.

— Vous ne pouvez pas continuer indéfiniment à tendre ainsi la main, disais-je. Ne pourrions-nous pas faire quelque chose pour améliorer votre situation ?

N'obtenant pas de réponse de la part de la mendiante, je lui proposais ceci :

— Ce soir, vous allez souper avec nous. Ce sera un repas frugal. Je n'ai pas beaucoup de nourriture. De plus, je ne suis pas bon cuisinier. Nous vous garderons à coucher. La nuit porte conseil, nous verrons bien ce qu'elle nous proposera. En attendant, avec votre enfant, vous allez nous aider à continuer la cueillette des pommes.

Tout le monde mimait la cueillette des pommes dans un petit verger. Puis, le père intervenait :

— Les enfants, le soir va tomber bientôt. Il est l'heure de regagner la maison.

Ils déambulaient deux à deux, comme s'ils transportaient dans des mannes les pommes cueillies durant le jour. La mendiante les suivait avec sa fille. Arrivée à la maison, elle demandait :

— Avez-vous de la farine ?

— J'en ai, bien que je ne sache pas comment cuire le pain.

— Il n'y a rien de plus simple. Si vous voulez, je vais préparer la pâte et demain, vous aurez du pain frais.

Ils s'installaient tout autour d'une table imaginaire en faisant semblant de manger une soupe aux pois. La mendiante se permettait un commentaire :

— Cette soupe est nourrissante. Elle pourrait être bien meilleure.

— Je sais, l'approuvait l'homme. Autrefois, c'était ma femme qui la préparait. Elle était bonne cuisinière, tandis que moi…

— Si vous voulez, demain je vous montrerai.

Le souper terminé, les enfants se regroupaient et s'étendaient sur le plancher. La femme en faisait autant avec son enfant, non sans avoir remercié l'homme de sa générosité.

— Tout ce que l'on fait aux autres, Dieu en tient compte. Il vous récompensera.

L'homme se couchait à son tour. On entendait bientôt son ronflement. La femme se levait alors, regardait d'un côté et de l'autre afin de trouver ce qu'elle pourrait bien faire pour rendre service. Elle s'emparait d'un balai et mimait une scène de grand ménage. On la voyait ensuite occupée à laver du linge. Quand tout le monde se levait le lendemain matin, la maison était propre et du linge séchait sur la corde.

— C'est vous qui avez fait ça ? demandait l'homme.

— Oui, disait la mendiante. Je voulais par là vous remercier de m'avoir accueillie sous votre toit. J'ai mis les pains au four. Vous pourrez avoir du bon pain pour déjeuner.

Voyant à quel point cette femme pourrait lui être utile, l'homme lui proposait :

— Que diriez-vous de demeurer parmi nous avec votre fille ? Vous pourriez travailler comme servante et du même coup vous assurer de manger tous les jours tout en dormant sous un bon toit. Quant à moi, n'ayant pas à me préoccuper de mes plus jeunes enfants, je pourrais avec les plus vieux faire valoir ma terre et même couper le bois dont nous aurons besoin cet hiver.

La femme acceptait la proposition. Le sketch ainsi terminé, en tant qu'animateur, j'y ajoutais une morale :

— Vous aurez deviné, chers amis, qu'au bout de quelques mois, l'homme et la femme se marièrent. Voilà comment un simple geste charitable fut à l'origine du bonheur d'une mendiante, de son enfant et de celui de toute une famille. Le tout nous a été appris par monsieur Joseph Leclerc que nous remercions sincèrement.

Après un numéro de ce genre suivait un rapport des gestes altruistes accomplis par des personnes comme nous tous ayant à cœur le bien des autres et racontés dans les journaux. Je les résumais ainsi :

— *Le Canadien* nous souligne qu'aux États-Unis, à tout le moins à San Francisco, être enterré coûte très cher. Une pauvre veuve s'est présentée dernièrement au bureau du journal *The Times* afin de solliciter une assistance pécuniaire. Elle avait dû débourser trois cents dollars, tout ce qu'elle avait, pour faire enterrer son seul enfant. Une heure après que l'annonce eût été publiée dans le journal, cette femme n'avait plus de dettes et avait de quoi vivre pour les mois à venir.

« Le récit suivant est d'un autre genre. Il n'illustre pas moins jusqu'à quel point la générosité de certains peut s'avérer grande. On ne peut qu'admirer la bonté de ces hommes qui, voyant un de leurs compagnons de travail blessé gravement par la scie d'un moulin à bois situé loin de la ville, n'écoutèrent que leur courage et leur bon cœur. Après avoir pansé de leur mieux les plaies de ce jeune homme, ils organisèrent une expédition pour le conduire à un vapeur pouvant le mener à la ville la plus près, à cent dix milles de là. Ils ceinturèrent leur malheureux compagnon dans une large bande de coton et le déposèrent dans un canot d'écorce mené par quatre d'entre eux pour le conduire sans s'arrêter à quarante-cinq milles plus loin.

Après trente-deux milles de route, le hasard voulut qu'ils croisent en chemin un médecin se rendant à la ville en compagnie de son épouse. Voyant la gravité des blessures du jeune homme, le médecin sut tout de suite qu'il ne s'en tirerait pas. Avec son épouse, s'oubliant eux-mêmes, ils passèrent la nuit à veiller sur lui et à en prendre soin jusqu'à ce qu'il pousse son dernier soupir. Voilà un bel exemple de bonne action. »

Il nous était assez facile de nous alimenter en récits du genre. Il nous suffisait de lire les pages des journaux religieux et d'interpréter les récits en extirpant tout ce qui était considéré comme des miracles.

Voilà comment se passaient nos rencontres du dimanche. Les gens aimaient y venir. Ça tenait un peu du théâtre et les mises en scène toutes simples illustraient les propos de ceux qui nous rapportaient des faits admirables. Nous ne manquions jamais de matière. Sauf que nous devions consacrer nos samedis de congé à préparer les saynètes ou les tableaux du lendemain après-midi.

Notre auditorium était devenu pour plusieurs un endroit incontournable. On n'en disait que du bien. Les gens venaient y puiser une dose d'optimisme pour la semaine et les dons en argent ne cessaient d'affluer. Fort heureusement, Adalbert voyait à ce que chaque sou soit enregistré et notait de quelle façon l'argent était dépensé.

Chapitre 68

Le premier miracle

Au début, les gens s'étaient précipités en espérant être témoins d'une apparition. Nous avions veillé à ce qu'il n'y ait pas d'équivoque. Jamais nous n'avions laissé entendre qu'Angélique avait vu la Vierge Marie. Pourtant, les journalistes en étaient venus à cette conclusion et le fameux rosier attirait les regards. Certains le désignaient comme le rosier miraculeux. Ils ne pouvaient pas y toucher et tenaient tout de même à rapporter un souvenir. Petit à petit, ils avaient exprimé l'idée d'apporter chez eux de l'eau de la source. Pour éviter que ce lieu soit saccagé, nous en avions bloqué l'accès. Par contre, nous consentîmes à vendre ce que les gens appelaient de l'eau de rose, parce que la source coulait tout près du rosier. Cette eau n'avait aucune vertu curative et ce n'était pas de l'eau bénite.

Adalbert s'était rappelé Lourdes. Il avait lu tout ce qui avait été écrit sur les débuts de ce lieu de pèlerinage afin de nous en inspirer pour la progression du nôtre, puisque le site de la dame en rose avait de plus en plus d'admiratrices et d'admirateurs. Tout allait pour le mieux. Ni l'évêque ni les prêtres ne s'en mêlaient. Ils n'avaient rien à redire et comme nous l'avions signifié, ils se gardaient bien d'y mettre les pieds. Voilà qu'un beau dimanche, à la fin de la séance de témoignages, Henriette vint me prévenir qu'une femme désirait me parler.

— Tu sais ce qu'elle me veut?

— Elle a soutenu qu'elle ne le révélerait qu'à toi.

Il s'agissait d'une femme de modeste origine, vêtue comme une pauvresse. «Voilà pourquoi, pensai-je, elle a attendu pour se présenter que tout le monde soit parti.» Je lui demandai:

— Que puis-je faire pour vous?

Elle hésita avant de lancer:

— Vous ne le croirez pas! Personne ne me croit.

— Dites d'abord et je saurai bien me faire une idée.

— L'eau de rose est miraculeuse.

— Que prétendez-vous?

— Elle a guéri mon enfant.

— De quoi souffrait-il?

— Il était aveugle.

— Vous en êtes certaine?

— Tout le monde qui nous connaît le sait, le docteur aussi.

— Vous soutenez qu'il était aveugle et qu'il ne l'est plus?

— Il a été guéri par l'eau de rose et je voudrais le dire à tout le monde dimanche prochain.

Ce qu'elle racontait là me paraissait trop important pour que je sois le seul à l'entendre. Je lui demandai de me suivre. Rendu à la maison, j'appelai Henriette, Adalbert et Irma.

— Cette femme, leur dis-je, vient de me confier quelque chose qui sort de l'ordinaire.

Je la priai de répéter devant eux ce qu'elle venait de m'apprendre. Dès qu'elle eut terminé, Adalbert déclara:

— Nous voulons bien vous croire, madame. Cependant, avant de conclure quoi que ce soit, nous permettrez-vous de procéder aux vérifications nécessaires ? Nous devrons rencontrer le docteur qui a soigné votre enfant et aussi les gens qui l'ont vu aveugle. Si vous voulez en parler dimanche, nous aurons besoin de leurs témoignages d'appui.

— Tout le monde autour de chez nous est au courant. Ils sont venus voir Anthime.

— Anthime est le prénom de votre fils ?

— Oui. Il a six ans. Il le dit qu'avant il ne voyait pas.

— C'est après lui avoir lavé les yeux avec l'eau de rose qu'il a recouvré la vue ?

— La cinquième fois que je l'ai fait.

Adalbert se chargea de procéder à l'enquête.

— Si tout le monde l'apprend, fit-il remarquer en riant, nous allons certainement manquer d'eau.

Il se rendit chez la femme en question, parla à l'enfant et aux voisins, rencontra le docteur Béliveau qui lui confirma que le petit était bien aveugle depuis sa naissance. Adalbert voulut en savoir plus long sur sa maladie et sur les possibilités qu'il ait pu recouvrer la vue par un phénomène tout à fait naturel. Le médecin ne put rien lui apprendre à ce sujet. Quand Adalbert revint à la maison, il avait pris la précaution de rapporter des douzaines de bouteilles et s'était même informé où nous pourrions nous en procurer en grande quantité. On lui avait mentionné que la Saint Johns Glass Company fabriquait des bouteilles à Saint-Jean-sur-Richelieu et il avait fait les démarches pour en acheter quelques milliers en précisant que nous en avions un urgent besoin.

Notre crainte était que cette histoire ne s'ébruite et qu'elle fasse l'objet d'un article dans les journaux. Nous savions que nous allions être envahis et vite débordés. Ce que nous appréhendions le plus était de voir le clergé s'en mêler. Nous envahissions leurs plates-bandes. L'Église catholique ne détenait-elle pas le monopole des miracles et des apparitions? Adalbert était assuré que nous les verrions rappliquer très rapidement et qu'ils enquêteraient de près à propos de ce miracle.

Fort heureusement, ce n'est que le dimanche suivant, à la suite du témoignage de cette femme qui avait emmené son enfant avec elle, que la rumeur se répandit à une vitesse folle. Les journaux rapportèrent ce qu'ils qualifiaient d'un grand miracle et il nous fallut recourir à la police pour maintenir l'ordre et procéder à la vente d'eau de rose. Heureusement qu'Adalbert avait pris la précaution de nous munir de bouteilles. Tout au long de la semaine, il y eut un défilé de centaines et de centaines de personnes venues acheter l'eau du miracle que nous vendions deux sous la bouteille.

Tout cela perturbait passablement notre vie. Nous peinions à enseigner convenablement. Par chance, Irma, une animatrice hors pair, savait occuper les enfants quand, pour une raison ou une autre, Henriette ou moi devions nous absenter pour un cours ou deux. Les derniers événements nous contraignirent à faire le point sur ce que nous vivions. Adalbert avait réfléchi à tout ça:

— Beaucoup de gens nous jalousent et l'envie n'est pas bonne conseillère. Je m'attends à ce qu'on tente d'une façon ou d'une autre de nous causer des ennuis. Cette histoire de miracle a fait se braquer sur nous les yeux de bien des gens et surtout ceux du clergé. Je serais l'homme le plus étonné du monde de ne pas les voir monter aux barricades.

Je commentai:

— Que peut-on y faire?

— Nous prémunir.

— Comment?

— En tenant d'abord une comptabilité serrée du moindre sou que nous recueillons. La vente des bouteilles d'eau nous rapporte chaque jour des centaines de dollars, il faudra être en mesure d'en rendre compte sur demande. Pour ce qui est de tous les sous versés à la suite des apparitions, par la tenue de registres quotidiens, je suis en mesure de justifier l'emploi de chacun. Je suis persuadé qu'on nous attaquera là-dessus. Par contre, le récent miracle, s'il s'agit bien d'un miracle, risque de déclencher les hostilités avec l'Église catholique demeurée étrangement neutre jusqu'à présent. Soyons sur nos gardes. Enfin, les parents de nos élèves commencent à s'inquiéter, à juste titre, de tout ce qui se passe autour de l'école. Je les ai rassurés en leur précisant que l'école et l'auditorium sont deux choses différentes et que nous faisons en sorte que rien ne nuise aux études de leurs enfants. Je crains qu'on nous fasse aussi des misères à ce sujet tôt ou tard.

Les événements récents avaient augmenté de façon démesurée le travail d'un peu tout le monde. Nos élèves avaient participé à la corvée du remplissage des bouteilles à la source. De plus en plus accaparé par toutes sortes d'à-côtés, Adalbert proposa, puisque nous étions en mesure de payer un salaire, que nous engagions quelqu'un pour nous aider. Je demandai :

— Un homme ou une femme ?

— Un homme de préférence afin de veiller à l'ordre autour, de donner un coup de main pour des achats divers et pour l'entretien de l'auditorium.

Voyant la tournure des événements, nous étions bien heureux d'être parvenus à soustraire Angélique, dès le début, à l'attention qu'on lui portait. Elle nous était très précieuse à la cuisine et se montrait toujours heureuse de son sort. Par contre, je ne pourrais pas soutenir le rythme encore longtemps à assurer l'animation tout en continuant à enseigner. Nous fûmes contraints d'engager un professeur, du nom de Réginald Aubert, pour me soulager quelque peu de ma tâche.

Adalbert avait fait paraître une annonce dans le journal et dès le lendemain cet homme d'une cinquantaine d'années s'était présenté à l'école. Selon ce qu'il nous raconta, il avait perdu son emploi d'enseignant dans un collège classique au profit d'un ecclésiastique. Je lui posai un tas de questions auxquelles il répondit spontanément. C'était un homme instruit. Il pouvait facilement me remplacer dans l'enseignement du latin et du grec, et ne rechigna pas sur le salaire que nous lui proposions. Il s'installa dans une chambre libre, à l'étage où logeaient Adalbert et Irma. Je pus ainsi m'adonner avec plus d'efficacité à la rédaction de mes saynètes du dimanche. Tout allait donc pour le mieux. C'est du moins ce que nous pensions.

Chapitre 69

Une levée de boucliers

Les appréhensions d'Adalbert commencèrent à se vérifier quand on vit paraître dans le journal soutenu par l'évêque un article dont l'auteur se questionnait : comment des apparitions et un miracle pouvaient être survenus sur un terrain appartenant à des excommuniés, deux anciens membres actifs de l'Institut canadien, et comment ces gens qui ne croyaient ni à Dieu ni à diable pouvaient-ils prétendre enseigner convenablement à des enfants ?

Adalbert voulut répondre à ces affirmations gratuites, mais on refusa de publier quoi que ce soit de lui. Il déplora :

— Dommage que *Le Pays* n'existe plus. Nous n'avons plus personne dans la presse pour soutenir notre cause. Nous sommes à la merci du bon vouloir des directeurs de journaux, la plupart soutenus par l'argent du clergé et de l'évêché.

Il dut se résoudre à publier sa réponse sur une feuille volante distribuée dans la rue par de jeunes crieurs.

Comment peut-on mettre en doute la sincérité, la compétence et la bonne foi de personnes consacrant leur vie au bien ? Faut-il absolument porter une soutane pour prétendre faire le bien ? Peut-on nous reprocher de propager le bien tous les dimanches par les témoignages mêmes des gens qui en ont été les bénéficiaires ?

Pourquoi, faute de pouvoir vous en prendre au message, vous en prenez-vous aux messagers ? Nous sommes bien conscients de ne pas être parfaits. Qui l'est ? Nous consacrons tout notre temps à rendre heureux ceux qui, sans préjugés, viennent à l'auditorium chaque dimanche chercher leur dose d'optimisme pour la semaine à venir. Oui, il y a du bien chez nous et oui, nous en témoignons. Aucune personne de bonne foi ne peut affirmer le contraire, sinon en étalant sa méchanceté en public. Laissera-t-on les suppositions et les médisances prendre le dessus sur le bien ? Nous sommes certains que les personnes droites, franches et sincères, témoins de ce qui se passe chez nous tous les dimanches, ne permettront jamais que des individus hypocrites, jaloux et envieux salissent notre réputation.

La religion et le clergé avaient une telle emprise sur les gens que personne ne voulut prendre notre défense. Je dus m'en mêler et, le dimanche suivant, je demandai à ceux qui fréquentaient le plus assidûment l'auditorium s'ils avaient lu dans les journaux les calomnies dont nous étions l'objet.

— En effet, admirent la plupart.

— Vous pourriez protester par des lettres anonymes.

— On ne voudra pas les publier.

— Méritons-nous d'être décrits comme des suppôts de Satan ?

— Bien sûr que non !

— Alors pourquoi, vous qui savez ce que nous accomplissons, refusez-vous de témoigner en notre faveur ?

— Si nous l'osions, nous risquerions d'être mal vus par nos connaissances et nos voisins.

Leurs réponses m'indignèrent.

— Si vous preniez le temps de bien décrire ce qui se passe à l'auditorium chaque dimanche après-midi, ceux qui n'y ont jamais mis les pieds ne pourraient rien trouver à redire. Si vous vous rendez ici une fois par semaine, c'est que les témoignages que vous y entendez vous viennent en aide, sinon vous cesseriez de venir. Pourquoi alors ne le faites-vous pas savoir ?

— Nous en parlons comme ça dans nos familles. Il faudrait qu'il y ait d'autres miracles pour attirer les gens.

— Les miracles ne sont pas le sujet de nos rencontres, vous le savez aussi bien que moi, comme vous pouvez constater ce que nous tentons de réaliser chaque dimanche dans cet endroit voué au bien. Qu'y a-t-il de mauvais là-dedans ?

Je les voyais pratiquement terrorisés à la pensée de contredire les autorités religieuses. Ils risquaient d'être mis au ban de leur milieu de vie, uniquement parce que les bonnes âmes entourant l'évêque avaient décidé que ce que nous faisions n'avait pas sa raison d'être. Nous étions devenus en quelque sorte leurs concurrents. De la même manière qu'il ne peut pas y avoir deux coqs dans le même poulailler, on estimait qu'il ne pouvait y avoir deux façons de répandre le bien. Et même si ce que nous faisions avait le mérite d'être correct et surtout d'attirer des foules, on tentait de nous discréditer. Le mal était fait. Il n'aurait pas fallu attirer les regards sur nous.

Par ailleurs, les parents de nos élèves s'inquiétaient de plus en plus au sujet de leurs enfants. Nous répétions que ce qui touchait l'auditorium n'avait rien à voir avec l'école, sinon que cela donnait l'occasion à leurs enfants de s'exprimer en public en jouant dans divers sketches, un plus pour eux. La seule façon de les calmer avait été de les inviter à venir en causer avec leurs rejetons.

Même si l'engagement du nouveau professeur les avait rassurés, ils tinrent à lui parler en privé, ce à quoi nous n'opposâmes aucune objection.

Chapitre 70

L'enquête

Tout le brouhaha autour des apparitions et surtout du miracle finit par décider les autorités civiles à ouvrir une enquête sur nous et nos activités. Des inspecteurs arrivèrent et s'appliquèrent d'abord et avant tout à trouver des accrocs à des règlements municipaux en vue de nous contraindre à fermer l'auditorium. Quand leur chef se présenta, Adalbert, qui n'avait jamais eu la langue dans sa poche, demanda :

— Est-ce l'évêché qui vous envoie ?

Visiblement, cet homme ne s'attendait pas à ce genre de question, car il commença par baragouiner quelque chose que lui seul comprit, puis, haussant le ton, il déclara qu'en tant que représentant de la loi, il avait toutes les autorisations nécessaires pour visiter les lieux et voir si les règles de sécurité étaient respectées. Adalbert exigea qu'il nous montre les papiers l'autorisant à cette inspection et le code écrit sur lequel il se basait pour réaliser sa visite. Il insista :

— Il n'est pas question que vous mettiez le nez dans nos affaires sans que nous soyons assurés que vous détenez bien à la fois les autorisations et la compétence nécessaires pour le faire.

Insulté, le bonhomme tourna les talons et partit avec ses hommes en disant qu'il allait revenir et qu'on verrait bien de quel bois il se chauffait.

— Vous ne serez pas impartial, lui cria Adalbert. Cette visite se fera en présence de notre avocat.

Quand, au début de l'après-midi, l'homme revint toujours flanqué de ses deux acolytes, Adalbert les attendait en compagnie d'un avocat et de notre employé chargé de faire régner l'ordre sur le terrain. Après avoir vérifié les papiers donnant à cet individu l'autorisation de procéder à une inspection, et une fois qu'Adalbert et notre avocat eurent pris connaissance des quelques lignes décrivant les précautions à appliquer pour rendre sécuritaires les lieux publics, ils commencèrent leur visite.

Comme il fallait s'y attendre, l'inspecteur fit tout son possible pour trouver des entorses à la réglementation sur la bonne tenue des lieux. Il ne put cependant rien redire en ce qui avait trait au terrain. Tout y était en bon ordre. Il s'attarda longuement dans l'auditorium, cherchant visiblement ce qui pourrait lui permettre d'en interdire l'accès. Il prétendit que la deuxième porte était trop étroite et cela lui suffit pour en recommander la fermeture.

C'était un vendredi après-midi. Il espérait sans doute nous contraindre de fermer l'auditorium pour le dimanche qui venait. L'inspecteur prétendit qu'il nous remettrait son rapport écrit le lundi. Adalbert intervint :

— Puisque nous ne l'aurons en main que lundi prochain, soyez assuré que l'auditorium sera ouvert dimanche.

Le bonhomme s'assit et rédigea son rapport sur place. Il y mentionnait les dimensions exigées pour la deuxième ouverture. Adalbert le rassura :

— Dès demain, cette ouverture sera conforme à ce que vous exigez. Dimanche, nous recevrons nos gens comme d'habitude.

L'inspecteur affirma qu'il ne pourrait pas venir vérifier les travaux avant le début de la semaine suivante et qu'en conséquence nous n'avions pas l'autorisation d'ouvrir l'auditorium tant qu'il n'aurait pas effectué la vérification des travaux.

— Nous allons voir ce que nous allons voir, soutint fermement Adalbert. L'ouverture que vous exigez sera conforme à votre demande. En conséquence, si vous voulez empêcher nos gens de venir dimanche, vous devrez envoyer des policiers, et assurez-vous qu'ils soient en assez grand nombre. En attendant, je ne manquerai pas de signaler à tout le monde votre mauvaise foi.

L'homme était visiblement mécontent. Ceux qui l'accompagnaient n'agissaient vraisemblablement que comme témoins. Notre avocat laissa entendre qu'il avait pris bonne note de tout ce qui s'était passé et qu'il se chargeait d'en faire part aux journaux. Alors que l'inspecteur se retirait, Adalbert lui lança :

— Maintenant, vous pouvez aller faire votre rapport à l'évêque.

L'homme ne broncha pas. Il était visiblement très contrarié. Sa mission avait échoué. Le soir même, Adalbert confia à deux ouvriers la tâche d'apporter à la porte en question, dès le lendemain, les modifications exigées.

L'année scolaire se terminait. Nos élèves nous quittèrent et nous pûmes nous consacrer davantage à la bonne marche de ce qui était devenu, bien malgré nous, un nouveau lieu de pèlerinage. Jamais je n'aurais pu imaginer que les choses puissent tourner ainsi. Henriette était du même avis et se montrait quelque peu inquiète de ce qui allait suivre.

— Cette visite ne me dit rien de bon.

— Tu as raison. Qui aurait pu prévoir qu'un jour nous serions inquiétés parce que nous voulons faire du bien aux autres ?

— Je m'attends à d'autres inspections du même genre et tu verras, ça s'étendra jusqu'à notre école.

— Notre passé ne nous aide pas. Si Adalbert et moi n'avions pas été membres de l'Institut canadien, je te parie que nous ne serions pas inquiétés. De plus, les apparitions et le miracle n'ont rien pour apaiser les choses.

— Pourquoi donc ?

— Comme le répète Adalbert, cela est du ressort de l'Église catholique, et puisque les prêtres croient détenir le monopole de la vérité, ils ne nous laisseront pas impunément continuer à faire ce que nous, nous croyons être bien. Imagine, ils ne tolèrent même pas les protestants, alors tu peux être certaine qu'ils ne nous permettront pas d'agir selon nos convictions.

Chapitre 71

Un mystérieux visiteur

Les assemblées du dimanche se poursuivirent tout au long de l'été avec le même succès. Chaque fois, la salle était comble. Les gens aimaient entendre des histoires positives, où il n'était pas question de péché ni de châtiment. Ils appréciaient les témoignages entendus, ce qui nous étonnait nous-mêmes. Au kiosque tenu par Irma, les visiteurs achetaient des photos du rosier, de l'eau de la source et d'autres menus objets. Quant aux dons en argent, ils ne cessaient d'affluer.

Nos élèves, tant les garçons que les filles, nous étaient revenus en septembre. Quelques nouveaux s'étaient joints au groupe. Ils aimaient participer à des saynètes et avaient plaisir à bien apprendre le rôle qu'ils devaient jouer.

Il n'y avait pas eu d'autres miracles jusqu'à ce jour du mois de novembre. Un attroupement autour de la source nous alerta et un homme vint prévenir qu'un miracle venait de se produire. Tout comme moi, Adalbert ne croyait guère à ces phénomènes. Il me le rappela cette fois encore :

— Valois, tu connais mon opinion à propos des miracles. Veux-tu aller voir ce qui se passe ?

— Je me rends là-bas de ce pas.

Toujours aussi prudent, Adalbert me dit :

— Apporte de quoi écrire.

— Ne crains rien. Je vais dresser un compte-rendu de l'événement et je ferai authentifier le tout par des témoins.

Je me dirigeai vers le rosier autour duquel tout le monde s'était agglutiné. J'eus beaucoup de difficultés à rejoindre la jeune femme qu'on disait miraculée. Je parvins, à force d'argumenter avec ceux qui l'entouraient, à me frayer un chemin jusqu'à elle afin de la soustraire à cette foule pour la conduire à l'intérieur de l'auditorium, dans la pièce qui me servait de bureau. Notre gardien se chargea d'éloigner les gens pour que je puisse mener en paix mon enquête. La jeune fille était accompagnée d'un homme et d'une femme que je pensais être ses parents. Il s'agissait plutôt d'un oncle et d'une tante. Une fois là, je lui demandai de me raconter dans les moindres détails ce qui s'était passé. Au préalable, je me fis préciser de quoi elle souffrait. Son oncle m'expliqua :

— Depuis sa naissance, Marie-Ève n'avait jamais pleuré. Quand elle souffrait, aucune larme ne coulait de ses yeux. Et voilà qu'en s'approchant du rosier pour demander une faveur à la Vierge rose, elle s'est mise à verser des larmes en abondance.

Je pris le temps de rectifier.

— Il ne s'agit pas de la Vierge rose, mais bien de la dame en rose. Est-ce que d'autres personnes ont été témoins de l'événement ?

L'oncle m'assura que oui et il sortit de l'auditorium pour m'en ramener quelques-unes.

Je consignai par écrit les faits et je demandai à l'oncle, à la tante et à la miraculée de signer au bas du compte-rendu. L'homme m'avait présenté des gens qui confirmèrent avoir vu la jeune fille éplorée et n'hésitèrent pas à signer comme témoins. Je notai l'adresse de l'oncle et de la tante, de même que celle de cette Marie-Ève. Il me fallait vérifier si ce qu'ils m'avaient raconté au sujet de cette jeune fille était vrai.

Depuis quelque temps, Adalbert et moi avions remarqué, parmi la foule de cette fin d'automne, un homme tout de noir vêtu. Il s'installait au fond de la salle et prenait continuellement des notes sur ce qui s'y déroulait. Adalbert supposa qu'il s'agissait d'un journaliste. Mine de rien, il tenta, en s'approchant par-derrière, de voir à quoi cet homme s'appliquait. Se rendant compte qu'il était observé, celui-ci glissa vivement son carnet dans sa poche. Adalbert ne jugea pas bon d'intervenir. Au sortir de l'auditorium après mon enquête, j'aperçus le même individu non loin du rosier. Je retournai sur mes pas. Dans l'auditorium, depuis la fenêtre de mon bureau, j'observai ce qui se passait. Je vis l'oncle, la tante et la fille se diriger directement vers cet individu et ils partirent ensemble sans plus attendre. Je rapportai le tout à Adalbert. Il se gratta la tête avant d'affirmer : « Ça sent le coup monté. »

Il avait parfaitement raison, car, quand je voulus retrouver l'oncle, la tante et la fille, je me rendis compte que leurs adresses étaient fausses. Entre-temps parut dans les journaux un article intitulé : *Un miracle de la Vierge rose à Pointe-aux-Trembles.* Le texte se lisait comme suit :

Des gens nous ont rapporté qu'un miracle s'est produit à Pointe-aux-Trembles au lieu où la Vierge Marie, habillée de rose, est apparue à une jeune sourde. Une jeune fille qui, paraît-il, n'avait jamais versé une seule larme depuis sa naissance, après avoir prié la Vierge Marie de lui venir en aide, en a soudainement versé en abondance près du rosier qu'on dit miraculeux.

L'homme en noir semblait bien être derrière toute cette affaire. S'agissait-il d'un coup monté ou pire, d'un piège en vue de nous discréditer ? Ce ne fut pas long qu'un nouvel article, intitulé *Le prétendu miracle de la Vierge rose*, laissât entendre qu'un journaliste avait eu la bonne idée de contacter la miraculée de même que son oncle et sa tante. Ils avaient tous affirmé que l'enfant avait, comme nous tous, versé des larmes depuis sa naissance. *Ce miracle*, ajoutait le journaliste, *est aussi faux que tout ce qui se passe chaque dimanche à cet endroit.*

L'homme en noir réapparut le dimanche suivant.

Adalbert attendit la fin de la rencontre pour lui demander qui il était et à quoi il s'adonnait.

— Êtes-vous journaliste ?

L'homme le toisa en esquissant un sourire forcé.

— Qu'est-ce qui vous fait croire que j'en suis un ?

— Les notes que vous prenez.

— À ce que je sache, nous sommes dans un pays libre. En conséquence, j'ai bien le droit de faire ce que je veux.

Adalbert acquiesça.

— Vous avez tout à fait raison et je présume donc que vous n'aurez aucune réticence à me montrer vos feuillets.

— Au contraire, reprit cet homme. Tout cela est personnel et le restera.

— Auriez-vous l'obligeance de me dire votre nom ?

— Mon nom ne regarde que moi.

Adalbert, dont la patience n'était pas la vertu première, l'invita tout bonnement à quitter les lieux et le pria de ne plus revenir.

— Quand on a l'esprit tranquille, on ne se comporte pas ainsi. Si votre intention en venant ici était bonne, vous n'hésiteriez pas une seconde à nous dévoiler vos articles. J'ai plutôt l'impression que vous n'êtes pas parmi nous pour de bons motifs, aussi je souhaite vivement ne plus vous y revoir.

L'homme partit en promettant que les choses n'en resteraient pas là. Dans les journaux du lendemain parut un entrefilet sous-entendant que les responsables du site de la Vierge rose avaient certainement des choses à cacher. Ils ne toléraient pas la présence de journalistes sur les lieux. Adalbert pestait :

— On veut nous discréditer, ragea-t-il. Il est évident que cet homme met tout en œuvre pour saper la confiance des gens. Qui peut-il être ?

Je proposai, s'il revenait, d'engager quelqu'un pour le suivre.

— Il nous faut à tout prix savoir qui il est en réalité.

Du même avis, Adalbert demeurait pessimiste quant à nos chances de le revoir.

— Il n'osera plus remettre le nez ici. Il a atteint son but. Il nous a déjà causé suffisamment de tort. Je ne serais pas surpris que tout cela ne soit que la pointe de l'iceberg et le commencement de nos problèmes.

Chapitre 72

Le discrédit

Adalbert avait vu juste. Les articles dans les journaux avaient atteint leur but. Dès le dimanche suivant, moins de personnes se présentèrent à l'auditorium. Comme on nous questionnait à propos de ce miracle, je racontai aux gens ce qui s'était vraiment passé. Ce prétendu miracle discréditait le premier survenu quelques mois plus tôt. Une enquête fut instituée afin de déterminer si le premier miracle en était réellement un.

Derrière tout cela, Adalbert en était certain, il fallait voir l'intervention de l'Église. « Ça sent le Bourget! répétait-il à satiété. Les curés ne souffrent pas de concurrence dans leur conception du bien. C'est trop payant. Leur seule façon de nous nuire est de saper notre crédibilité. »

Adalbert avait amplement raison. Ceux qui nous enviaient avaient atteint leur but. En attirant ainsi l'attention sur nous, tout fut remis en question : les apparitions, les miracles, les dons d'argent.

Adalbert fulminait et se promettait que si jamais il rencontrait l'homme en noir, il lui arrangerait le portrait. Il avait beau dire et beau faire, comme ligués dans leurs attaques, les mêmes journalistes qui avaient affirmé que la dame en rose n'était autre que la Vierge Marie se mirent à proclamer le contraire. Les apparitions de Pointe-aux-Trembles ne pouvaient pas être comparées à celles de Lourdes. Puisque, là-bas, l'Église catholique était intervenue dès le début, cela prouvait l'authenticité des apparitions. Celles survenues en sol québécois n'avaient pas été approuvées par l'Église. Tout au plus, il s'agissait d'hallucinations de la part de cette jeune sourde. Pouvait-on vraiment se fier à cette jeune femme ? Qui pouvait dire, en effet, ce qui se passe dans la tête d'une infirme atteinte de surdité ?

On rappela dans les journaux comment s'étaient déroulées les apparitions de Lourdes afin que tous se rendent compte que celles de Pointe-aux-Trembles consistaient certainement en une tromperie montée par des gens peu scrupuleux, qui s'assuraient d'un gagne-pain peu forçant.

L'heure était grave et Adalbert jugea bon de nous réunir pour que nous puissions faire face à ces accusations en toute connaissance de cause. Il commença par nous rappeler que depuis le début, il avait scrupuleusement tenu un registre des aumônes reçues et des dépenses effectuées avec cet argent, au sou près.

— Là-dessus, on ne pourra pas nous accuser d'avoir profité de la situation pour nous enrichir.

Je lui demandai :

— Peux-tu justifier le salaire qui m'est attribué ?

— Absolument ! Tout le monde comprendra que les rencontres du dimanche doivent être planifiées. Quelqu'un doit y consacrer du temps, ce qui justifie amplement le mince salaire que tu reçois.

— Et les autres dépenses, pour la construction de l'auditorium et son entretien, de même que celui du terrain ?

— Encore une fois, tout est clairement indiqué au registre.

Henriette intervint d'une voix inquiète :

— Voilà une bonne chose. Ça ne démontre pas cependant que les apparitions sont vraies.

Cette réflexion sembla piquer Adalbert au vif.

— Nous allons rappeler que depuis le début, personne d'entre nous n'a parlé d'apparitions de la Vierge Marie.

— Si nous prétendons qu'il ne s'agit pas de la Vierge, on nous reprochera d'autant plus d'avoir profité de la situation pour nous enrichir.

Adalbert ne se laissa pas démonter pour autant.

— Je suis en mesure de démontrer que nous ne sommes pas plus riches présentement que nous l'étions avant ces apparitions.

Ses paroles nous calmèrent. Cependant, l'incertitude s'était insinuée en nous et nous ne pouvions plus dormir en paix. Qu'allions-nous devenir ? Une image me revenait constamment en tête, celle d'un barrage où l'eau s'infiltre d'abord par une toute petite craquelure jusqu'à ce qu'elle finisse par emporter tout l'ouvrage. Des soupçons planaient sur nous. La rumeur, discrète au début, ne faisait que s'amplifier, à tel point d'ailleurs que nous étions désormais loin de faire salle comble à nos rencontres du dimanche. Nous marchions dans les plates-bandes de l'Église catholique, il fallait donc nous attendre à une longue lutte avec elle. On nous demanda pourquoi nous ne voulions pas que le clergé se mêle de l'affaire.

Adalbert avait une réponse toute faite.

— Parce que le terrain nous appartient et que ce n'est pas nous qui avons prétendu qu'il s'agissait là d'interventions de la Vierge Marie.

Si on tentait de le contredire là-dessus, il invitait les gens à lire les journaux qui parlaient de ces événements : « Vous verrez que ce sont les journalistes qui ont parlé d'apparitions de la Vierge Marie. De plus, les sous tombés dans notre escarcelle y sont venus sans sollicitation de notre part. »

Personne ne se donna la peine de relire les journaux et le doute ne faisait que s'accroître, entretenu par les émissaires de l'évêché et par tout ce qui portait une soutane. Le seul argument d'Adalbert qui faisait un peu mouche était le suivant : « Qu'on me démontre que l'endroit a servi à autre chose qu'à la promotion du bien. » Là-dessus, personne ne pouvait le contredire. On s'en prenait plutôt à la vraisemblance des apparitions et à celle des deux miracles, d'autant que le plus récent était un coup monté. Qu'est-ce qui assurait que les apparitions elles-mêmes n'avaient pas été orchestrées de toutes pièces ?

Chaque fois que quelqu'un posait la question, Adalbert ne tenait plus en place. Il rageait contre la mauvaise foi de tout le monde et pouvait passer des jours à ruminer sans que nous puissions le tirer de sa morosité ni lui arracher le moindre sourire. Tout cela nuisait au rendement de notre école. Heureusement qu'Henriette, Irma, Maureen et Réginald continuaient à enseigner sans trop se préoccuper de ce qui se passait autour de nous. Pour ma part, je tâchais de ne pas me laisser distraire de ma tâche par tout cela, mais j'y arrivais difficilement.

Je voulais à tout prix que nos rencontres du dimanche continuent et je m'efforçais d'en maintenir la qualité. Alarmés par ce qui se passait, quelques parents exigèrent une autre rencontre avec nous. Nos explications, si claires fussent-elles, ne semblèrent pas satisfaire deux d'entre eux, qui retirèrent leur enfant de chez nous.

Nous étions atteints dans ce qui nous tenait le plus à cœur. Henriette répétait que cette histoire d'apparitions finirait par ruiner tous les efforts mis jusque-là pour maintenir le niveau de notre école. C'est précisément à ce moment que survint une nouvelle qui nous bouleversa.

Chapitre 73

L'accusation

On nous avisa qu'une plainte avait été déposée contre nous en justice pour fausses représentations et abus de confiance. Un homme prétendait avoir réuni toutes les preuves démontrant que les apparitions de la Vierge rose étaient une mystification. Ne sachant pas trop à quoi nous attendre, nous fûmes contraints de nous préparer à nous défendre en cour. Adalbert attendit d'avoir en main plus d'informations au sujet de ces accusations avant d'engager un avocat pour notre défense.

Convoqué en cour, il nous représenta pour prendre connaissance des charges précises qui pesaient contre nous. Il reconnut tout de suite en celui qui disait se nommer Alfred Masson l'homme en noir qu'il avait prié de ne pas revenir à l'auditorium. Cet homme nous accusait de nous être servis d'Angélique pour faire croire à des apparitions de la Vierge Marie et il affirmait qu'en réalité nous avions engagé une femme pour jouer le rôle de la dame en rose.

Pour lui, nous étions des escrocs qui avaient monté cette mise en scène en nous servant d'un phénomène religieux afin de nous enrichir aux dépens de gens crédules. Nous méritions d'être condamnés à la prison pour fraude, escroquerie, abus de confiance, supercherie et vol.

Quand Adalbert revint du tribunal ce jour-là, il n'en menait pas large et se demandait de quelle façon nous pourrions répondre à ces accusations afin d'éviter la prison. Je l'encourageai par ces mots :

— Allons, la vérité triomphe toujours.

— Quand les juges ne sont pas achetés.

— Un bon avocat devrait pouvoir nous tirer de ce mauvais pas.

— S'il est en mesure de contrer les arguments de cet Alfred Masson, si sûr de ce qu'il avance.

De nous tous, Irma semblait la plus affectée. Adalbert dut intervenir à plusieurs reprises pour la calmer, si bien qu'après notre rencontre Henriette m'en fit la remarque.

— Qu'est-ce qui peut tellement remuer Irma ?

— Je l'ignore. En y réfléchissant de plus près, je me demande si elle ne serait pas au courant de quelque chose qui nous échappe.

Henriette, très inquiète, réfléchit tout haut :

— Se pourrait-il qu'à notre insu Adalbert et elle aient pu organiser ces apparitions ?

Je reçus son interrogation comme un coup de poing en plein visage. Je me rappelai qu'Adalbert avait promis qu'il saurait bien, en temps et lieu, se venger de Sa Grandeur. Il était capable d'avoir orchestré toute cette mise en scène. Voilà que cela se retournait contre nous. Je demandai carrément à Adalbert s'il était pour quelque chose dans ces apparitions.

— Au nom de notre amitié, le suppliai-je, dis-moi si ces accusations sont fondées.

Il ne se défila pas :

— Oui et non.

— Qu'entends-tu par là ?

— Tu sais fort bien que je ne crois pas aux apparitions, celles de Lourdes tout comme celles dont la Bible est pleine.

— Et alors ?

— Un jour, j'en ai discuté avec Élisabeth Perron, mon ancienne femme de ménage. J'ai laissé entendre que si jamais quelqu'un voulait s'enrichir, il n'avait qu'à faire croire à une apparition.

J'hésitai avant de lui demander :

— Et tu en as simulé une ?

— Non pas. Cette femme l'a fait.

— Tu étais donc au courant de ce qui se passait quand Angélique a vu la dame en rose ?

— Pas à la première apparition. Je l'ai deviné après la deuxième, en me rappelant la conversation que j'avais eue avec Élisabeth. J'étais certain que la dame en rose, c'était elle.

— Pourquoi n'es-tu pas intervenu pour rétablir la vérité ?

— Parce que je n'ai pas eu le temps de tout démentir. C'est devenu impossible le jour où l'information a paru dans les journaux. L'argent s'est mis à rentrer. Il fallait bien le recueillir. J'ai laissé aller, exactement comme les curés l'ont fait à Lourdes. Si ça avait fonctionné pour eux, pourquoi ça ne marcherait pas pour nous ?

J'étais complètement bouleversé par ce qu'il m'avouait. Il avait joué le jeu. Nous en subissions maintenant les conséquences.

— Tu aurais pu, insistai-je, mettre fin à tout ça.

— C'est toi qui le dis. Quand j'ai constaté que c'était impossible, j'ai préféré laisser courir et après tout, ça n'a pas si mal tourné.

— Jusqu'à aujourd'hui. Nous voilà maintenant dans de beaux draps.

— Tout cela, continua-t-il, serait resté secret, sans l'intervention d'Élisabeth. Elle a monté elle-même le coup et s'est empressée d'en prévenir les journalistes. Elle est venue me voir et m'a tout raconté, comment elle avait surveillé les allées et venues d'Angélique et comment, en se vêtant de rose, elle lui était apparue pour disparaître aussi vite, et comment, s'étant rendu compte qu'il y avait à cet endroit un rosier sauvage, elle l'avait inondé de parfum. Ensuite, elle a menacé de tout révéler si je ne lui donnais pas une somme passablement rondelette.

— Et tu as accepté?

— Oui, pour notre malheur. Ce fut là mon erreur. Depuis, elle est revenue chaque mois à la charge pour me soutirer de l'argent. J'ai donc décidé de fermer le robinet, avec les conséquences que tu connais.

— Comment expliques-tu qu'elle ait tourné son manteau de bord? Après tout, elle est plus coupable que toi.

— Quelqu'un, sans doute cet Alfred Masson, lui aura offert plus si elle parlait.

— Comment est-elle entrée en contact avec lui?

— Je l'ignore. Un jour, je le saurai.

— De quelle façon comptes-tu assurer notre défense?

— Tout cela est à voir. Ne nous comportons pas en partant comme des perdants. D'une certaine manière, il sera facile de démontrer que cette femme, en nous accusant, a agi par vengeance et qu'en conséquence elle n'est pas crédible. Et puis, Angélique a peut-être eu de véritables apparitions?

Adalbert paraissait chercher une façon de se rassurer lui-même. Je voulus le rappeler à la raison.

— Élisabeth saura bien prouver ce qu'elle avance, ne serait-ce qu'en démontrant qu'elle recevait un montant de toi tous les mois pour se taire.

— Elle aura beaucoup de difficultés, car je l'ai toujours payée comptant. Ce sera sa parole contre la mienne.

— Et si Masson a vraiment quelque chose à voir là-dedans ?

Ma question l'ébranla.

— Tu as raison, cet homme est sans doute de connivence avec elle. Il faut absolument que nous sachions qui il est au juste.

Ainsi donc, les fameuses apparitions de la dame en rose avaient servi à attirer à nous des milliers de personnes, qui naïvement avaient fourni les sommes nécessaires pour la construction de l'auditorium et la tenue de nos rencontres. J'étais bien obligé d'admettre qu'Adalbert était parvenu à faire un magistral pied de nez à Sa Grandeur et au clergé en général. Il avait agi de la même manière qu'eux pour nous permettre de vivre décemment. Sauf que maintenant, il avait les deux pieds dans les plats. Si jamais un juge le condamnait, je savais pertinemment qu'il soutiendrait, afin de nous éviter le cachot à Henriette et moi, que nous n'étions au courant de rien. N'était-ce pas d'ailleurs la vérité ? Comment tout cela allait-il tourner ?

Chapitre 74

Le procès

Comment pouvions-nous espérer nous tirer honorablement de ce procès? Dès la première journée, le juge ordonna que, pour la durée des assises, Angélique nous soit retirée. Il craignait, expliqua-t-il, que nous l'influencions quand il devrait l'interroger.

— Comme le curé de Lourdes l'a fait avec Bernadette Soubirous, lança Adalbert.

Profondément affectée par cette décision, Henriette demanda vivement:

— Comment pensez-vous, monsieur le juge, que ma fille sourde se sentira loin de nous, elle qui depuis des années ne nous a jamais quittés?

Le juge répondit qu'elle serait gardée par des personnes aptes à la rassurer. Sur ce, Henriette s'informa:

— S'agit-il de religieuses?

Le juge se montra déconcerté par cette question.

— Pourquoi? Vous n'avez pas confiance en elles?

— Absolument pas, monsieur le juge. J'en ai été une moi-même et je vous supplie de ne pas laisser ma fille entre leurs mains.

— J'y verrai, promit le magistrat.

Le procès débuta par l'exposé de l'avocat de l'accusation visant à démontrer comment s'était déroulée la première apparition de la dame en rose à Angélique. Sa cliente, expliqua-t-il, voyant la jeune sourde venir, s'était amusée à lui jouer un tour en disparaissant en vitesse après lui avoir parlé de loin. Notre avocat chercha de quelle façon il pourrait contredire ce qu'avançait son confrère. Il promit de se faire expliquer par l'accusatrice ce qu'elle faisait sur le terrain de l'école. Il nota qu'on pouvait trouver dans les journaux la description détaillée de cette apparition et que cela ne venait pas de nous.

Adalbert me confia que notre avocat ferait tout son possible pour démontrer qu'Élisabeth avait inventé tout cela pour se venger de celui qui l'avait congédiée.

Élisabeth fut appelée à la barre et le juge lui demanda de raconter en détail ce qui s'était déroulé cette journée-là. Elle répéta presque mot pour mot ce que son avocat avait déclaré.

Contre-interrogée par notre avocat, maître Dupuis, elle s'en tira assez bien, s'en tenant à sa version du tour qu'elle voulait jouer.

— En somme, résuma maître Dupuis, vous ne pensiez pas que tout cela prendrait l'ampleur que l'on connaît? Vous avez été vite dépassée par les événements.

— En effet!

— Je me demande pourquoi alors, sinon par méchanceté, vous en avez parlé aux journalistes?

Elle garda le silence et maître Dupuis enchaîna:

— Ce que vous prétendez être tout simplement un tour que vous vouliez jouer, je me rends compte que vous l'aviez bien préparé. Qu'est-ce qui vous a conduite sur le terrain de l'école, à part cette idée de mettre mon client dans le pétrin?

Elle prétendit qu'ayant été la femme de ménage d'Adalbert, elle était venue se faire payer une somme qui lui était due.

— Vous auriez dû alors vous en tenir à cette démarche. Qu'est-ce qui vous a pris de monter tout ce scénario?

— Monsieur Adalbert m'avait parlé un jour des apparitions de Lourdes et avait laissé entendre que simuler une apparition pourrait rapporter beaucoup d'argent. En arrivant à Pointe-aux-Trembles, j'ai vu la jeune sourde. Elle se promenait seule non loin de l'école. J'ai pensé qu'elle serait la candidate idéale pour une apparition. Je ne croyais vraiment pas que les choses tourneraient ainsi.

Notre avocat dérouta un peu tout le monde, et même le juge, en proposant une reconstitution de la scène à laquelle participerait Angélique.

— La jeune femme n'est plus avec ses parents, rappela-t-il. Elle ne pourra donc pas être influencée dans ce qu'elle dira.

Le juge se montra ouvert à cette proposition.

— Demain, approuva-t-il, nous reconstituerons la scène en question.

Tôt le lendemain matin, une foule de badauds avait envahi les lieux. Il fallut faire appel aux forces de l'ordre pour les garder à bonne distance. J'entendis quelqu'un lancer: «Tout à coup que la Vierge apparaîtrait de nouveau à la sourde, la bonne femme avalerait ses bas.»

La simulation se déroula en présence du juge et des avocats. On avait expliqué à Angélique le rôle qu'elle devait y tenir. Elle le joua à la perfection, avec beaucoup d'émotion. Je me demandais ce qui pouvait bien se passer dans sa tête.

Élisabeth, vêtue de la robe rose qu'elle disait avoir portée ce jour-là, se montra alors qu'Angélique approchait de la source. Elle lui sourit et dit: «Je suis la Vierge Marie, je reviendrai te voir à nouveau.» Là-dessus, elle disparut derrière un buisson. En l'apercevant, Angélique s'arrêta comme elle l'avait sans doute fait la première fois.

Le lendemain à l'audience, le juge la fit placer tout près de lui pour qu'elle puisse lire sur ses lèvres et lui demanda:

— Mademoiselle, quand vous avez vu la dame en rose pour la première fois, est-ce que tout s'est déroulé comme hier?

Angélique laissa entendre que ça ressemblait beaucoup à ce qui s'était passé, sauf qu'elle n'avait pas pu lire sur les lèvres ce que la dame avait dit, alors que la veille, elle avait très bien pu.

— C'était quoi?

— "Je suis la Vierge Marie."

— Était-ce bien la même dame que vous avez vue?

Sans hésiter, elle répondit:

— Non! Celle que j'ai vue était beaucoup plus belle. En plus, quand elle est partie ça sentait les roses et hier ça ne sentait pas.

Adalbert se tourna légèrement vers moi et me fit un clin d'œil. En voulant reconstituer la scène, Élisabeth avait oublié un détail important, celui de vider un flacon de parfum sur le rosier sauvage. Le témoignage d'Angélique se révéla un tournant du procès. Quand Élisabeth fut appelée à raconter la deuxième apparition, le juge se montra quelque peu sceptique. L'avocat de l'accusation voulut que soit également reconstituée sur place cette apparition. Le juge refusa.

— Une fois suffit, affirma-t-il. Cette jeune femme n'a pas à revivre chacune de ces scènes. Elle a dit ce qu'elle avait à dire la première fois, elle saura bien témoigner de ce qu'elle a vécu la deuxième.

Il interrogea d'ailleurs Angélique avec beaucoup de sollicitude.

Adalbert exultait.

—J'ai la conviction que le juge s'est fait une idée, à la suite du témoignage d'Angélique. Il y a de fortes chances qu'il rejette la version de l'accusation.

Je ne voyais pas ce qui pouvait tellement réjouir Adalbert. Qu'il se soit agi d'un coup monté ou de vraies apparitions, cela ne changeait rien à la situation. Ce qui importait, c'était le parti qu'on en avait tiré. Là-dessus, j'étais certain que le juge ne serait pas dupe.

Tant que dura le procès, nous étions sur le qui-vive. Les journaux ne parlaient que de cette affaire. Nous étions envahis par une foule d'écornifleurs. Ils se rendaient près de la source uniquement pour avoir une idée des lieux. Une chose ressortait de tout cela, l'endroit était connu et visité par une foule de gens qui n'y avaient jamais mis les pieds. Durant cette période, nous vendîmes plus que jamais des photos du rosier et des bouteilles d'eau.

À la fin d'une de ces journées de procès, je ne sais trop pourquoi, je tardai à sortir de la salle d'audience où je me trouvais maintenant seul. Comme je quittais les lieux, je vis au fond d'un couloir l'avocat de l'accusation s'entretenir longuement avec sa cliente. Je m'aperçus qu'ils n'étaient pas seuls. Un homme, qui ne m'était pas inconnu, se tenait avec eux. Il me tournait le dos. J'eus la patience d'attendre qu'ils sortent du tribunal. Je ne fus pas surpris de reconnaître en lui l'homme en noir, c'est-à-dire Alfred Masson, celui qu'Adalbert avait invité à quitter l'auditorium. Je résolus de le suivre. Il raccompagna Élisabeth chez elle, puis se dirigea d'un bon pas au cœur de la vieille ville. Je le vis entrer à l'évêché. Il s'agissait, j'en étais sûr, d'un ecclésiastique.

Quand je rapportai la chose à Adalbert, il se frotta les mains avant de s'exclamer :

— Le voilà donc, cet oiseau de malheur. Je m'attendais à quelque chose du genre. À partir d'aujourd'hui, je vais mettre un homme sur sa piste. Je veux savoir de façon claire, nette et précise qui il est et quel rôle il joue dans cette affaire.

— Tu n'avais pas déjà confié cette tâche à quelqu'un ?

— Oui, mais il s'est désisté. À mon avis, cet Alfred Masson l'aura surpris à le suivre et lui aura proposé une bonne somme pour acheter son silence. Cette fois, promit Adalbert, je verrai à ce que le détective privé que j'engagerai accomplisse parfaitement son travail.

Chapitre 75

La sentence

Le procès suivait son cours. Des gens étaient appelés à témoigner au sujet des activités qui se déroulaient à l'auditorium. Adalbert fut longuement interrogé sur son rôle dans cette affaire. Le juge lui demanda :

— Avez-vous cru qu'il s'agissait de vraies apparitions ?

— Je ne suis pas du genre à cautionner des histoires de ce genre.

— Pourquoi alors avez-vous laissé les choses s'envenimer ?

— Je l'ignore moi-même. Comme je ne suis pas enclin à croire facilement à des apparitions comme celles de Lourdes, j'ai laissé faire. Je voulais voir jusqu'où ça pourrait aller. Je suis persuadé que si j'étais un curé, je ne serais pas ici actuellement à répondre à vos questions. Au lieu d'un auditorium comme celui qui s'élève à Pointe-aux-Trembles, ce serait un sanctuaire et on y dénombrerait déjà plusieurs dizaines de miracles. Quand les curés s'en mêlent, personne ne se questionne. Quand il s'agit de laïcs comme nous, tout devient aussitôt suspect. Qui vous fait croire que les apparitions qu'a eues la jeune fille sont fausses ? Le témoignage de mon ancienne femme de ménage ? Qui vous assure que celles de Bernadette Soubirous sont vraies ? Après tout, n'est-elle pas la seule à les avoir eues ?

— Quoi qu'il en soit, affirma le juge, vous avez eu tort de laisser aller les choses.

— Peut-être bien. Une fois que les journaux se sont emparés de la nouvelle, j'aurais eu beau protester et tenter de faire arrêter tout cela, je n'y serais pas parvenu. Les gens désiraient tellement, comme à Lourdes, croire à des apparitions de la Vierge. Ils auraient mis ma parole en doute. Maintenant, la même personne qui, la première, a parlé des apparitions de la Vierge rose vient prétendre qu'elle a tout manigancé. Comment croire sérieusement ce qu'elle avance et combien a-t-elle été payée pour venir ainsi témoigner ?

Le juge, comme tous les assistants, voyait bien que toute cette histoire n'avait pas de sens. Pourquoi l'ancienne femme de ménage venait-elle s'accuser elle-même de cette super-cherie ? Qu'espérait-elle en tirer ? Une vengeance contre Adalbert ? Et cet Alfred Masson, ce prêtre déguisé en laïc, que voulait-il retirer de ce procès ?

Le juge interrogea longuement Adalbert sur les dons reçus pour la construction de l'auditorium et sur l'emploi de cet argent. Fort heureusement, Adalbert était bien pré-paré. Comme il nous l'avait certifié, il avait pris soin de bien tenir à jour ses registres, que le juge tint à consulter.

Pendant tout ce temps, Henriette et Irma, de même que Réginald et Maureen, avaient fait en sorte que le fonction-nement de notre école ne soit pas trop perturbé. Angélique nous était revenue. Nous pouvions espérer terminer l'année scolaire en paix. Les activités à l'auditorium avaient forcé-ment été suspendues. Il fallait entendre les gens délibérer au sujet des apparitions. Certains y croyaient toujours dur comme fer, alors que plusieurs autres souhaitaient que nous écopions pour les avoir trompés. Toutefois, tout le monde était obligé de convenir que, apparitions ou pas, l'auditorium avait servi à des fins respectables. Plusieurs donateurs soutenaient que leur argent avait été bien utilisé.

Le jour vint où le juge devait rendre son verdict. Je n'avais jamais vu Adalbert aussi nerveux. Il avait beau dire que le magistrat n'aurait pas d'arguments assez soutenus pour nous condamner, il n'en demeurait pas moins que nous avions agi de façon frauduleuse. Henriette était de mon avis. Nous allions certainement payer cher pour cela. Le palais de justice était plein. Chacun attendait la sentence avec impatience.

Le juge commença par dire qu'il se devait d'ajouter foi au témoignage d'Élisabeth. Il ne pensait pas qu'Angélique avait réellement vu des apparitions de la Vierge Marie. Il reconnaissait cependant que ce n'était pas nous qui avions répandu cette idée dans le public. Par contre, nous avions profité de la crédulité des gens pour faire de notre propriété de Pointe-aux-Trembles un lieu de rassemblement bien tenu et rapportant amplement d'argent pour nous permettre de vivre sans trop nous préoccuper de l'avenir. Il avait examiné de près les registres d'Adalbert et était d'avis que nous avions utilisé l'argent reçu aux fins auxquelles il était destiné. Il trouvait raisonnable le salaire qui m'avait été versé pour l'animation des rencontres du dimanche et celui que se réservaient Adalbert et Irma. Il se montrait même étonné que nous ayons agi avec autant de retenue sans nous servir de cette situation pour nous enrichir. Rien n'indiquait toutefois que ce ne serait pas ce qui se serait produit si nous n'avions pas été dénoncés.

Le reproche qu'il adressait particulièrement à Adalbert était d'avoir agi comme il l'avait fait en sachant fort bien que ces prétendues apparitions étaient une supercherie. Il croyait la version d'Élisabeth, à l'effet qu'elle avait été payée pour se taire. Aussi, il convenait, selon les explications que lui avait données Adalbert, que nous n'étions pas complices de ce méfait. Nous n'avions donc pas à subir les foudres de la justice. Nous avions agi en toute bonne foi. Il n'en était pas de même d'Adalbert. Depuis le début, il savait. Voilà pourquoi il le condamnait à deux années de prison ferme. Quant à Élisabeth, qui avait manigancé le tout, elle évitait la prison puisqu'elle avait eu la sagesse d'avouer.

Enfin, il aviserait au sujet de ce que deviendrait l'auditorium. Si des gens jugeaient bon de s'y réunir le dimanche pour y entendre des témoignages, il ne s'y opposait pas. L'argent accumulé jusque-là pourrait servir à l'entretien de la bâtisse et à ces rencontres. Toutefois, jusqu'à nouvel ordre, il nous serait désormais défendu d'accepter d'autres dons.

Quand il entendit la sentence, Adalbert tonna, sans que le juge puisse le faire taire : « Jamais je n'aurais cru un jour être puni pour avoir fait le bien ! »

Chapitre 76

La catastrophe

Bon nombre de personnes furent en désaccord avec la sentence du juge. Apparitions ou pas, ils étaient nombreux à souhaiter que se poursuivent les rencontres du dimanche. La formule plaisait à plusieurs. Mais le fait que tout cela avait pu voir le jour sur des mensonges finit par éloigner la majorité des gens. Ceux qui venaient encore le faisaient pour assouvir leur curiosité. À peine une poignée de personnes se présentaient-elles le dimanche. Dans ces conditions, nous ne pouvions plus continuer.

Deux semaines à peine après la fin du procès, le site encore si fréquenté un mois plus tôt devint désert. Il n'était plus utile d'engager des gens pour le surveiller. N'ayant plus à me préoccuper de l'animation, je comptais consacrer plus de temps au bon fonctionnement de notre école. Toutefois, le scandale causé par le procès rejaillit sur elle et, un à un, n'attendant même pas la fin de l'année, les parents retirèrent les enfants.

Henriette était désolée. En peu de temps, tout ce qui nous motivait venait d'être anéanti. Une fois de plus, nous nous retrouvions devant rien et sans ressources. L'argent recueilli par nos animations et par la vente d'eau de source n'était pas le nôtre. Ce que déplorait le plus Henriette était que notre fille Mélanie ne pourrait pas avoir accès aux études supérieures auxquelles nous la destinions, faute d'argent. Le rêve d'Henriette ne se réaliserait pas. Combien de temps encore pourrions-nous occuper ces lieux et payer les coûts d'entretien de notre école maintenant déserte ?

Nous n'avions plus Adalbert pour nous venir en aide. Je comptais aller le voir en prison dès qu'on m'y autoriserait afin de décider avec lui de l'avenir de nos propriétés communes. L'auditorium ayant été construit sur notre terrain, nous en étions en quelque sorte propriétaires. Des gens avaient soutenu que puisqu'il avait été érigé par des dons du public, il ne nous appartenait pas. La question avait été posée au juge qui avait promis d'y répondre dans un délai raisonnable. Nous avions investi beaucoup de temps et d'argent dans ce projet. Le juge avait laissé entendre qu'il en tiendrait compte. Nous étions anxieux de connaître sa décision. Il n'eut pas à prononcer de jugement là-dessus, car, une nuit, Henriette me réveilla en disant :

— Ça sent la fumée.

Je me levai en vitesse et ne fus pas long à me rendre compte que l'auditorium était la proie des flammes. De longues langues de feu léchaient le bord du toit. Je sortis en vitesse, pensant pouvoir éviter le pire et récupérer ce qui était dans mon bureau. Hélas, il n'y avait plus rien à faire. La fumée dense qui sortit par la porte principale dès que je l'ouvris m'obligea à reculer pour ne pas être asphyxié. Je restai là, hébété et impuissant, à regarder les flammes courir sur le toit, s'en prendre aux murs et transformer tout le bâtiment en une immense torche. Deux heures à peine suffirent à réduire en cendres cette magnifique salle. Alertés par je ne sais qui, les pompiers arrivèrent sur les lieux devant des ruines fumantes qu'ils se contentèrent d'éteindre.

Cet incendie, j'en étais sûr, allait nous causer bien du souci. Il fut facile aux inspecteurs de déterminer qu'il s'agissait là d'un incendie criminel. J'étais certain que nous serions les premiers soupçonnés d'avoir volontairement mis le feu afin de toucher l'argent des assurances. J'insistai auprès des inspecteurs pour qu'ils déterminent de quelle façon le feu avait commencé. Ils en arrivèrent à la conclusion que l'auteur ou les auteurs de l'incendie s'étaient servis d'huile dont ils avaient aspergé les murs de l'édifice avant d'allumer le brasier.

Qui pouvait être à l'origine de cet incendie? Cette question me trotta longtemps et inutilement dans la tête pendant des jours. Ce pouvait être n'importe qui: une personne outrée du fait que les apparitions n'en étaient pas de vraies ou quelqu'un qui avait voulu faire disparaître les traces de cet épisode fâcheux. Le ou les incendiaires avaient même pris le temps d'inonder d'huile le rosier avant d'y mettre le feu.

Une fois de plus, nous étions dans le pétrin. Toutes sortes de rumeurs coururent à notre sujet. Par exemple, nous étions certainement les auteurs de l'incendie. Il y eut enquête. Heureusement, il nous fut facile de nous disculper. Quel intérêt avions-nous à incendier l'auditorium puisque nous étions les perdants dans cette histoire? Le juge n'avait-il pas permis que nous nous servions de l'argent reçu en don pour l'entretien de la bâtisse et pour les présentations? Or la somme était assez considérable. En faisant brûler l'édifice, nous prenions le risque de nous voir privés de ce revenu. Qu'est-ce qui nous garantissait ensuite que l'argent de l'assurance nous serait versé? Le juge devait se prononcer là-dessus. Il pouvait tout aussi bien profiter de la situation pour décider lui-même à quoi devrait être employé cet argent.

Aussi, quand il fut question de toucher l'indemnité de l'assurance, comme nous nous y attendions, le juge fit connaître assez rapidement son jugement. Bien que le bâtiment soit situé sur notre terrain, il avait pu y être élevé grâce à des dons de milliers de personnes. Cet argent ne nous appartenait donc pas. En conséquence, il nous permettait de garder quelques milliers de dollars en dédommagement pour notre travail et décrétait que les quelque cent mille dollars versés par les assurances devraient être remis à des œuvres de charité.

Quand j'appris tout cela à Adalbert, il se mit en colère.

— Premièrement, personne ne touchera à cette somme tant que nous n'aurons pas donné notre accord. Puisque cet argent ne peut être remis sans notre signature, je ne signerai pas tant que je ne saurai pas à quoi il servira et à qui il sera remis. Deuxièmement, tu vas exiger, m'incita-t-il avec véhémence, que ce soit nous qui décidions à quelle œuvre de charité cette somme sera donnée.

Je promis d'y voir. J'ajoutai :

— Rien ne garantit que le juge sera ouvert à cette idée.

— Argumente avec lui. Cet argent ne doit aller sous aucun prétexte aux œuvres de Bourget ou à celles de son successeur ni en particulier au remboursement de la dette qu'il a contractée pour sa cathédrale.

— J'en parlerai à Henriette. Elle doit bien avoir son idée là-dessus.

Avant tout, je devais convaincre le juge qu'il nous revenait à nous de décider à quelle œuvre cet argent devait être versé. Henriette ne fut pas longue à proposer une solution qui me parut très sensée. Je lui demandai si elle accepterait de m'accompagner chez le magistrat. Au préalable, je menai une enquête afin de savoir si ce juge était ouvert aux idées nouvelles ou s'il était conformiste au point de rejeter du revers de la main la proposition d'Henriette. Quand je fus assuré qu'il y avait de fortes chances qu'il accepte notre proposition, je m'assis avec Henriette pour coucher sur papier les grandes lignes de son projet. Henriette désirait voir l'argent de l'assurance versé à un organisme créé spécifiquement pour permettre à des jeunes filles d'obtenir des bourses pour étudier à l'université, afin qu'elles puissent accéder à des professions libérales, jusque-là réservées aux hommes.

En réalité, l'idée était simple. Quelqu'un serait chargé de placer cet argent pour le faire fructifier. Chaque année, cinq jeunes filles toucheraient l'argent de ce fonds pour éventuellement devenir médecins, avocates ou notaires.

— L'une d'entre elles, en temps et lieu, insista Henriette, devra obligatoirement être Mélanie.

J'intervins.

— Je doute que le juge accède à cette dernière demande.

— À qui cet incendie a-t-il causé les plus grands préjudices?

— À nous, bien sûr!

— Dans ce cas, le juge devrait comprendre notre point de vue.

— Souhaitons-le, fis-je. Après toute l'énergie que nous avons investie dans ce projet, il me semble que nous méritons cette récompense.

Chapitre 77

La vérité sur
l'homme en noir

Alfred Masson était parvenu en partie à ses fins. Il avait ruiné notre réputation et l'incendie de l'auditorium avait mis un terme à ce qu'on appelait en se moquant « les apparitions de la Pointe dont on tremble ».

Le détective qu'Adalbert avait mis aux trousses de cet homme nous apprit, comme nous l'avions supposé, que celui que nous nous plaisions à surnommer « l'homme en noir » était bien un prêtre, adjoint du grand vicaire et expédié par l'évêché à la suggestion de Bourget. Ainsi, comme l'avait toujours pensé Adalbert, les gens d'Église n'avaient pas accepté de nous voir leur tirer le tapis sous les pieds. Partout dans le monde, ils se disaient les détenteurs du bien et tenaient à conserver leur monopole des histoires d'apparitions et des miracles de tous genres. Adalbert était convaincu que les apparitions de Lourdes constituaient une grande mise en scène pas plus crédible que celle de la dame rose. Il avançait toutes sortes d'arguments pour prouver qu'elles avaient été organisées par le curé du village. Voilà pourquoi de se voir emprisonné pour une histoire semblable le révoltait.

Nous étions perdants sur toute la ligne. L'école était fermée et nous nous demandions ce que nous allions devenir quand, enfin, nous reçûmes une bonne nouvelle. Le juge acceptait notre proposition quant à l'utilisation de l'argent de l'assurance. Chaque année, cinq jeunes filles recevraient les sommes nécessaires pour poursuivre des études universitaires. De plus, Mélanie pourrait en temps et lieu faire partie de ces boursières.

Comme une nouvelle ne vient jamais seule, nous fûmes abasourdis par ce que nous apprit encore le détective engagé par Adalbert. Celui-ci avait suivi Alfred Masson dans tous ses déplacements. Le prêtre se rendait régulièrement à l'appartement qu'habitait Élisabeth Perron. Il y passait des veillées et des nuits entières. Puis, ses visites se firent moins fréquentes avant de cesser totalement. Notre homme décida donc de voir ce que devenait Élisabeth. Elle sortait très peu. Un jour qu'elle le fit, il se rendit compte qu'elle était enceinte, ce qui expliquait pourquoi le prêtre ne se rendait plus chez elle.

Voulant en apprendre plus long à ce sujet, il décida de contacter l'évêché afin de savoir ce que devenait Masson. Il demanda à le voir. On lui apprit que le prêtre n'était plus à Montréal. Il laissa entendre qu'il était un ancien condisciple de classe désireux de revoir son ami. On prétendit qu'on ne savait pas trop ce qu'il était devenu. Il y avait donc anguille sous roche. Notre homme finit par percer le mystère quand il lut une notice dans les journaux : Alfred Masson était parti en mission en Afrique. Il se demanda pourquoi on n'avait pas voulu lui en parler à l'évêché. Puis, se rappelant ce que racontait Dessaules dans son *Petit Bréviaire des vices du clergé*, il fut convaincu que dans le cas de Masson comme dans celui des divers curés ayant eu des enfants avec leur ménagère ou une paroissienne quelconque, pour empêcher que sa conduite soit connue de tous les fidèles, on lui avait trouvé une vocation missionnaire.

— L'Église procède toujours ainsi pour éviter un scandale causé par l'un ou l'autre de ses membres. On l'expédie en mission.

— Si je comprends bien, conclus-je, Alfred Masson est le père de l'enfant que porte Élisabeth Perron ?

— En plein ça ! Et pour la faire taire, on a certainement payé le gros prix.

J'allai rapporter le tout à Adalbert qui purgeait sa peine de prison. Il se réjouit de cette nouvelle et eut la réflexion suivante :

— Il y a toujours une justice en fin de compte. Je pense que je vais raconter tout ça dans les journaux.

Je parvins à le convaincre de n'en rien faire.

— Même si tu essayais, aucun journaliste n'oserait parler de cela dans son journal.

— Pourquoi donc ?

— D'abord parce qu'on refuserait de publier son article et ensuite parce qu'il perdrait son travail. Tu le sais comme moi : nos journaux sont contrôlés par le clergé.

Il poussa un long soupir et laissa tomber :

— Un jour, que je ne verrai sans doute pas, la presse finira par révéler les dessous de toutes les histoires semblables.

Chapitre 78

La mort de Sa Grandeur

Sa Grandeur est étendue dans son cercueil. Voilà ce que nous apprit le journal, un beau matin. Cette information m'inspira la réflexion : «Ainsi ils ont réussi à en fabriquer un assez grand pour lui.»

Si Adalbert avait été là, nous aurions certainement trinqué afin de célébrer cette nouvelle. Bourget était à peine mort que dans les journaux on avançait qu'il serait bientôt béatifié et canonisé. On lui attribuait même des guérisons miraculeuses de religieuses, ou dont des religieuses avaient été témoins. Je n'hésitai pas un instant à en faire part à Adalbert.

— Raconte, m'invita-t-il, que nous ayons la chance de rire un peu.

Je m'exécutai :

— Une bonne sœur nous révèle qu'une pauvre femme venue de la campagne au couvent amena son enfant aveugle à Bourget qui le bénit et demanda aux religieuses de lui donner de la nourriture. L'enfant n'était plus aveugle quand il arriva au réfectoire.

— Ça se comprend, commenta Adalbert, ce pauvre enfant ne devait jamais avoir vu autant de nourriture !

— Un autre prétendu miracle serait survenu quand une sœur du Bon-Pasteur, qui souffrait d'une extinction de voix depuis trois ans, fut guérie quand le saint évêque la bénit. Deux minutes plus tard, elle parlait normalement et chantait à voix forte les louanges de Dieu.

— Il faut se demander, commenta Adalbert, pourquoi elle a attendu trois ans avant de lui demander de la bénir.

Je me contentai d'esquisser un sourire qui en disait long.

— En as-tu d'autres? me pressa Adalbert. Je veux voir jusqu'où peut aller la naïveté, ou mieux, la stupidité des gens.

Je poursuivis:

— Toujours chez les sœurs, celles de la Providence cette fois, une religieuse certainement malade imaginaire ne travaillait plus et se déplaçait uniquement avec des béquilles. Notre saint homme la pria de mettre ses béquilles de côté, ce qu'elle fit, et elle courut immédiatement se mettre à l'ouvrage.

— Ça se comprend, ricana Adalbert, avoir parlé à notre cher évêque avait dû lui mettre le feu au cul!

J'ajoutai:

— Tu ne me croiras pas, mais on lui attribue la guérison immédiate d'une aveugle après qu'elle lui eut parlé.

Adalbert lança d'un air moqueur:

— Te rends-tu compte, Valois! Il était encore meilleur que le Christ lui-même et, pauvres de nous, nous n'étions pas ses disciples.

— En as-tu assez? demandai-je.

— Oh non! Pour mon édification personnelle, je t'en prie, continue.

— Après une neuvaine, une femme aurait été guérie par lui de la tuberculose. Même la femme du médecin qui la soignait aurait également été miraculeusement guérie, d'on ne sait quoi cependant, après que notre saint homme eut prié pour elle.

Adalbert secoua la tête avant de s'écrier :

— Qu'est-ce qu'il ne faut pas entendre !

— Un dernier récit ? lui proposai-je.

— Un dernier, soupira-t-il. Si tu continues, je vais pleurer.

— Le miracle le plus extraordinaire, expliquai-je, dont cette fois encore une sœur a été l'heureuse élue. Elle aurait prélevé une éclisse du cercueil de notre saint. Après avoir fait tremper ce petit morceau de bois dans l'eau, son frère aveugle se serait lavé les yeux avec cette eau et du coup aurait retrouvé la vue.

— J'aimerais bien savoir de quelle sorte de bois était fait ce cercueil, railla Adalbert. Peut-être trouverions-nous un remède à tous ceux qui ne voient plus. De toute façon, il ne faut pas se surprendre de la facilité de Sa Grandeur à guérir les aveugles. Lui-même étant aveuglé par ses projets et ses écrits, il savait parfaitement comment redonner la vue aux autres, tout simplement en leur conseillant de cesser de ne regarder que leur petite personne pour l'admirer lui, le grand thaumaturge.

Je demandai à Adalbert :

— Es-tu intéressé à connaître ses dernières paroles ?

— Certainement, rugit-il. Elles doivent être pleines de sagesse.

Je lui en fis part.

— "Mes enfants, gardez le dépôt sacré des traditions, souvenez-vous de mes labeurs."

— Inquiète-toi pas, Bourget, pouffa Adalbert, on va s'en souvenir longtemps !

Chapitre 79

L'école transformée

Alors que nous nous demandions comment nous allions survivre et ce que nous devions faire de notre école, Adalbert, à qui je rendais régulièrement visite, nous tira d'embarras. Dans sa prison, il avait amplement le temps de réfléchir.

Il me suggéra :

— Tu vas te rendre chez moi et tu vas demander à Irma de t'aider. J'ai dans des étagères un nombre considérable de volumes dont plusieurs sont à l'Index. Tu vas les apporter à l'école, avec les étagères, et nous allons les mettre à la disposition des personnes désireuses de faire partie de notre club secret de lecture.

— Un club secret ?

— Oui ! Nous allons contacter les anciens membres de l'Institut canadien et nous allons leur proposer de faire partie du club. Ils devront s'engager à ne divulguer à personne son existence. Ils pourront venir lire ces volumes sur place ou en emprunter, moyennant un certain montant d'argent. Il n'est pas vrai que des individus à l'esprit étroit et se basant sur des principes dépassés vont nous empêcher de lire ce que nous voulons.

Adalbert n'avait pas abandonné. Il rêvait de faire revivre l'Institut canadien, cette fois clandestinement. Je ne trouvais pas l'idée mauvaise. J'allai rencontrer Irma qui s'était réinstallée dans leur maison de Montréal. Je fus impressionné par l'abondance de volumes que possédait Adalbert. Il y avait fait parfois allusion. Jamais je n'aurais cru qu'il était si bien documenté. Il est vrai qu'il avait sauvé du naufrage une bonne quantité des ouvrages que l'Institut possédait. Il semblait s'être appliqué à mettre la main sur les plus controversés. Un peu plus tard, il m'expliqua :

— Nos bons curés, avant même de l'avoir lu, considèrent tout volume comme suspect. Ils classent les ouvrages, ou leurs auteurs, par catégories. Quand, selon leurs critères, ils décident que les catholiques ne doivent pas lire tel ou tel auteur, ils estiment avoir fait leur devoir pour contribuer à sauver les âmes.

Je ne m'étais jamais vraiment arrêté à ces questions de classification des volumes par catégories. Adalbert prit le temps de m'instruire là-dessus.

— Vois-tu, le premier critère qui les guide est celui de la morale. Ainsi, ils classent tous les auteurs en trois catégories : les mauvais, les intermédiaires et les bons, bien sûr selon leurs critères à eux. Tous ceux que l'Église a mis à l'Index sont mauvais. Ils mettent dans la même catégorie ceux qui osent combattre les doctrines religieuses ou la morale, et qui pourraient de la sorte pervertir le lecteur. Ils ont à l'œil les auteurs dont la prose est suspecte parce que trop libre, surtout quand ça touche la sexualité. Je crois que dès qu'ils voient le mot « fesse » dans un livre, même s'il ne s'agit que d'une fesse de bœuf, l'auteur devient aussitôt louche. S'il a osé écrire ce mot, il ne doit pas craindre d'en écrire d'autres du même acabit. Par prudence, il vaut mieux le ranger parmi les auteurs proscrits et déconseiller aux fidèles de le lire.

J'écoutais Adalbert et ne pouvais m'empêcher d'imaginer le bon petit curé ou le vieux prélat qui, du haut de son autorité, condamnait tel ou tel livre qu'il avait à peine lu parce qu'à ses yeux ce qu'écrivait l'auteur était immoral, et je me demandais : « Pour qui se prennent-ils pour imposer leur façon de voir à des milliers de personnes ? » De songer à cela m'encouragea à mettre sur pied notre club de lecture.

Je fis en charrette quelques voyages chez Adalbert pour rapporter à Pointe-aux-Trembles les centaines de volumes qui constituaient sa bibliothèque. Il y avait de tout. Je m'intéressai naturellement aux romans. Je possédais grâce à l'Institut canadien une liste des ouvrages défendus. Je constatai qu'un bon nombre des romans d'Adalbert étaient à l'Index, dont certaines des œuvres de grands auteurs comme Lamartine, Balzac, Renan, Dumas et Zola. Il y avait des restrictions à lire *Le Comte de Monte-Cristo* d'Alexandre Dumas, *La Petite Fadette* et *La Mare au diable* de George Sand. Tout ce que possédait Adalbert dans le domaine du théâtre était également prohibé par l'Église. Bref, on pouvait sérieusement se demander quels principes guidaient ceux qui s'octroyaient le droit de défendre la lecture de certains livres.

Adalbert avait également conservé de nombreux numéros de divers journaux. Il devait avoir ses raisons. Je me proposai de le lui demander. Je savais de toute façon que ces journaux étaient à l'Index, sans doute parce qu'ils avaient été jugés comme contraires à la foi ou aux bonnes mœurs.

Henriette m'aida à tout reclasser dans notre école. Après avoir communiqué avec les anciens membres de l'Institut, nous fûmes en mesure de recevoir nos premiers lecteurs à qui nous demandâmes, comme nous le faisions à l'Institut, une cotisation de membre, ce qui nous procura un petit revenu. J'avoue que je fus heureux de revoir des figures connues et de pouvoir échanger avec les plus brillants de nos concitoyens, lesquels avaient un esprit ouvert parce que précisément ils étaient ce que notre clergé détestait le plus, des libres penseurs.

Ainsi s'écoulèrent les deux années qu'Adalbert passa en prison. Quand il en sortit, il vint avec Irma se réinstaller dans l'école. Notre club prit de l'expansion. Pour sa part, Henriette se débattait pour que notre fille Mélanie puisse profiter un jour de la bourse qu'elle allait recevoir.

Chapitre 80

Henriette poursuit sa lutte

En raison de l'opposition du clergé, il n'y avait pas de place pour les femmes à l'université. Henriette rageait. C'était une femme tenace. Elle s'était promis que Mélanie accéderait à l'enseignement supérieur.

— Si nous ne pouvons pas y arriver en français, m'assura-t-elle, nous nous tournerons vers l'anglais.

— Parce qu'il est possible aux femmes d'étudier dans une université anglaise ?

— Absolument !

Elle voulait voir Mélanie, qui en avait les capacités, devenir médecin.

— Je me suis informée. Il n'y a rien à attendre de l'Université Laval. La Faculté de médecine n'accepte pas de femmes. Je me suis rendue à l'Université McGill. Des jeunes femmes y font des études, mais elles ne sont admissibles qu'au programme de sciences naturelles.

— Il n'y a vraiment rien de parfait.

— Toutefois, une autre porte vient de s'ouvrir.

— Où ça ?

— À l'Université Bishop. J'ai appris que des femmes y font des études de médecine.

— Vraiment ?

— Je vais m'y rendre avec Mélanie.

Elle revint déçue de cette visite. Il était possible pour une femme de s'inscrire aux cours. Toutefois, comme les stages leur étaient fermés, elles ne pouvaient obtenir leur droit de pratique. Je lui demandai :

— Peux-tu me dire pourquoi les femmes ne peuvent pas faire de stage ?

— Parce qu'elles risquent de voir des hommes nus.

Les deux bras m'en tombèrent.

— Et les hommes voient bien des femmes nues !

Henriette me regarda d'un air narquois.

— Ce n'est pas pareil, voyons. Les hommes qui se destinent à la médecine ont beaucoup d'avance sur les femmes en ce domaine. Ce n'est pas long qu'ils sont mis dans des situations où ils voient des femmes nues. N'est-ce pas leur devoir d'aider les femmes à accoucher ?

— Pourquoi ça ne serait pas le rôle de femmes médecins ?

Henriette poussa un long soupir de dépit.

— Va le demander aux hommes qui dirigent les écoles de médecine.

Il n'y avait rien à comprendre à pareille attitude. En y réfléchissant, je mesurais à quel point l'écart était grand entre les hommes et les femmes. Celles-ci n'avaient pratiquement aucun droit et devaient constamment se battre pour en obtenir. Juridiquement, depuis le début de la colonie, elles ne pouvaient rien faire sans l'assentiment de leur mari. Je me rendais bien compte que pour la majorité des hommes, les femmes étaient des êtres inférieurs confinés au rôle de servantes, tenant maison et faisant des petits. Elles n'avaient même pas le droit de voter. Et tout cela, en y songeant sérieusement, était attribuable à la religion. Me revenaient en mémoire des textes bibliques concernant les femmes. Je relus ces extraits de la Bible :

Femmes, soyez soumises à vos maris, comme au Seigneur ; en effet, le mari est le chef de la femme, comme le Christ est le chef de l'Église, qui est son corps, et dont il est le sauveur.

Je ne permets pas à la femme d'enseigner ni de faire la loi à l'homme, qu'elle se tienne tranquille. C'est Adam en effet qui fut formé le premier, Ève ensuite. Et ce n'est pas Adam qui se laissa séduire, mais la femme qui, séduite, a désobéi.

Je me souvenais d'avoir échangé sur ce sujet avec Eustache de Chantal. Il avait tourné la chose à la légère comme il savait si bien le faire. Lui qui aimait beaucoup les femmes, affirmait que nous les traitions de façon discriminatoire. Il avait soutenu :

— Tout cela, nous le devons à la religion.

Je lui avais demandé de s'expliquer.

— Autrefois, avait-il rappelé, il y avait des prêtresses. Il n'y en a pas dans l'Église catholique, sais-tu pourquoi ?

— Non ! Mais je sens que tu vas me l'apprendre.

Il se gratta le crâne et lança tout bonnement :

— Parce que si c'était elles qui menaient, alors les hommes devraient porter des robes. Pourtant… les curés en portent !

Telle fut notre vie pendant de nombreuses années, un long combat puisque nous n'acceptions pas de baisser les bras devant ceux qui, par leurs idées rétrogrades, voulaient nous garder dans l'ignorance.

Épilogue

Les événements des dernières années nous donnaient l'impression de lutter seuls contre toute une société endormie. Le clergé était parvenu à son but et contrôlait entièrement la vie des gens. Tout se déroulait comme l'entendaient nos évêques. La société marchait au rythme des fêtes religieuses. Les curés nous dictaient ce que nous devions lire et se mêlaient même de ce qui se passait dans les chambres à coucher. À peu près tout était péché. Les seules célébrations auxquelles les gens pouvaient participer étaient les messes et les processions. Il fallait oublier le théâtre, la danse et tout ce qui ne recevait pas l'assentiment de nos chers prélats.

La vie se déroulait ainsi à Montréal et ce n'était pas près de changer. Malgré tout, Adalbert demeurait optimiste.

— Nous ne verrons sans doute pas ça, Valois, mais je suis persuadé qu'un jour notre peuple sortira de cette grande noirceur. Je me console en me disant que nous y aurons contribué à notre manière.

Table des matières

DEUXIÈME PARTIE
LE RETOUR
(1866)

TROISIÈME PARTIE
DES HAUTS ET DES BAS
(1867-1870)

QUATRIÈME PARTIE

ÇA SENT LA FIN
(1870-1877)

CINQUIÈME PARTIE
LE STRATAGÈME
(1878-1890)

Suivez-nous

Achevé d'imprimer en février 2016
sur les presses de Marquis-Gagné
Louiseville, Québec